税收筹划权

研究 | RESEARCH ON THE TAX PLANNING RIGHT

陈仕远 著

经济管理出版社
ECONOMY & MANAGEMENT PUBLISHING HOUSE

图书在版编目（CIP）数据

税收筹划权研究／陈仕远著. —北京：经济管理出版社，2023.6
ISBN 978-7-5096-9099-4

Ⅰ.①税…　Ⅱ.①陈…　Ⅲ.①税收筹划　Ⅳ.①F810.423

中国国家版本馆 CIP 数据核字（2023）第 109409 号

组稿编辑：李红贤
责任编辑：李红贤
责任印制：黄章平
责任校对：胡莹莹

出版发行：经济管理出版社
　　　　　（北京市海淀区北蜂窝 8 号中雅大厦 A 座 11 层　　100038）
网　　　址：www. E-mp. com. cn
电　　　话：(010) 51915602
印　　　刷：唐山玺诚印务有限公司
经　　　销：新华书店
开　　　本：710mm×1000mm /16
印　　　张：12.75
字　　　数：231 千字
版　　　次：2023 年 6 月第 1 版　　2023 年 6 月第 1 次印刷
书　　　号：ISBN 978-7-5096-9099-4
定　　　价：88.00 元

国家，譬如树也；权利思想，譬如根也；……为政治家者，以勿摧压权利思想为第一义；为教育家者，以养成权利思想为第一要义；为私人者，无论士焉、农焉、商焉、男焉、女焉，各自坚持权利思想为第一义。①

——梁启超

---

① 梁启超. 饮冰室合集 [M]. 北京：中华书局，1989：39.

序

　　权利从无到有，往往历经曲折与坎坷。卡多佐认为，法律是鲜活的生命，而非僵化的规则，法律需要成长。税收筹划在我国尚属新生事物，"税收筹划权"这一权利概念，正是经济制度变化和社会发展变迁中从无到有的产物。

　　在税制发达国家，税收筹划权被确认为是法律权利，也是纳税人实际享有、受益的实有权利。但基于权利的政策性及国别性差异，某种权利在一国被普遍认可和尊重，而在他国未必同样被保护。一种利益或自由是否应该被确认为权利，无一例外需要从理论和现实的角度进行证成。税收筹划在我国兴起较晚，对此存在一些认知误区，常被与避税甚至与偷税、逃税混同，使税收筹划的正当性受到质疑。如果税收筹划权在征纳实务中尚未获得税务机关普遍、一致的认可，而税务机关拥有宽泛的税收执法自由裁量权，有可能滥用其反避税核定权，对纳税人通过税收筹划所创设的交易形式重新定性、调整税基，取消纳税人合理的税负节减利益。理论上，我国现有的税收筹划研究多探讨税收筹划的方案构建和经济有效性，而对税收筹划权的权利形态、内容、性质、正当性等基础理论鲜有深入涉及，以至于税收筹划权是否为一种权利、是否应予保护在实践中仍然存在争议。理论的价值在于对现实的需要作出回应。在市场经济环境下，作为市场主体的纳税人对税收筹划提出了权利的正当性主张，从理论上回答该问题，是本书的初旨。

　　本书主要立足我国法律体系以及税收实践，探讨我国纳税人税收筹划权的现状、困境及其实现保障，力图使相关制度构想适应我国税收实践环境下纳税人税收筹划权的个性需求。权利研究博大精深，本书遵循法理学对于权利研究形成的一般理论体系，即"权利本体—权利本源—权利边界—权利现状—权利保障"的理论体系，通过探讨税收筹划权的权利形态、内容、性质、正当性依据以及权利边界等基本理论，分析我国纳税人税收筹划权的现状及其实现保障等现实问题，形成了全书的结构体系。

陈仕远

2022 年 10 月于重庆

目录

导　论

一、研究缘起

（一）研究背景

"任是深山更深处，也应无计避征徭。"自古以来，税负从轻就是人性所求，① 只不过在古代国家，百姓为鱼肉，予取予夺是帝王的绝对权力，征纳双方的矛盾积累、激化，以致纳税人群起而攻之。因此，征纳双方的利益冲突多以朝代更迭、极端破坏性的方式消解，税收引发的矛盾陷入再凝结、再破坏的恶性循环之中，社会成本极大。现代国家是租税国家，也是法治国家，"征税的权力事关毁灭的权力"，② "一个国家的财政史是惊心动魄的。如果你读它，会从中看到的不仅是经济的发展，而且是社会的结构和公平正义"。③ "藏富于国"还是"藏富于民"，是税收立法需要进行合理衡平的问题。现代国家的征税权建立在保障私人财产权的基础之上，征税权受到法律的严格约束，直至税收法定原则确立之后，纳税人税负从轻的节税权利——税收筹划权，才在一定程度上为法律所确认

---

① 在中国古诗词中，有许多涉及赋税方面的篇章，其中以反映官府强征暴敛、百姓负担沉重和生活艰难的居多，对官府"杀鸡取卵""竭泽而渔"般不注意发展经济的赋税政策表达了不满，提出应减免百姓沉重的苛捐杂税。譬如，明朝开国功臣刘基在《田家》中写道："租税所从来，官府宜爱惜。如何恣刻剥，渗漉尽涓滴。"唐代郑邀作《富贵曲》："美人梳洗时，满头间珠翠。岂知两片云，戴却数乡税。"杜荀鹤在《山中寡妇》中感叹："夫因兵死守蓬茅，麻苎衣衫鬓发焦。桑柘废来犹纳税，田园荒尽尚征苗。时挑野菜和根煮，旋斫生柴带叶烧。任是深山更深处，也应无计避征徭。"

② McCulloch v. State of Maryland, 17U. S. （4Wheat.） 316 （1819），美国大法官马歇尔在该案中指出"征税的权力涉及毁灭的权力，毁灭的权力可以摧毁并瘫痪创造的权力……对于普通公民来说，征税的权力是其最熟知的政府强制力的表现。征税的权力涉及强迫个人和私人机构交费的权力"。Gold Susan Dudley. McCulloch v. Maryland [M]. London: Marshall Cavendish Corp, 2007: 9. 另参见梁文永. 人权与税权的制度博弈 [M]. 北京: 中国社会出版社, 2008: 1.

③ 财政局长会讲述怎样的财政史 [EB/OL]. 2017-05-10. http://news.21cn.com/caiji/roll1/2013/03/07/14768582.shtml.

并实际享有。税收筹划权益保护之争肇始于 20 世纪 30 年代英国上议院 "税务局长诉温斯特大公"（Duke of Westminster v. Commissioners of Inland Revenue, 1935）一案，英国上议院议员汤姆林爵士在该案中表示："任何一个人都有权安排自己的事业。如果依据法律所做的某些安排可以少缴税，那就不能强迫他多缴税收。"① 这一观点逐步得到了英国法律界的普遍认同，税收筹划权第一次得到了法律上的认可，成为奠定税收筹划权法律地位的基础判例。1947 年，美国大法官汉德在税务案件中肯认纳税人税收筹划权的法律推理，成为美国纳税人税收筹划权的法律基石。这些具有法律约束力的经典判例，在国际上被认为是以判例法的形式认可纳税人税收筹划权的重要法律依据。随后在众多国家的司法判例、成文法以及国际文件中，逐步认可了税收筹划是纳税人的一项重要权利。②在税制发达国家，该权利不仅是法律权利，也是纳税人积极享有的实有权利，下至百姓上至总统均积极行使税收筹划权。③

近年来，我国广大纳税人积极进行税收筹划。虽然现阶段我国个人筹划节税的空间还不是很大，税收筹划的主体主要是企业纳税人，但理财筹划实际上不限于企业，随着降低商品流转环节间接税，增加个人所得、财产等直接税的税制改革的深入，我国个人承担的直接税将会大幅增加，必将面临合理节减税负的问题，类似发达国家中个人积极进行理财性的税收筹划会越来越普遍。

由于税收筹划实务在我国发展的时间还不长，保障纳税人权利的税收法定原则在税收立法、执法及司法环节未得到切实贯彻，加之受传统"重义务、轻权利"思想的影响，长期以来将纳税人仅仅作为义务主体对待，总体上我国纳税人实际享有税收筹划权的环境与税制发达国家还存在着较大的差距。下文通过对境内外影响较大的税案进行比较，展现我国税收实践中纳税人税收筹划权的实际状态。

---

① 转引自方卫平. 税收筹划 [M]. 上海：上海财经大学出版社，2001：20.

② 经济合作与开发组织（OECD）的《纳税人宣言》范本赋予其国民八项权利，其中便有税收预测与筹划的权利，即纳税人对自己的经营行为的课税结果有权进行预测和税收筹划。参见刘剑文，熊伟. 税法基础理论 [M]. 北京：北京大学出版社，2004：89.

③ 特朗普是否漏税成全国焦点　白宫罕见抢先为其报税 [EB/OL]. 2017 – 03 – 16. http://news.ifeng.com/a/20170316/50783154_0.shtml#_zbs_maxthon. 美国第 45 任总统竞选期间，特朗普拒绝公开自己的纳税申报表，一直受到竞选对手的攻击，成功当选后，白宫主动将总统特朗普节税筹划方案进行发布，表明特朗普作为精明的商人，当年依法申报并缴税，声称"特朗普的企业和家人、员工不需要缴纳比法律规定更多的税收"，白宫披露的资料表明，特朗普"以大规模资产折旧"为手段合理少缴纳一大笔联邦个人所得税。《纽约时报》等众多主流媒体认为特朗普节税是合法的，评论认为纳税人节税方案是个人隐私，其对手欲将其公之于众是违法的。可见，美国社会普遍认可税收筹划权。

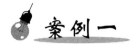 案例一

印度沃达丰税案①

2012年1月，多次开庭、几经反复，审理长达5年的"沃达丰税案"在印度最高法院有了终审判决：印度税务局无权对沃达丰集团公司间接收购一家印度移动公司资产的交易征税，印度税务局需返还22亿美元税款及其利息。

2007年2月，沃达丰集团公司旗下的荷兰子公司沃达丰国际控股集团与香港和记电信公司（中国香港）达成股权转让合同，由荷兰子公司以110.8亿美元收购香港和记电信公司位于开曼群岛的全资子公司CGP的全部股权。开曼群岛的CGP公司持有多个毛里求斯子公司的股权，这些子公司共持有印度和记电信公司（印度）67%的股权。该交易的最终结果是，荷兰子公司间接取得了印度和记公司67%的权益。交易图示如下。

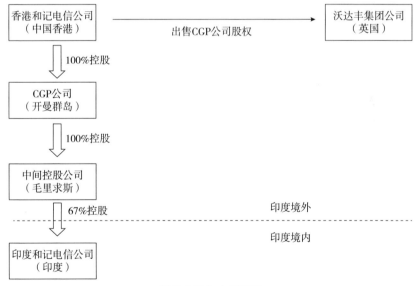

沃达丰股权交易图示

注：从形式上看，香港和记电信公司与沃达丰集团公司的交易标的是CGP公司的股权，而印度税务局认为双方交易的实质是印度和记电信公司股权，其中的CGP、中间控股公司均为空壳公司，所以印度税务局拥有征税权。

---

① 周启光. 从沃达丰税案看我国非居民间接转让股权的所得税处理［J］. 涉外税务，2012（5）：58.

"沃达丰税案"双方争议的核心问题是，税务局能否以"实质课税原则"确认交易中的股权转让所得来源于印度。税务局认为 CGP 公司和中间控股公司并无实际营业，是专为避税成立的空壳公司，沃达丰集团公司实际的收购目标是印度和记电信公司的股权。依照"实质课税原则"，税务局"透视"层层中间公司，认为股权转让所得来源于印度，印度税务局对该笔所得拥有征税权。双方争议未能协商解决，沃达丰集团公司代缴税款后起诉到法院，案件经过多次审理，印度最高法院最后判决沃达丰集团公司胜诉，税务局返还 22 亿美元税款及其利息。

 案例二

重庆渝中税案[①]

2008 年 5 月，重庆渝中区国家税务局发现新加坡 B 公司与重庆 A 公司签订了股权转让合同，新加坡 B 公司将其在新加坡的全资控股 C 公司 100% 的股权转让给重庆 A 公司。C 公司的实收资本很少，仅有 100 新元，但 C 公司持有重庆 D 公司 31.6% 的股权，除此之外，C 公司没有其他营业活动。重庆渝中区国家税务局认为，形式上双方交易所涉标的是境外 C 公司，交易所得来源于境外，渝中区国家税务局没有征税权。但 A 公司与 B 公司交易的"实质"是转让重庆 D 公司 31.6% 的股权，新加坡 B 公司的转让所得来源于重庆，因此，依据"实质课税原则"渝中区国家税务局拥有征税管辖权，最终对该笔交易征税。该案是《中华人民共和国企业所得税法》实施后针对非居民企业间接转让中国境内股权征税的首个案例。交易图示如下。

新加坡 C 公司股权交易图示

注：从形式上看，新加坡 B 公司与重庆 A 公司的交易标的是新加坡 C 公司的股权，而重庆渝中区税务局认为双方交易的实质是重庆 D 公司股权，其中的新加坡 C 公司是空壳公司。

---

① 王国利. 浅谈境外企业向境内企业转让股权的税法风险［EB/OL］. 2011 - 12 - 16. https：//www. lawyers. cn/info/61739b468476403a988441442207112f.

案例三

广州德发税案①

　　2004 年 11 月广州德发公司因深陷债务危机，委托拍卖其自有房产后，依照成交额缴税，并取得了区税务局出具的完税凭证。2009 年广州市税务局第一稽查局认为上述拍卖交易价格明显低于市场价格，且无正当理由，广州市税务局第一稽查局重新核定该拍卖房产的交易价格，作出要求补税 867 万余元及滞纳金 28 万余元的税务处理决定。广州德发公司不服该税务处理决定，经行政复议后提起诉讼，并在广州市中级人民法院作出维持判决后又先后向广东省高级人民法院上诉、最高人民法院申请再审。最高人民法院于 2017 年 4 月 17 日发布了终审判决书，至此这起历时 10 年的税案才有了最终定论。最高人民法院判决维持补税处理，但撤销了滞纳金的决定。

　　近年来，国内涉税筹划案件渐多，"重庆渝中税案"仅是众多间接转让股权涉税筹划案件之一，其他一系列案件如 2015 年"北京怀柔非居民企业间接转股避税案"、2014 年"浙江台州滥用税收协定避税案"、2014 年"北京个人转让股权避税案"、2010 年"广东汕头税案"②、2010 年"扬州江都税案"③ 等都以纳税人补税告终。比较分析上述一系列案件可以发现，不同国家在定性避税和税收筹划的标准上有所不同。那么，什么是税收筹划？它与避税的界限何在？二者有何异同？如何确定相关的标准？纳税是一种强制义务，纳税人何以有权筹划节减税负并得到政府认可？我国现行法律体系下税收筹划是纳税人的一项权利吗？如何确定纳税人行使税收筹划权的边界？如何避免被认定为避税？在"重庆渝中税案"中，税务局认为交易安排是避税行为，拒绝依照交易双方设定的法律形式课税，而适用"实质课税原则"，重新认定双方的交易性质，作出税务处理，要求纳税人补缴税款，那么"实质课税原则"如何区分税收筹划与避税？在"实质课税原则"下，纳税人的税收筹划权如何得到保障？在"广州德发税案"中，

---

　　① 严丽梅. 创最高法审理案件"仨第一""广州德发税案"判决结果出炉 [EB/OL]. 21 世纪新闻网，2017-04-19. http://news.21cn.com/guangdong/a/2017/0418/18/32180262.shtml.

　　② 黄永，林燕娥，等. 依托信息境外间接转让股权非居民所得税入库 [N]. 中国税务报，2011-05-11.

　　③ 徐云翔，赵军，宋雁. 最大单笔间接转让股权非居民税款入库 [N]. 中国税务报，2010-06-09.

纳税人以拍卖公司公开竞价成交的价格进行纳税申报，且获取税务局开具的缴税凭证，而五年后税务稽查机关行使税收核定裁量权以拍卖价格偏低为由作出补税的处理决定，该案中税务稽查机关税收核定裁量的公正性遭到一定的质疑①。凡此种种疑惑都是纳税人在进行税收筹划时不可回避的问题，应予以理论上的厘清和阐明。

税收筹划权是理性纳税人有效保全财产利益的基础性权利。孟子曰："民之为道也，有恒产者有恒心，无恒产者无恒心。"世道人心，自古皆然。马克思指出："哲学要求国家是合乎人性的国家。"② 在税制发达国家，税收筹划权一再为经典判例或成文法所确认和重申，纳税人进行税收筹划是天经地义、合理合法的行为，税收筹划权得到政府和社会的普遍认可，以税务师和税务律师为主体的涉税专业服务行业成熟、稳健，可为广大纳税人提供规范、专业的税收筹划服务，降低纳税人税收筹划的法律风险，提高了税收筹划的有效性。税收筹划进入我国纳税人的视野是在改革开放之后。随着改革开放以及加入 WTO 等历史进程的推动，我国税收法律体系逐步确立，税收执法逐步规范，与此同时，涌进国门的外资企业带来的不仅是资金，其先进的管理经验和成熟的税收筹划实务也让国人大开眼界，税收筹划作为新兴节税手段，逐渐受到我国纳税人的青睐。税收筹划权在我国现行法律中虽无明文规定，但根据现行法律体系可以推导认定税收筹划权是纳税人的一种权利。21 世纪初，国家税务总局主办的官方媒体《中国税务报》增设了《税收筹划》专刊，对税收筹划进行介绍、引导，在一定程度上表明国家最高税务主管部门对纳税人税收筹划权这种新型权利予以认可。

然而，在我国，税收筹划权虽内含于现行法律体系之下，但由于缺乏法律层面的明确条文，其本身又是近年来才从现行法律体系下"发现""揭示"的新型默示权利，因此税收筹划权在我国税收征纳实务中尚未获得征税机关普遍、明确的认可，税收筹划权还缺乏应有保障。同时，一部分纳税人对纳税策划的正当性、合法性认知不够，进行税收筹划的信心不足；也有一部分纳税人的筹划手段不专业或者缺乏依法自觉纳税的税收契约精神，其节税手段逾越法律底线，异化成脱法避税甚至偷税行为，致使税收筹划鱼龙混杂、似是而非。是故，社会公众也常将税收筹划与偷税、避税混为一谈，税收筹划权的正当性受到质疑。产生这种现象的原因一是税收筹划权在我国尚非明示权利，税收筹划实务缺乏相关法律

① 刘天永. 聚焦最高法院提审"广州德发案"：两大核心争议焦点分析 [EB/OL]. 2017-04-19. http://www.vccoo.com/v/eb2032.
② [德] 马克思.《科伦日报》第 179 号的社论 [A] //马克思恩格斯全集（第 1 卷）[M]. 2 版. 北京：人民出版社，1995：225.

法规的指引和规范①；二是与我国税收筹划理论支撑不足有关。我国税收筹划理论研究起步较晚，学术界对于税收筹划的定义和性质尚未达成共识。现有理论关注重点集中于从经济学、管理学视角探讨税收筹划的方案构建和经济有效性，法学视角的理论研究较为薄弱，税收筹划权的正当性、性质以及内容等基础理论鲜有深入涉及。恩格斯曾说："社会一旦需要，会比十所大学更能把科学推向前进。"大量的税收筹划实践要求而理论供给匮乏的情况表明，税收筹划权研究是一个实践驱动的结果。

（二）研究目的

本书试图通过对税收筹划权的探讨达到以下目的。

首先，确认税收筹划行为的正当性，证成纳税人税收筹划权。本书以税收法律关系的本质——税收契约理论为逻辑起点，以税收法定原则、私法自治原则、公私法益均衡原则等为依据，论证税收筹划行为的正当性，得出税收筹划权是纳税人应拥有的一项重要的经济自由权。

其次，揭示税收筹划权的权利形态、权利构成、权利性质以及权利边界。本书对税收筹划权在我国的权利形态进行探索，揭示、探讨在法律无明确规定的情形下税收筹划是否为我国纳税人的一种权利；对税收筹划权的权利构成进行探讨，总结归纳出税收筹划权的主体以及所包含的一系列权能、内容；从多角度分析、探讨税收筹划权的性质；探讨税收筹划权行使的限度和边界。

最后，探究税收筹划权的实现保障。保障纳税人的权利是现代税法的重要理念，是实现税收法治的必要路径。本书分析了我国税收筹划实务的法律环境现状与问题，讨论了立法、执法和司法环节的改善，以保障纳税人税收筹划权的实现。本书将重点分析目前我国一般反避税条款立法模式存在的问题，指出一般反避税条款赋予征税机关过多自由裁量权，可能置税收筹划权的行使行为于避税反制的法律风险之下。笔者认为，当下我国应在立法、执法以及司法环节落实税收法定原则，适度控制征税机关的自由裁量权，从而更好地平衡征纳双方权力与权利的动态博弈。

税收筹划权的研究不仅是一个理论问题，更是关涉广大纳税人事实上在进行的涉税筹划法律风险问题，因而也是对我国当前纳税人开展税收筹划实务困境的

---

① 截至目前，仅国家税务总局的规章《注册税务师管理暂行办法》第二十二条将税收筹划纳入税务师执业范围。因适应"放管服"改革的要求，税务师不再实行注册管理，《注册税务师管理暂行办法》于2017年12月废止，该办法第二十二条所涉及的税收筹划业务仍然是国家税务主管机关认可的税务师主要的执业范围之一。

回应，本书欲解决的理论和现实问题的针对性较强。税收筹划权的研究有助于征纳双方正确认知各种策划、安排行为的法律属性，防止征税机关自由裁量权力的滥用，维护纳税人的正当权益。同时，税收筹划权行使行为的信息反馈有助于分析税制的不足，进一步完善税制，从而推进我国税收法治的实现。综上所述，本书的研究具有重要的理论意义和现实意义。

二、研究综述

(一) 国外研究综述

税收筹划发源于西方税制发达的市场经济国家。据国外文献考察，早在19世纪中期，意大利半岛就出现了专为纳税人提供税收策划方面的咨询与服务。

税收筹划作为一项法律权利的地位正式确立于 1935 年英国上议院"税务局长诉温斯特大公"一案，随后汤姆林爵士在判决书中的论述为法律界所普遍认可，该案例成为判例法系关于税收筹划权的经典案例，奠定了税收筹划权的法律基础。该案例所体现的法律观点被学者总结为"Westminster 原则"。在美国的法律实践上，税收筹划得以确认为纳税人的合法权利，最初也是由系列案例奠定基础的，包括 1935 年美国联邦最高法院法官乔治·萨瑟兰（George Sutherland）审理的 Gregory v. Helverin 案，以及 1947 年联邦法院法官勒尼德·汉德（Learned Hand）审理的 Commissioner v. Newman 案。这些确认税收筹划权法律地位的经典判例所体现的法律推理和观点，此后为许多国家税收立法及司法实务所借鉴和吸收，从而确立起税收筹划权的法律地位。实践推动理论研究，学者对这一新型权利产生了极大的热情，著书立说予以论证、宣传，丰富了纳税人权利的内容。

近三十年来，税收筹划成为人们开展经济活动必然考虑的理财行为，税收筹划权成为纳税人重要的基本权利，政府也从引导与规制的角度研究税收筹划活动，税收筹划实务及其理论研究得到了进一步的发展，并取得了一系列研究成果。税收筹划实务与理论类的相关文章、刊物、书籍不断出现，其中以税收筹划为主要内容、影响较大的国际性税收刊物广泛发行；比较权威的税收筹划的专著也相继面世，如伍德赫得·费尔勒国际出版公司出版的《跨国公司的税收筹划》、英国朗曼公司出版的《信托与税收筹划》等。以美国为例，目前有关税收筹划的专业杂志就有十余种，包括《税务咨询》（*The Tax Adviser*）、《税收》（*Tax*）、《税收筹划之财务周刊》（*Tax Management Financial*）、《税收筹划之房地产、赠与税、信托基金月刊》（*Tax Management Estates, Gifts and Trusts Jour-*

nal）、《筹划与指导》（*Planning and Pilot*）等。

税制发达国家如英国、美国、加拿大等的税收收入主要来源于直接税，因此针对所得税、物业税、遗产与赠与税等的税收筹划及反避税法律问题研究较多。例如，英国税务专家菲利浦·斯潘塞的《财产税筹划》。另外，随着经济全球化规模的扩大和跨国投资活动的增加，基于国家间税法差异以及国际税收协定的筹划研究成果也大量呈现。针对税收筹划的研究总是与反避税进程息息相关，近二十年来，国际知名的会计师事务所和税务专业机构在全球拓展业务，兜售各种过激的税务策划方案，影响了所在国的财税收入，侵蚀了主权国家的税基，使对税收筹划法律风险以及避税反制方面的研究成为一个热点。随着避税反制的需要，无论是大陆法系国家还是英美法系国家，都比较注重实质课税原则、实质重于形式原则等体现税收实质正义的税法理论的实践和运用，比如，英国于 2013 年在其财政法案引入了一般反避税规则（General Anti-Avoidance Rule，GAAR）。在反避税趋势加强的背景下，如何保障纳税人基本的税收筹划权益也成为学者在文献中极其关注的问题。

税收筹划和反避税与各国特定的税收法律制度、税收文化紧密联系，不同的经济环境、政治制度、法律传统和税制特征使各国的相关政策与态度大不相同，学术界的理论认知也各异。

国外学者从不同侧面和角度分析了税收筹划法律问题，对纳税人税收筹划权理论的发展起到了积极的推动作用。税制发达国家税收筹划权理论研究有以下几个特点：

第一，在国外学者研究的语境中，纳税人税收筹划权是一个关涉纳税人财产权保护、宪法之治以及税收法治等基本价值的问题，税收筹划权是纳税人的基本权利已成共识。

第二，从国外文献来看，税收法定原则既是理论原则也是法律原则，是税收筹划权的法律基础，税法的首要任务是保障纳税人权利。

第三，纳税人的税收筹划活动涉及税法的多种价值与利益的衡平。基于税收公平原则、量能课税原则，以及对维护主权国家税基和市场主体公平竞争的考量，纳税人过激的税收筹划行为是需要抑制的。

第四，纳税人特别是跨国企业所惯用的新颖的、复杂的税收策划方案致使主权国家税收流失、税基遭到侵蚀，引起各个国家以及国际组织的关注，识别税收筹划与避税，或者说英美法系语境下何为可接受的避税、何为不可接受的避税成为政府和学界研究的热点，学界和实务界对各种繁复的涉税策划方案进行剖析，竭力探讨、总结正当的税收筹划与恶意避税之间的边界确定标准。在反制避税过程中如何保障纳税人税收筹划权益，确保私人财产权利与国家征税权力、税收法定原则与实质课税原则，以及形式正义与实质正义之间的衡平是近期理论研究的一个重点。

（二）国内研究综述

1994 年，唐腾翔、唐向合著的《税收筹划》一书的面世，被公认是我国税收筹划理论研究的开端。此后，涌现了大量的基于经济学、管理学、财税学以及财税法学视角的税收筹划理论文献。

1. 论文类

国家税务总局机关报——《中国税务报》增设的《税收筹划》专刊中将税收筹划概括为"纳税人在税法规定许可的范围内，通过对经营、投资、理财活动的事先筹划和安排，尽可能地取得节约税收成本的税收收益"。刘剑文（2004）在《中国税务》上撰文"税收筹划：实现低税负的专业活动"，肯定税收筹划的合法性，认为税收筹划是纳税人的基本权利，是税负从轻诉求的体现，纳税人有依法承担最低税负的权利。[①] 张守文（1996）在"论税收法定主义"一文中认为，税收法定原则是税法重要的基本原则，甚至是最高原则，强调国家征税必须有法律上明确的依据，保障纳税人利益的税收法定原则应在我国宪法中予以规定。黄黎明（2004）在"税收筹划理论的最新发展——有效税收筹划理论"一文中认为，税收法定原则是税收筹划的法理基础。刘培俊和郭小凤（2006）在"论企业税收筹划的异化及其理性复归"一文中从税法学与实证分析视角论证了税收筹划的正当性。李爱红和梁云凤（2001）在"税务筹划的合法性思考"一文中，以及刘培俊（2007）在"企业税收筹划正当性的税法学简析"一文中从税收理念、税法原则以及税收立法精神等角度论证了税收筹划的正当性。杨焕玲（2011）在"税收筹划的法理分析"一文中分析了税收筹划与偷税的本质区别，并认为税收法定主义是税收筹划的法理基础。应飞虎和赵东济（2005）在"税收筹划的法律认定"一文中指出，税收筹划的前提在于纳税方案的可选择性。张修林（2004）在"税收法定与私法自治——税收筹划的法理分析"一文中认为，税收筹划是纳税人的一项基本权利，税收法定和私法自治是税收筹划权正当性与合理性的法理基础。白小平（2007）在"税收筹划与避税的法律分析"一文中、汤洁茵（2006）在"税收筹划行为的法理分析"一文中探讨了税收筹划与避税的区别及界限。刘淼（2008）在"契约精神与税收筹划的合理界限"一文中剖

① 刘剑文. 税收筹划：实现低税负的专业活动［J］. 中国税务，2004（1）：27.

析了税收筹划的法价值理念。梁云凤和逄振悦（2006）在"税收筹划权分析"一文中从公共财政、税收法定等视角进行了分析，认为纳税人应享有税收筹划权，而私法自治原则是纳税人筹划的内在动力。

2. 著作类

朱孔武在《征税权、纳税人权利与代议政治》一书中认为，纳税人享有多种基本权利，并将纳税人仅支付正确税额列为首要的权利，基于财产权利的保障需要，纳税人享有税收筹划的权利；作者在税收法定原则下区分了税收筹划、避税以及偷税；作者认为在市场经济环境中，市场主体经济行为自由，税法规范并无强制纳税人选择特定法律形式的效力。在私法自治原则下，纳税人得以自由支配其经济事务、决定是否实现特定的经济状态及其法律形式，纵使其安排具有减轻税负的效果，国家亦应予以尊重。纳税人以税收激励政策进行节税安排更是利国利民之举。①

刘剑文和熊伟在《税法基础理论》一书中指出，随着社会的发展，纳税人权利得到各国重视，纳税人权利种类越来越丰富，经济合作与发展组织（Organization for Economic Co-operation and Development，OECD）也日益重视对纳税人权利的保护，为成员国制定了《纳税人宣言》，规定了纳税人的基本权利，其中包括仅缴纳法定税额的权利、税收预测与筹划的权利——纳税人对自己营业行为的课税结果有权进行预测和税收筹划。② 该书还讨论了税收法律关系性质问题，对税收法律关系分层次进行了分析，认为税收实体法律关系"税收债务关系说"引入中国税法研究具有重要的实践意义。③ 而税收法律关系"债务说"正好解释了纳税人开展税收筹划的可能性——纳税义务不是在税务行政机关"查定行为"时产生的，而是在纳税人经济事项满足税收构成要件时产生的，是故，纳税人可以自主选择、确定不同税负的行为方式，从而实现节减税负的目的。

杨小强在《税收筹划：以中国内地与港澳税法为中心》一书中主要分析了税收筹划的原则，并对税收筹划、避税与偷税进行了区分，认为要准确厘清三者的边界是很难的，"我国税法理论界、实务界和税收立法界都没有完全廓清其边界，我们的智慧依然鞭长莫及"。

盖地等在《税务筹划理论研究——多角度透视》一书中比较系统地从经济学和管理学视角对税务筹划进行了研究，探讨了税务筹划的产生与发展、动因与诱因、意义与特点等问题。

艾华在《税收筹划研究》一书中主要从经济学与管理学角度讨论了税收筹

① 朱孔武. 征税权、纳税人权利与代议政治 [M]. 北京：中国政法大学出版社，2017：264-270.
② 刘剑文，熊伟. 税法基础理论 [M]. 北京：北京大学出版社，2004：88-89.
③ 刘剑文，熊伟. 税法基础理论 [M]. 北京：北京大学出版社，2004：53-76.

划基本理论和主要的实务方案设计。

陈志勇、薛刚等在《税收筹划理论与实践——税收筹划理论与实务国际研讨会论文集》一书中主要总结了部分学者关于税收筹划理论、实务以及税收筹划的教学研究。

值得一提的是，我国台湾地区税法学者对税收筹划与反避税的研究起步较早，对税收筹划法律问题的研究比较系统和深入，代表性学者如葛克昌、黄茂荣、陈敏、陈清秀等。其中，葛克昌在多部著作和文章中都有关于税收筹划与避税理论和制度的研究，其对税收筹划的研究著述在海峡两岸影响较大。葛克昌（2004）在《税法基本问题（财政宪法篇）》一书中从国家与社会二元化等角度进行分析，认为租税规划（税收筹划）系纳税人基本权利。他还在《实质课税与纳税人权利保护》中探讨了在实质课税原则适用过程中纳税人租税规划权等基本权利的保障问题。陈清秀（2001）① 也从不同角度对税收筹划进行了理论研究，认为税收筹划权是纳税人的一项基本权利。

3. 教材类

自从教育部将《税收筹划》列入"十五"国家级规划教材目录以来，包括北京大学、清华大学等高校在内的会计专业、财务管理专业，部分工商管理专业和法学专业先后将"税收筹划"列入教学计划，包括国家级规划教材在内的各个版本的税收筹划教材和税收筹划实务书籍纷纷面世。2010~2016 年的注册会计师全国统一考试《税法》大纲及教材专门编写税收筹划一章，掌握税收筹划实务技能是注册会计师开展业务的基本要求。

当前国内对税收筹划权的研究现状如下：

第一，受到了多方关注。首先，政府高度重视和引导。自中国加入世界贸易组织（WTO）之后大量有着专业税收筹划技能的跨国公司进入中国，中国在反避税的同时依循国际法严格按照税收法定原则征税，并尊重纳税人的税收筹划权；征税部门在加强征管、打击偷逃税的同时，开始在媒体、网络设立"税收筹划"专栏，引导纳税人进行正当的税收筹划。比如国家税务总局主办的《中国税务报》从 2001 年开始每年都刊发大量税收筹划方面的文章，中国知网可查、可下载的就达 280 多篇。其次，从实务界来看，税收筹划方案在企业间大行其道，这也是国内企业在中国加入 WTO 后与长于税收筹划的国外企业同台竞争所应有的理财意识，实务界人士主要结合税收筹划实践问题进行研究。最后，学界著书立说，就税收筹划提供理论支持和人才培养。

① 陈清秀. 税法总论 [M]. 台北：翰芦图书出版有限公司，2001：230.

第二，涌现了丰硕的研究成果。在中国知网以"筹划"为关键词检索，其结果为：以税收筹划为题目的经管类博士学位论文 12 篇，如《律师事务所税务筹划研究》《企业有效税务筹划研究》《企业纳税筹划》《农业企业税务筹划研究》《企业税务筹划研究》《石油企业纳税筹划研究》等，这些论文多从企业经营管理实务的角度分析税收筹划的方案构建；硕士学位论文 900 多篇，学术论文数千篇，但税收筹划法律问题方面的硕士学位论文仅有 30 多篇，其中包括《论纳税人税收筹划权》《纳税人节税筹划权适用的法律问题研究》《论合法节税——纳税人的税负从轻权》，尚无法律方面深入研究的博士学位论文。在重庆市图书馆网站主页检索，结果显示税收筹划类的书籍多达 290 条，但其中以实务类居多。

第三，采用了跨学科研究范式和多种研究路径。现有成果主要运用了利益相关者、税收学、财务学、市场学、伦理学、经济学和管理学等学科的理论和方法，从多个视角深入探索、研究税收筹划及其相关问题。

在众多的科研成果中，大多是从经济学和管理学视角着手探讨税收筹划行为的，较少从法学角度系统、深入分析税收筹划行为的法律问题，而从权利角度对税收筹划权的基本理论、权利的形态、权利内容以及权利性质进行探讨的更少。

纳税人权利问题有着必然的政策性和国别性差异。本书认为，税收筹划法律问题、税收筹划权的研究、筹划方案的设计在借鉴国际共性的基础上，应以本土化研究为主，这是由于各国政治、经济、税收法律制度以及税收文化存在差异，因此税收筹划问题的探讨应结合各国具体的国情以及税收法律环境而进行，各国的税收筹划相关法律制度的构想应体现本国独特的个性需求和适应性。我国税收筹划权理论和制度构想要回应本国纳税人在税收筹划权实现过程中的特定问题，在"重义务，轻权利"的传统语境中重塑纳税人的权利地位，推动社会、税收征管部门接受并尊重纳税人税负从轻的税收筹划权，同时也引导纳税人合理行使税收筹划权，不越界进行避税策划，在依法履行纳税义务的前提下保全财产权、维护自身的税收利益。

三、研究方法

方法决定结果。税收筹划权是一个实践驱动的理论课题，这就决定了对其研究不仅要立足于税收征管实务中征纳双方税收筹划定性争议的解决，还要着眼于宏观层面的制度构建；不但要借鉴域外理论和实践，更需立足于中国国情和本土资源。因此，研究方法的综合运用是必要的，本书的研究方法以规范分析法为主，同时采用案例分析法与比较分析法等。

（一）规范分析法

本书运用规范分析法探讨了税收筹划的合法性与正当性，揭示了税收筹划权得以成立的正当性基础，分析了税收筹划权的内涵，即纳税人保全自身财产权益、获取税收利益是一种值得法律保护的法益，税收筹划具有应有权利的品性，是纳税人应该拥有的一项基本权利。本书认为税收筹划权的确立具有维护纳税人权益、有利于国家宏观调控目的的实现以及促进税收法治等多重意义。

（二）案例分析法

本书以境内外影响较大的税收筹划税案为素材，直观、具体地剖析了相关税案中税务征管机关在对纳税人交易性质认定时，区分税收筹划与避税时所应考虑的相关因素以及实质课税原则的适用条件，认为我国一些税务征管机关在行使税收核定裁量权时对相关因素考虑不全面，仅仅依据中间公司无经济业务，即适用经济实质原则否认中间公司的存在，而未考量中间公司的其他合理商业目的，指出征管机关税收核定裁量权的行使失之主观，只有纳税人的经济行为同时符合主观、客观要件时才满足避税认定条件。通过典型案例的分析探讨了如何适度控制税收执法自由裁量权的行使，以确保纳税人税收筹划的基本空间不被压缩。

（三）比较分析法

本书比较了税收筹划与偷税、避税行为的内涵与外延，从行为方式、手段、性质以及法律效果等方面深入细致地分析了三者的异同，论证了税收筹划的合法性与正当性；通过比较，认为三者在实务操作中存在相互转化的可能，揭示了税收筹划的法律风险，重点探讨、归纳了税收筹划与税法意图、避税行为在策划的时间节点、实施手段、主观目的、法律性质等方面的复杂关联。

四、主要创新

（一）从理论上证成税收筹划权

权利的来源根本上在于其正当性基础。本书以税收法律关系的契约性质揭示了税收筹划权的思想基础，税收法定原则和私法自治原则为纳税人税收筹划权的证成提供了法律基础。本书借鉴了公法的私法化理论——税收法律关系契约论，并引入《中华人民共和国民法典》中的私法自治原则，论证了纳税人通过税收筹划实现税不多交、保全自身财产的权益是纳税人在税收征管程序中的重要权利。在此基础上，提出了本书的主要观点，税收筹划具有应有权利的属性，纳税人现有的其他权利不足以涵摄税收筹划权的内容，难以替代税收筹划权特有的价值，纳税人保全财产权益的税收筹划具有值得法律保护的重要性与紧迫性，在新的经济和社会环境下应将其丰富、充实、拓展为纳税人的新型权利——税收筹划权。

（二）揭示税收筹划权的权利形态、构成及性质

从权利的形态、构成及性质对税收筹划权进行本体分析，是本书的另一个创新。本书尝试对税收筹划权的权利形态进行探索，认为在域外诸多国家，税收筹划权不仅是法律权利，也是纳税人实际享有的实有权利。在实行成文法制度的中国，税收筹划权虽尚无法律层面的明文确认，但其是一种隐含在现有法律体系下的推定权利，而且实际上一定程度为政府所认可、纳税人所享有。本书从权利的构成视角分析和揭示了税收筹划权的权利主体，以及这种新型权利的具体内容，包括税收信息知情权、税法的可预测权、经济行为方案创设、优化与实施权、税收筹划权救济权。关于税收筹划权的性质，本书从税法与私法融合的视角来分析、探讨税收筹划权的属性，税收筹划权是兼有私法与税法性质的混合权利。一方面，税收筹划权是财产权的演化和延伸，着眼于对私人财产权的保护，是一种实体性权利；另一方面，税收筹划权的特性和内涵又非一般财产权所能涵盖的，在公法视野下，税收筹划权是纳税人的一种经济自由权，是纳税人的一种基本权利。

（三）税收筹划权的行使边界确定

本书从防治权利滥用视角探索了税收筹划权行使的边界和限度，指出避税所在之地即税收筹划权行使的边界之地、禁区所在，税收筹划权的行使要符合禁止权利滥用原则、实质课税原则和诚实信用原则，纳税人行使税收筹划权要确保权利行使的适度性和有效性，降低其法律风险，避免因税收筹划权行使失度而异化为避税。

第一章

税收筹划权的诠释

虽然税收筹划引入我国时间不长，但其因促成纳税人在进行经济活动时获取"税不多交"的实在利益而受到纳税人的重视，并得到快速发展，成为客观存在的普遍现象。鉴于税收筹划与避税难以区分等问题，国家对纳税人税收筹划权的态度并不明确。随着税收法定、税收法治理念的逐步确立，我国税务主管部门对纳税人税收筹划权的态度出现了转变：国家税务总局机关报——《中国税务报》创办了《税收筹划》专刊，近年来连续刊发税收筹划理论和筹划实务的文章，引导纳税人合理开展税收筹划；安徽省税务局主办的《安徽税务》于 2002 年 9 月刊发了"纳税人拥有筹划权"一文，指出征管机关应当依法征税，保障纳税人税收筹划权①；2005 年，国家税务总局发布的规章又将税收筹划纳入注册税务师的执业范围②；等等。这些均表明我国政府对纳税人开展税收筹划、合理节减税负的权利给予了一定程度的肯定和认可。然而，税收筹划与避税、偷税的认识误区问题并未消解，仍有人存在税收筹划实际上就是避税的错误认知，认为税收筹划具有道德可谴责性，是缺乏正当性基础的行为，对纳税人税收筹划权这种新型权利感到困惑，难以理解纳税人通过税收筹划获取税收利益的正当性。那么，税收筹划与避税、偷税有何区别，是税法逆法行为还是遵从行为？纳税人通过税收筹划获取的税收节减利益是否为值得法律保护的法益？税收筹划是否具有应有权利的正当性？税收筹划在境内外是否为纳税人的一项法律权利？这些疑惑是本章主要探讨的问题。

---

① 《安徽税务》编辑部. 纳税人拥有筹划权 [J]. 安徽税务，2002（9）：52.

② 《注册税务师管理暂行办法》第二十二条规定：注册税务师可以提供代办税务登记、纳税和退税、减免税申报、建账记账，增值税一般纳税人资格认定申请，利用主机共享服务系统为增值税一般纳税人代开增值税专用发票，代为制作涉税文书，以及开展税务咨询（顾问）、税收筹划、涉税培训等涉税服务业务。因适应"放管服"改革的需求，税务师不再实行注册管理，该办法于 2017 年 12 月废止，其第二十二条所涉及的税收筹划业务仍然是国家税务主管机关认可的税务师主要的执行范围之一。

第一节　税收筹划概述

税法学作为我国法学的新兴学科，随着社会、经济的发展以及人们认识的深化，许多概念需要不断地被界定和重新概括①。税收筹划权系纳税人的一种新型权利，欲准确界定税收筹划权，首先需要厘清税收筹划的含义及其行为构成，揭示其与避税、偷税的性质差异。"偷税"在《中华人民共和国税收征收管理法》（以下简称《税收征收管理法》）中有明确的定义，而对"税收筹划"与"避税"却无法律定义，因而容易使人产生认识误区。在我国税收主管部门的多个规章中均出现"税收筹划""筹划方""筹划安排""避税"等词汇②，但这些规章并未对"税收筹划""避税"的含义进行界定，其原因可能是难以简练、准确且周密地概括其内涵。缺乏理论上的共识必然会造成实践工作的不便与混乱，比如因为反避税工作的需要，在对避税未界定含义的情况下，只得先对"避税"的特征进行总结，以有助于征纳双方尽可能形成一致认识。可见在理论上辨析税收筹划、避税及偷税三者的内涵及其相互联系是必要的。

一、税收筹划的界定

（一）税收筹划的概念

税收筹划（Tax Planning）是税制发达国家的国民开展投资、经营等经济活动时重要的理财规划行为，税收筹划中介服务业也发展成为一个比较成熟的行业。在中国，税收筹划实务起步较晚，最早出现于香港地区。1972 年，中国香港金融市场发展繁荣，投资所得的丰厚回报将承担高额税负，投资者则设法进行

① 张守文. 税收逃避及其规制 [J]. 税务研究，2002（2）：38.
② 比如：《特别纳税调整实施办法（试行）》第九十六条规定：税务机关实施一般反避税调查，可按照征管法第五十七条的规定要求避税安排的筹划方如实提供有关资料及证明材料。《一般反避税管理办法（试行）》第十三条规定：主管税务机关实施一般反避税调查时，可以要求为企业筹划安排的单位或者个人（以下简称筹划方）提供有关资料及证明材料；第十四条规定：一般反避税调查涉及向筹划方、关联方以及与关联业务调查有关的其他企业调查取证的，主管税务机关应当送达《税务事项通知书》；第十五条规定：主管税务机关审核企业、筹划方、关联方以及与关联业务调查有关的其他企业提供的资料，可以采用现场调查、发函协查和查阅公开信息等方式核实。

节税策划以获取税收节减利益，于是税收筹划便萌生了。中国内地纳税人于1994 年才首次通过唐腾翔和唐向的《税收筹划》一书初步了解了税收筹划。

近年来，应经济体制改革之需，我国在依法治税理念的指导下对税法体系中的多个税种进行了重大修订和完善，征管机关税收执法行为也更为规范，加之税务专业中介服务业的发展，推动了我国税收筹划的兴起。涉税策划是一个涉及经济管理、会计、税务与法律等多个领域的专业活动，不同理念、不同法律风险意识的纳税人的涉税安排性质不一，可能是税收筹划、避税，也可能构成偷税。在我国，普通公众对税收筹划不甚了解，对其存在认知误区，根本原因在于没有真正理解税收筹划的性质、内涵及其外延，常把税收筹划等同于避税或者偷税，进而认为税收筹划是不道德的。对税收筹划含义的准确理解、法律性质的把握是纳税人有效行使税收筹划权的前提。

税收筹划概念在不同视角下有不同界定。荷兰国际财政文献局（International Bureau of Fiscal Documentation，IBFD）将税收筹划定义为，纳税人为实现税负最低而对其经营活动或个人事务进行事先策划的活动①。美国学者 Meigs W B 和 Meigs R F 认为，税收筹划就是在纳税义务尚未形成时纳税人系统地对其生产经营及其投资行为进行预先规划，尽可能地实现少缴所得税的目的的过程②。美国著名大法官汉德在判例中陈述："法院一再声称，人们安排自己的活动以达到低税负的目的，是无可指责的。每个人都可以这样做，而且这样完全是正当的，因为他无须超过法律的规定来承担国家赋税；税收是依法强制征收的，而不是靠自愿捐献。以道德的名义来要求税收，不过是空谈而已……人们合理合法地安排自己的活动，使自己承担最小的税负，这种方法可被称为税收筹划。"③ 我国学者杨小强认为，税收筹划是纳税人通过构想或执行不同的策略，寻求减少特定期间的应纳税额的活动④。刘剑文认为，税收筹划是纳税人在法律许可的范围内，根据政府的税收政策导向，通过对经营活动的事先筹划或安排进行纳税方案的优化选择，以尽可能地减轻税收负担，获得"节税"的税收收益的合法行为，它具有合法性、筹划性和目的性三个特征⑤。我国台湾学者葛克昌认为，租税规划系纳税人或者企业为追求租税利益，就未来事务所进行的一种事先安排或者设

---

① IBFD. International Tax Glossary [M]. Amsterdam：Clarendon Press，1988：46.
② Meigs W B，Meigs R F. Accounting [M]. Princeton：Princeton University Press，1984：738.
③ 刘剑文. 国际所得税法研究 [M]. 北京：中国政法大学出版社，2000：145.
④ 杨小强. 税收筹划——以中国内地与港澳税法为中心 [M]. 北京：北京大学出版社，2008：8.
⑤ 刘剑文. 国际所得税法研究 [M]. 北京：中国政法大学出版社，2000：146.

计①。张中秀认为，税收筹划包含合法手段的节税筹划、非违法手段的避税以及税收转嫁筹划。《辞海》中该词目含义如下："利用国家税收政策，经济地安排各种商业活动，以减少纳税人合法支出的行为。"②

分析国内外学者及实务界人士对税收筹划的定义发现，他们对税收筹划的根本内涵——经由事先对经济事项的策划安排以实现节减税负的目的达成了较为一致的认识。但其就税收筹划的行为主体与行为性质的认知存在明显差异：①用语极不统一，现有税务筹划、税收筹划、纳税筹划、节税、避税等多种称谓。②在税收筹划主体的确定上不同，一种观点认为仅仅纳税人才是税收筹划的主体，不包括征税部门；相反的观点则认为征纳双方都可以对涉税事务进行筹划安排，因而双方均是税收筹划的主体。③对税收筹划的法律性质持不同观点，有认为是合法的；有认为非违法的，既包含合法性质的节税筹划与转嫁筹划，也包含非违法的避税；还有不做定性评价的，仅将其作为一种现象来研究。④有学者将税收筹划与避税的外延交叉，将避税行为以是否符合法律意图二分为顺法避税和逆法避税，前者即税收筹划，把税收筹划视为避税的下位概念；也有学者将避税作为税收筹划的下位概念。⑤有学者将税收筹划与节税（Tax Saving）混同，也有学者把转嫁筹划归为税收筹划的下位概念。

正本清源，本书认为税法学上对税收筹划概念的界定，既要考虑国内外税收筹划的实践、专业术语的准确性和现有的普及程度，又要顾及理论体系建构的需要和理论研究对立法实践的指导与便利。

本书认为：①在称谓上，宜统一为"税收筹划"，原因在于：一是学界现有绝大多数文献以及全国高校税收筹划教材均使用该术语，约定俗成，广为接受；二是国家税务总局颁布的多个规章也选用"税收筹划"术语，因而比较权威。②关于税收筹划的主体，限于纳税人一方，以节减税负为目的之筹划应限于纳税人一方的筹划活动，不包括征税部门，名称不宜使用"税务筹划"，"税务"二字容易与税务部门联系起来。征税机关在征税执法过程中，毫无疑义受"法无授权不得为"原则的约束，不能为完成税收任务而逾越税法计划征税，虽然内部税务管理工作在一般意义上也可以称为"筹划"，但在征纳双方的语境中"筹划"已约定俗成，公众已将其与节减税负相联系。③关于合法性评价，国家税务总局在原规章《注册税务师管理暂行办法》第二十二条已将税收筹划认定为税务师的执业范围，可见概念上税收筹划的性质应仅限于合法行为。④税收筹划概念应

---

① 葛克昌. 税法基本问题（财政宪法篇）[M]. 北京：北京大学出版社，2004：134.

② 转引自：计金标. 税收筹划概论 [M]. 北京：清华大学出版社，2004：78.

与避税相区分，税收筹划不应包括避税行为，二者互不包含，不具有种属关系。原因在于避税具有贬义，荷兰国际财政文献局编写的《国际税收辞典》对其也是按贬义概括的。"避税"一词用在我国税制中也是按贬义使用的，避税是国家反制的，并制定了多个以反避税为主旨的规章，可见我国政府对二者的态度不同，定性也是不同的，在我国政策语境下二者不应包含或者交叉。尽管在实务中税收筹划与避税之间存在一个界限不明确的过渡地带，即所谓"灰色地带"，但二者的基本领域和空间是确定的，是完全不同的，因而在概念构建上以互不包含为妥。在我国台湾地区用"租税规划"指完全合法的税收筹划，用"租税规避"指逆法避税。⑤税收筹划不宜包括所谓的转税筹划，能否通过价格转嫁税负完全是一个市场供求的经济问题，与税法无关。⑥税收筹划不能等同于节税筹划，理论界多数共识认为节税筹划仅指税负的节减策略，而税收筹划是节税筹划的上位概念，税收筹划还包括延缓纳税从而占有税金的时间价值的筹划，因而节税筹划是税收筹划的子概念。

鉴于以上分析，本书认为，税收筹划是指纳税人在税法允许的范围内对投资、经营等经济事务进行事先预测、谋划，并做出相应的安排，以获取免缴、少缴或者缓缴税款的利益的活动。免缴、少缴或者缓缴税款的利益，通常被称为税收利益。此种界定明确了税收筹划的性质、方式及其目的，相对合理。以下是一个税收筹划实例：

广东某知名企业近几年进行大规模海外投资，既有直接办厂，又有兼并收购。其运作模式是，先在中国香港设立控股公司，再以香港控股公司的名义在全球投资，控制海外一百多家子公司与分公司。但后来，该广东企业将香港控股公司迁往荷兰，设立荷兰控股公司，改由荷兰控股公司来控制海外一百多家子公司与分公司。该广东企业放弃香港控股公司有其自身的诸多考虑，如将控股公司迁往荷兰，可充分利用荷兰广泛的税收协定网络，实现税收利益的最大化，当然也有挺进欧洲大陆发展的长远计划。这种做法属于企业的营业自由，并未违反法律，属于税收筹划的范畴。

（资料来源：杨小强. 税收筹划——以中国内地与港澳税法为中心 [M]. 北京：北京大学出版社，2008.）

（二）税收筹划与相关行为比较

从外延上将税收筹划与涉税其他相关行为进行比较分析，有助于准确理解税收筹划行为。通常，可能导致国家税收减少或者流失的行为有偷税、避税、漏税、欠税以及骗税等，其中漏税是指纳税人无过错、无意识地导致国家税收流失的行为，在一定期间国家有权追征纳税人少报缴的税款；欠税是指在应税期间纳税人因经营不善、灾害等客观原因致使暂时难以履行缴纳义务，经纳税人申报，征税机关对符合条件的纳税人给予延期缴纳许可；骗税是指纳税人在不符合退税的条件下以虚假、欺诈手段骗取退税，致使国家税收流失的违法行为，其中骗取出口退税行为的性质尤为恶劣，要受到法律的严厉制裁。可见，这些行为与税收筹划在方式和法律结果上差异明显，容易辨识。纳税人行使税收筹划权进行节税策划的过程最易与偷税和避税发生误认，下面将三者进行逐一比较，以厘清相互关系。

1. 税收筹划与偷税

偷税（Tax Evasion）[1] 也被称为"税务欺诈"（Tax Fraud），是对税法条款的直接侵犯，是一种较为严重的违法行为，因而《税收征收管理法》第六十三条对"偷税"这一术语进行了权威定义[2]。由该定义可知，偷税是纳税人在纳税义务既已发生、确定的时候采取虚假申报或者不申报，逃避缴纳税款的违法行为。我国《税收征收管理法》第六十三条的定义揭示了偷税的目的是不缴或者少缴应纳税款，所采取的手段通常具有虚假、欺诈性。除目的都是节减税负、主体都是纳税人以外，税收筹划与偷税明显有很多的不同点：

第一，发生时间不同。偷税是纳税人针对已经发生的应税经济行为，在纳税义务已经确定的情形下通过违法手段达到非法目的，征税机关依据法律规定对纳税人的此种行径予以否定。因此，偷税具有"事后性"。而税收筹划则是在某项经济活动实施之前就进行某种安排，使经济行为执行后符合减轻税负的法律规定，具有"事前性"。

第二，行为性质不同。偷税的特征是非法性和欺诈性，是一种明显的违法行为。其手段为纳税人故意以虚假信息进行纳税申报或拒不进行申报，其行为具有很强的欺诈性[3]。而税收筹划是法律许可的，而且行为是公开的。在税收筹划过程中，纳税人在充分了解税法对其相关经营行为的税负具体规定的基础上，安排自身行为达到节减税负的目的，体现出对税法的遵从性，是一种顺法行为。

第三，手段不同。纳税人进行税收筹划是对达成同一或者类似经济目的的多

---

① 从语义来说，采用"逃税"一词更准确，反映了税收的内在属性，税款在未缴纳前其所有权是纳税人的，应缴不缴，不存在偷的行为，实为逃避缴纳，故《中华人民共和国刑法修正案（七）》中"偷税罪"已被"逃避缴纳税款罪"取代，而《中华人民共和国税收征收管理法》修法议程还在进行中，目前仍然使用"偷税"一词。

② 《中华人民共和国税收征收管理法》第六十三条规定：纳税人伪造、变造、隐匿、擅自销毁账簿、记账凭证，或者在账簿上多列支出或者不列、少列收入，或者经税务机关通知申报而拒不申报的或者进行虚假的纳税申报，不缴或者少缴应纳税款的，是偷税。

③ 苏春林. 税收筹划实务 [M]. 北京：中国人民大学出版社，2005：5.

种营业模式或者方法的不同税负进行分析、预测，优化实施税负较轻的模式或者方法，是一个涉及生产经营与税务的综合过程。而偷税的手段是在纳税数额已经确定之后，临时编制非真实的涉税会计资料进行虚假纳税申报，或者不报、少报税，是一种欺骗手段。偷税方式简单，直接发生在纳税报缴过程中，纳税人的行为手段与其经营活动毫无联系。

第四，法律后果不同。偷税行为具有明显的违法性，纳税人的行为受到税法的否定性评价，要承担相应的违法责任，不但不能节减税负，还要处以罚款，严重者则触及法律，将承担刑事责任。而税收筹划则是对税法的尊重与遵从行为，是以合法手段达到节减税负之目的，为法律所认可的。

第五，作用不同。偷税直接破坏性地侵犯国家税权，对其他市场主体来说也不公平，偷税者由于税负成本低，与其他市场主体相比具有明显的竞争优势，若不严加惩处，将产生恶劣的示范效应，可能导致偷税扩散等问题。而税收筹划往往是对国家税收激励政策的运用，在节税的同时契合了国家经济、社会调控目的，具有双赢效果，因而为各国所认可甚至鼓励。偷税侵犯了国家税权，导致税收流失；而税收筹划则不会造成税收损失，在基于税收优惠政策筹划时，国家做出税收让利，实现了激励经济、扶助贫困等预期目的。以下是一个偷税实例：

广东某律师经常为国外客户提供法律服务，在收取服务费用时，要求国外客户将款项汇往其在中国香港设立的个人账户，而不要汇往内地。依法，该内地律师为国外客户提供法律服务所收取的款项应该汇回国内，并申报缴纳个人所得税，但该律师在香港开立个人存款账户，要求客户将款项汇入香港账户，则逃避了国内应申报缴纳的个人所得税。又利用香港采取收入来源地征税的好处，在香港也无须缴税。该做法不属于税收筹划，属于偷税行为。

（资料来源：杨小强. 税收筹划——以中国内地与港澳税法为中心 ［M］. 北京：北京大学出版社，2008.）

2. 税收筹划与避税

（1）避税的含义。避税问题，是公认的现代税法难以解决的课题，随着各国反避税力度的加大，这一问题也引起税法理论界的广泛关注和重点探讨。葛克昌将避税治理看作"税法中无法解决之难题"①。税法学者力图准确把握避税的含义，却观点各异，加之经济环境与税制差异，各国对待避税的态度也大为不同。

在大陆法系，避税一语在不同的国家有不同的表达，德国称为"stuermeidung"或"steuerflucht"，法国称为"evasionficale"，而日本则叫"租税回避"，我国台

---

① 葛克昌. 租税规避之研究 ［D］. 台湾大学硕士学位论文，1978.

湾地区则称"租税规避"。德国税法学者 Barske 将避税定义为：纳税人通过滥用私法形成自由，以迂回、繁复等非正常交易方式进行经济交易，来实现减税效果的行为。德国另一学者 Hensel 认为，避税是纳税人以特定安排使其交易行为脱离其本应联系的、税负较高的课税要件，导致税收立法目的落空的行为①。

日本学者金子宏认为，避税是纳税人借由民商事行为自由，以繁复、非典型的经济行为方式——行为的法律形式与其实质不一致，而避免征税要件的满足来减少税负的行为②。清永敬次则认为，税捐规避指纳税人以迂回、分步交易以及其他非典型交易方式，回避税法上通常设定的典型交易形式，却又达到了典型交易方式可实现的经济目的，并同时少缴或者不缴税的行为③。

大陆法系国家依循概念法学传统，针对不同性质的涉税策划行为，一般使用不同的术语，比如我国大陆有"税收筹划"与"避税"之分，我国台湾地区则有"租税规划"与"租税规避"之分，一般将顺法的税负节减安排称作租税规划，将逆法行为称作租税规避，以示区别。大陆法系通过概念的构成要件来探讨"避税"，依据纳税人主观目的与其客观行为来确认避税，即纳税人有实现减税之目的，客观行为表现为纳税人选择了私法上许可而税收法律上却因非典型交易方式未作纳税规定的异常交易形式，致使其行为不符合本应适用的征税构成要件，但又达到了相同的或者类似的经济目的，纳税人的行为有悖立法意图。

在英美法系，避税一般称为"tax avoidance"或"tax shelter"。加拿大的 Carter 委员会认为，避税是纳税人通过预先规划或者利用法律漏洞，以合法的方式降低纳税义务。1999 年澳大利亚的《企业税收评论》将避税定义为，借由税收法律中的漏洞以及缺乏商业目的的操作，获取税收立法意图之外的节税效果的行为，是对税收法律的滥用或者误用的行为。美国 RacliffR 委员会认为，避税是指纳税人通过异常安排规避其应税义务的行为；2000 年美国财政报告认为，避税是纳税人以实现税收节减为目的，通过某个经济实体、安排或者规划等手段规避纳税义务的交易行为④。

不同于偷税，我国相关法律文件并未对避税进行定义，国家税务总局发布的《一般反避税管理办法（试行）》仅归纳了避税的两个基本特征⑤。结合上述文

---

①　葛克昌. 租税规避之研究 [D]. 台湾大学硕士学位论文，1978.

②　[日] 金子宏. 日本税法 [M]. 战宪斌，郑林根，等译. 北京：法律出版社，2004：93.

③　陈清秀. 税法总论 [M]. 台北：元照出版有限公司，2010：225.

④　张岚. 论避税的法律规制 [D]. 西南财经大学硕士学位论文，2007.

⑤　《一般反避税管理办法（试行）》第四条规定：避税安排具有以下特征：（一）以获取税收利益为唯一目的或者主要目的；（二）以形式符合税法规定，但与其经济实质不符的方式获取税收利益。

献的观点和我国反避税文件的相关内容，本书认为，避税是指纳税人滥用民商事行为自由，违背税法意图，选择无合理商业目的、与通常交易形式不一致的非典型交易方式，达到与典型方式相同或相似的经济效果，规避或降低税负的行为。

（2）避税的性质。避税性质的讨论主要发生在有着概念法学、规范分析传统的大陆法系地区，而英美法系地区却鲜有关于避税性质方面的讨论，这些地区往往将避税分为可接受的避税（Acceptable Tax Avoidance）与不可接受的避税（Unacceptable Tax Avoidance）、允许的避税与不允许的避税，进而对不可接受的或不允许的避税进行反制。本书主要根据大陆法系的研究文献来分析避税的性质。

关于避税的法律性质，有合法说、违法说和脱法说三种观点。

一是合法说，持这种观点的学者主要有日本的金子宏、北野弘久，我国的陈敏、贺韩明等。合法说坚持严格的税收法定主义。金子宏认为，按照税收法定主义，在缺乏明确法律规定的情形下不能否认避税行为的合法性①。陈敏认为，税收法定原则禁止类推适用以填补法律漏洞，因此，不应否认避税的合法性②。合法说主张对于避税的反制必须有明确的法律依据，坚持合法说的学者主张严格按照字面解释税法，法律上的漏洞不能按照目的解释以及类推进行填补，纳税人基于税法漏洞节减税负未违背任何税法条文，是合法的。

二是违法说，持这种观点的学者主要有日本的田中二郎及我国的张守文、龙英锋等③。该观点认为税收最基本的功能是财政收入，国家税收在公民之间依能力分担是税收公平的应有之义。避税者将税负间接转嫁他人承担，是非正义的，不符合税收公平原则和实质课税原则，损害了税法的实质正义，有违税法目的，且侵犯了国家税权，应将其认定为违法行为。

三是脱法说。脱法说是当前学界的主流观点，我国台湾地区学者多持这种观点，大陆学者刘剑文、丁一、杨小强、陈少英等也持脱法说观点。该观点认为，避税行为属于形式上合法、实质上违法的行为④。因此，避税在法律上既不合法也不违法，是一种有悖税法目的而在法律上却难以处罚的脱法行为。在德国学界，避税脱法说也是一个主流观点。

---

① ［日］金子宏. 日本税法［M］. 战宪斌，郑林根，等译. 北京：法律出版社，2004：96.
② 陈敏. 租税课征与经济事实之掌握——经济考察法［J］. 政大法学评论，1982（26）.
③ ［日］北野弘久. 税法学原论［M］. 陈刚，等译. 北京：中国检察出版社，2001：122.
④ 葛克昌. 税法基本问题（财政宪法篇）［M］. 北京：北京大学出版社，2004：9；黄茂荣. 税法总论：法学方法与现代税法［M］. 北京：北京大学出版社，2011：245；陈清秀. 税法总论［M］. 台北：台湾元照出版有限公司，2010：224；杨小强. 税法总论［M］. 长沙：湖南人民出版社，2002：216-217；刘剑文，丁一. 避税之法理新探（上）［J］. 涉外税务，2003（8）；陈少英. 税法基本理论专题研究［M］. 北京：北京大学出版社，2009：122-123.

在以上诸多观点中，本书赞同脱法说。理由有四个：一是避税行为在形式上、法律条文上并没有违背任何税法规定，以税收法定原则观之，在无法律将其认定为违法行为的前提下，避税行为是不违法的；法律一般明确规定偷税是违法行为，如我国《税收征收管理法》第六十三条的规定，而对于避税，法律并未作违法定性。二是避税行为虽然往往采用迂回、繁复手段规避税负，具有隐蔽性，但并不具有违法偷税行为的欺骗性。三是从各国反避税立法和实践来看，绝大多数国家和地区对于认定为税收规避的行为，其处理方式基本上是按其所规避、本来应担负的税负补缴税款，并无惩罚性的处罚。而对税收违法行为必定处以较重罚款，如我国《税收征收管理法》规定，对纳税人偷税的，由税务机关追缴其不缴或者少缴的税款、滞纳金，并处不缴或少缴税款50%以上5倍以下的罚款。四是避税行为虽非违法，但也不合法，避税行为毕竟不符合税收公平原则、量能课税原则的要求，不同于顺法的税收筹划行为，避税是违背税法目的的逆法行为，该类行为会侵蚀税基、阻碍税收功能的发挥，必须予以反制。因此，以严格的税收法定原则观之，其乃合法行为；以税收公平原则观之，其乃违法行为，将避税行为的性质认定为形式上合法、实质上违法的脱法行为相对妥当。

（3）避税的法律效果。由于避税行为形式上合法而实质上违背了税法的立法意图，不同的国家法律评价不一。在早期，相当多的国家较为严格地坚持税收法定主义，倾向于维护法的安定性，容忍避税行为，随后针对避税行为重新修订税法条款，完善税法，以堵塞税法漏洞；而一些国家认为其违背税法实质目的，要求补缴规避的税负，素有国家利益、集体利益至上传统的我国即如此。近年来，随着各国政府职能扩张，财政压力加大，潜在避税规模越来越大，所以世界上越来越多的国家制定特别反避税条款或者一般反避税条款反制避税活动，取消避税所获得的税收利益，按照其所规避、本来应缴纳税负的条款征税。总体来看，早先各国坚持严格的税收法律主义，对避税行为持宽容态度，但随着避税规模加大、税收流失严重，以及政府财政需求增加，目前更多的国家认为避税侵蚀了税基、损害了国家税权，倾向于对其严厉打击、反制，要求避税者进行补税。

（4）税收筹划与避税的关系。二者有共同性以及边界的模糊性，在英美法系国家并未以不同的术语将二者进行不同种属的划分，这些国家一般将这一系列类似行为分为可接受的策划行为与不可接受的策划行为，不可接受的策划行为被认为是滥用法律的行为，对其进行反制防治。基于大陆法系概念法学传统，目前我国学者绝大多数倾向于认为二者性质不同，具有不同的内涵，属于不同种属的行为，且学术界与实务界基本上达成了共识：两种行为应分别使用不同的术语以示区分。较早时期理论研究不足、征纳实务一线案例不多，人们常常将二者等

税收筹划权研究

同，或将二者的范围混同、交叉，理论上不恰当地认为税收筹划就是避税的子属，被称为"合理避税"，或者认为避税是税收筹划的子集①。近年来，学界一致认为，避税由于字面上具有"规避""回避"的贬义，所以对于性质上本属合法的筹划行为不宜以直接在"避税"前加上"合理"二字相称，不同性质的事物以与其相适应的不同术语表述，符合我国大陆法系概念法学传统。同时，我国目前税收征收实践和相关法规规章也将二者视为不同性质的行为对待，例如，在2006—2017年施行的国家税务总局颁布的规章《注册税务师管理暂行办法》第二十二条将"税收筹划"纳入税务师的正当执业范围，而在企业所得税特别纳税调整相关的法规与规章中"避税"是政府反对的、要反制的。因而，尽管二者边界模糊，却是两个不同种属的行为，在指称上不应混同、交叉。另外，将税收筹划和避税两种不同性质的行为以不同的术语表达，可避免公众将税收筹划与避税混同，也便于消除人们对于税收筹划合法性的质疑，确立税收筹划在征纳双方认知中的应然形象。

税收筹划与避税既有共同点又存在诸多差异。

共同点：二者的目的相同，纳税人行为的意图都是实现税负的节减；二者谋划的时间节点相同，都是在纳税义务发生之前即开始预测、规划设计经济事务，而不同于纳税人义务确定之后才事后谋划的偷税行为；二者在形式上都没有违反税法的明文规定；二者在行为手段上都不具有偷税所表现出来的欺诈性。

不同点：第一，二者的行为手段不同。避税往往是利用法律的漏洞、瑕疵，以不具有合理商业目的之繁复、迂回的方式交易，或者将本为一个整体的行为通过分解后分步实施，其目的是在形式上符合税收优惠政策或者规避其本应承担的较高税负，而该种行为是不符合税法意图的，因而是一种逆法行为，是一种形式上合法、实质上违法的脱法行为。税收筹划的手段与避税不同，主要是运用税收优惠政策、税法规律、税收制度的差异性以及会计政策的可选择性，评估达到同样或者类似经济效果的不同交易模式的税负水平，优选、实施税负较轻的交易模式，从而达到节减税负的目的，是合理运用税收政策，特别是税收优惠政策，呼应了国家宏观调整政策，具有积极的正面的意义，因而是顺法行为，无论是形式上还是实质上都是合法的。避税往往因创设的交易手段异常而具有隐蔽性；税收筹划因其合法性而无须遮掩，具有公开性。第二，二者的法律效果不同。避税违背税法意图、超出法律预期目标，侵蚀了税基、损害了国家征税权，因而不为国家所容忍：一是会通过完善税法、堵塞借以避税的法律漏洞；二是征管机关可能

① 郑书雨. 试论税收筹划与避税的关系 [J]. 金融与财经，2013（1）：45.

行使税收调整权，对避税行为所创设的交易模式重新定性、调整税基，按其所规避的应税行为要求纳税人补税。由于避税导致政府财政收入减少，并且随着避税范围的扩大，其给各国财政收入造成的影响日渐增大，因此绝大多数国家法律以立法形式否定了避税行为，在税法中加入了反避税条款，我国亦然。而纳税人通过税收筹划节减税负往往是税收立法者或为实现宏观调控目的，或暂时还不打算修订法律不足或者空白而预留给纳税人的利益空间，因而不会损及国库收入。因此，各国对税收筹划一般持认可和支持的态度①，甚至经济合作与发展组织为各成员国制定的《纳税人宣言》中就规定了"纳税人享有税收预测与筹划的权利"②。

综上所述，税收筹划与避税之间存在着复杂的关联，二者性质不同，在形式上却又极其相似；二者节减税负的基本手段不同、策划的基本领域不同，却边界模糊，难以简单地确立一个具有实践操作性的标准划分各自的领域，随着一个国家财政需求的多寡、立法反避税政策的松紧变化，引起二者策划的领域相互间呈现此消彼长、边界漂移、左右摇摆的状态。

3. 税收筹划与避税、偷税存在可转化性

从静态来看，三者之间各有异同（见表1-1）。税收筹划与避税、偷税的相似性在于行为人均是纳税人，都是谋求税收利益，都发生在相同税制环境中。三者的差异在于行为的时间、法律评价以及法律后果不同。

表1-1　税收筹划与避税、偷税异同比较

涉税行为	规范依据		事实描述			价值分析	
	税收制定法	税法意图	目的	条件	手段	法律性质	法律后果
偷税	违反	违反	逃避履行纳税义务	征管疏漏	欺诈、虚假纳税	违法	行政、刑事处罚
避税	符合	违反	避免纳税义务成立	税法瑕疵、漏洞	异常手段	脱法或不可接受	按调整纳税
税收筹划	符合	符合	获取税收利益	税收差异与优惠	正常手段	合法或可接受	减免或推迟纳税

---

① 马丽萍，马海燕. 偷税、避税、节税的问题研究 [J]. 经济技术协作信息，2009（17）：70.
② 萧红. 保护纳税人权利的国际趋势 [N]. 中国税务报，2001-08-07.

从动态来看，三者之间存在相互转化的可能性。在实务中，纳税人进行节税策划时存在潜在的经济效益风险和法律风险。一是经济效益风险，税收筹划是一个融合法务、税务、财务以及经济管理等知识的高级活动。纳税人的经济行为可能涉及多个税种，因而需要总体考虑各个税种之间的关系，避免一部分税种税负降低了，却引起总体税负上升，或者税负降低了，而企业总体经济效益却受到了影响，得不偿失。二是法律风险，一国税法本身具有专业性、复杂性及变动性，纳税人在进行税收筹划时因对法律主观理解失误，或者某个方案预先谋划后税收法律变更了，都可能导致税收筹划由合法行为转化为避税行为，甚而成为偷税行为。另外，各国政治、经济、历史、文化等背景的不同使各国税法存在一定的差异，导致对同一涉税策划行为的性质认知不一，一国认定的税收筹划行为在他国操作时却可能承担避税责任①。所以，三者之间在实务上具有可转化性。

总体而言，偷税、避税、税收筹划三者的法律评价趋势是从否定到肯定的过程，法律效果也是由处罚、反制到认可这样一个变动的过程。由于偷税是在纳税义务发生后纳税人故意采用欺诈性手段逃避应纳税款，明显与税收筹划行为所要求的事先谋划后再发生经济行为、产生纳税义务的时间顺序完全不同，因此税收筹划行为一般不易直接转化为偷税行为，相对来说较易区分。纳税人行使税收筹划权最大的法律风险是过度、过激地筹划，可能逾越了筹划所属的合法领域，而被认定为规避税收的行为，坠入避税的范围。从某个角度上观之，税收筹划与避税就是一体两面的问题，目的相同、手段近似。二者虽然存在基本的差异，但难以简单明确划定相互之间的界限，换言之，此岸与彼岸间存在一个边界不明确的过渡地带——"灰色地带"。正如我国台湾学者所说，脱法避税行为，也可能被视为一种合法的税收筹划行为，两者界限极为模糊②。在征管实务中，征税部门基于本位主义，往往看重国家税收利益，倾向于行使税收自由裁量权将相关涉税策划行为认定为实质违法的避税行为予以反制；相反，纳税人为了自身利益最大化，尽可能地利用法律许可的空间创设交易模式以适合税负较轻的应税行为，纳税人关注的是如何低风险地节减税负。因此，征纳双方之间存在一定的利益冲突与博弈，当纳税人在筹划的基本领域创设节减税负模式时，易于为税收征管部门所认可，当纳税人在逐利驱使下在税收筹划与避税边界不明确的"灰色地带"筹划时，则纳税人行为性质难以确定、把握。税收征管部门过于放任纳税人获取此种税收利益，可能导致纳税人滥用税收筹划权进行更过激的筹划行为，从而造

① 马丽萍，马海燕. 偷税、避税、节税的问题研究 [J]. 经济技术协作信息，2009（17）：71.
② 林坤阳. 税法实质课税原则一般规范立法之研究 [D]. 台湾逢甲大学硕士学位论文，2004.

成国家税收流失；相反，若税收征管部门不秉持客观、公平理念，滥用税收执法自由裁量权，任意否定纳税人筹划创设的交易模式、调整税基，则可能侵犯纳税人税收筹划权。换言之，凡权利均是有边界的，纳税人税收筹划权的行使应适度，否则极可能滑入避税的领域，为税收征管部门所反制。避税问题治理之所以是学者所称的"难以解决的问题"，主要原因是其与税收筹划之间存在一个边界不清的模糊地带。这给征纳双方都带来了一定的法律风险，这一问题后文再详述。

二、税收筹划的形成原因

税收筹划的形成原因如下：

其一，市场经济体制是税收筹划的环境基础。市场经济体制的出现是税收筹划产生的经济背景。我国在计划经济体制下，经营主体单一，以国有企业为主，企业以利润的形式向国家缴纳企业盈余，企业只是一个生产计划的实施者，没有自己的独立利益，因此，税收筹划无论是形式上还是内容上均没有存在的必要。随着我国改革开放的深入，市场经济成为资源配置的主要方式，私人财产权与国家财产权分离，市场主体多样化、利益多元化，在竞争环境下拥有独立利益的经营者，作为经济理性人，为寻求利益最大化，合理节税的需求越来越大，税收筹划才真正具备了生存的土壤。

其二，差异化的税收政策构成了税收筹划的广阔空间。差异化的税制及大量的优惠政策是税收筹划的动力。税收中性原则要求一国税收不过分干预、扭曲正常市场主体的经营决策，是税法的基本原则。但是除实现财政税收收入外，税法还担负着社会、经济以及生态调控功能，是一国重要的调控杠杆。是故，税法体系中总是裹挟着大量的差异化政策，以促进国家宏观政策的有效推行。作为发展中国家，这种差别待遇在我国税收法律体系上表现得尤为突出。例如，我国环境保护、技术创新、外资引进以及西部大开发等税收激励政策就给予了相关纳税人差异化的税务处理，在费用扣除、税率或者固定资产折旧等方面规定了更优惠的税务待遇。大量税收激励政策的存在，形成了同类纳税人在不同条件下的税负差异化现象，表现为不同区域间、不同行业间、不同规模企业间、不同所有制企业间、不同组织结构企业间乃至企业不同投资方向所产生的税负差异。面对林林总总的差异化税收政策，理性经济人必然积极行使税收筹划权，结合自身经营实际，创设条件以适用低税负的经营模式，达到节减税负的目的。

其三，形式上税收给付的无偿性是纳税人进行税收筹划的主观动因。税收强制性规定纳税人必须按时足额向国家缴纳税款。从宏观层面上看，征纳双方是一种税收契约关系，纳税人承担税负以换取市场机制难以提供的公共服务，因而税收是具有对价性的。然而，政府所提供的公共服务具有抽象性以及不可分性，从微观层面上看，纳税人无法从公共产品及服务中获得与其纳税数额等值或成比例的对价，以个体的纳税人观之，税收等同于无偿的支出。因此，纳税人一方面力求享有更多更好的公共服务；另一方面在不违法的前提下创设灵活的经济行为方式，寻求低税负待遇。因此，形式上税收的无偿性是激励纳税人税收筹划的主观动因。

其四，增收节支、降低税负是纳税人开展税收筹划的目标。税收是纳税人重要的成本支出，税后收益才是纳税人可以享有的、自由支配的利润，降低税负自然是纳税人节减成本的渠道之一。若纳税人未能成功寻求低税负待遇，要么其利润空间被压缩，要么在其商品和服务的价格中将税负向下转嫁，这在激烈的市场环境中必然导致纳税人处于不利的竞争地位，其市场份额减少，同样可能给纳税人以沉重打击。同时，税收也严重影响纳税人的现金流量水平，税收支出意味着现金净流出，可能导致其资金流通困难。若纳税人忽视税金对企业经营的影响，未在生产经营过程中事先结合税负水平综合考量投资、融资及其经营等具体模式，一旦在经营销售过程中形成当期应税收入或者所得，强制性应纳税金则随之确定，纳税人必须如期缴税，被动的现金净流出有可能导致经营过程所需的资金流转困难。因此，纳税人特别是总体税负支出较大的大企业的财务部门，一般都设立税务策划团队，为企业管理决策层提供涉税咨询，协助预测未来经济行为税负水平，优选经营方案，积极进行税收筹划[①]。

三、税收筹划的构成要件

税收筹划的构成要件包括行为要件、结果要件及主观要件。

(一) 税收筹划的行为要件

税收筹划是一种内在意思表现于外的行为，是筹划主体结合其对税负差异性的判断，创设适合自身经济事务的具体方式，以达到节税目的之安排。纳税人对其生产经营或者个人经济事务的交易与处理安排，属于民商法性质的私法行为，这些行为随后为税法再次调整，纳税人之所以能达到节减税负的目的，主要利用了私法行为具有的自由选择性。私法行为的自由选择性包括法律行为、准法律行

---

① 吕景刚. 税收筹划基本前提与动因分析 [J]. 经济师，2005 (2)：210.

为和事实行为的自由选择性，其中又以法律行为的自由选择性居多。

税收法律是基于民商法律调整后所形成的秩序，即以纳税人民商事法律行为体现出来的收入、所得或者财产权为基础，原则上税法尊重私法自治与合同自由原则，不因征税而影响民商事法律行为的法律效果，也就是说，税法原则上尊重纳税人依据民商法所确定的法律形式，不质疑其行为自由，一般来说，税法直接以民商事法律行为结果为征税对象。税法将民商法上的交易方式进行抽象，形成税法构成要素，纳税人的民商事法律行为一经完成，在符合税法构成要素时即形成应税行为。由于税法是强行法，税法条款不具有可选择性，税法难以包罗万象地针对各种民商事交易行为确定不同的征税构成要素，因此税法只能选取典型的民商事交易行为进行抽象，形成相应的税法构成要素。纳税人据以生产经营的民商法推崇私法自治原则，赋予民商事法律行为主体充分的决策自由，因而民商法体系主要由任意性选择条款构成，强制性条款较少。因此，纳税人在处理民商事务时可以自由创设灵活的法律形式，以匹配适合税法条款且税负较轻的交易模式。比如，当纳税人经营行为的法律风险较小时，以个人独资企业形式经营，则无须就其经营所得缴纳企业所得税，而以一人公司形式经营，则需要就其经营所得缴纳企业所得税，此时纳税人宜选择个人独资企业形式营业。反之，当其经营行为的法律风险较大时，一人公司的有限责任特点决定了其法律风险相比个人独资企业较小，纳税人则需要综合考量风险成本与税收利益，而不能简单地一味追求节税利益。

可见，税收筹划行为是纳税人事先预测不同情形下的税负水平，再合理安排生产经营或者经济事务方式，使其民商事法律形式符合税负较轻的税法构成要素，从而获取节税利益。税收筹划权行使的行为方式主要有利用税收优惠政策、税制差异性规律、会计可选择性的政策以及税收陷阱[①]的规避四种。

（二）税收筹划的结果要件

借助结果要件的分析可以揭示行为对相关主体利弊的影响。税收筹划行为结果主要涉及的利益主体有三个，即国家、纳税人以及其他纳税人，就筹划行为进行结果分析，可以得知其对三者利弊的影响。对于纳税人而言，税收筹划行为是

---

① 税收陷阱主要是由税制上的起征点与全额累进税率所导致的，当纳税人销售额或所得额增加时，由于立法技术的原因，经过税务处理后可能净收益反而减少，即增长部分的收入不但不能给纳税人带来税后净收益的增加，反而造成额外的税负支出，税负增加额大于收入增加额，税制因此表现出非理性和不公平。这种制度上的立法技术缺陷广泛表现在增值税、消费税以及所得税等多个税种中。参见陈仕远. 基于税收陷阱规避的纳税筹划权行使方式分析 [J]. 重庆理工大学学报（社会科学），2017, 31 (2)：99-109.

其通过合理运用税法，适当安排经济事务免缴、少缴或者缓缴税款，从而享有税收利益，是一种积极的节税行为。对于其他纳税人而言，由于税收筹划行为是符合税法意图的，筹划人所获取的节税利益一般是立法者所知悉而预留出来的税收利益，比如税收优惠政策让利，并不会造成税收流失，换言之，筹划人少缴的税金不会转由其他纳税人来承担，因而税收筹划行为不会对其造成不利、不公。对于国家而言，税收筹划虽然短期、一时减少了国家税收，但长期来看，让利于民，促进了经济的发展，也就相应地扩大了未来的税源。另外，纳税人呼应国家税收激励政策的筹划，有利于国家进行有效的社会分配、生态及科技等宏观调控。

同时，通过行为的结果分析能够验证行为目的实现的程度，节税效果是实施筹划行为的动力。"法律通常根据行为的结果来区分行为的法律性质以及行为人对行为负责的界限和范围，行为结果是行为过程和全部要素的综合体现。"[①] 是故，只有在税收筹划行为意图的节税效果形成时，才有必要给予税收筹划行为正当性分析，如果没有结果上的税负变化，对筹划行为则无须置评。

(三) 税收筹划的主观要件

税收筹划的主观要件是指纳税人对其经济事务进行涉税筹划、谋求税收利益的意思表示。意思表示是行为人将其创设法律行为的目的表现于外的过程。纳税义务是法定义务，一旦应税行为发生，则纳税人的应纳税义务便不以纳税人的主观意思表示为必要而产生，因而一般来说，应税行为不以意思表示为发生要件。

然而，应税行为的发生与否以及发生何种应税行为，却是由纳税人的主观意思决定的，即纳税人在涉税过程中非绝对被动的。

就筹划节税意图来说，筹划过程中的意思表示是必要的，乃必然的构成要件：一是纳税人对其经济事项筹划、安排本身具有谋求节减税负的目的。该目的是筹划行为意欲之结果，是筹划人的效果意思，是故，税收筹划行为具备效果意思要素。二是在目的的支配下，纳税人就其经济事务进行谋划的行为构成表示行为。税收筹划行为主观要件分析具有重要意义，对筹划涉税经济行为的目的考察是各国确定其正当与否的重要标准。简而言之，涉税筹划若不具有合理的商业目的则会被认定为税收规避，从而为征税机关所反制。

---

① 王兆高. 税收筹划 [M]. 上海：复旦大学出版社，2002：145.

第二节　税收筹划权的权利形态

权利的基础的研究文献浩若烟海，研究范式繁多。分类分析是一种常见的认知事物的方法。权利按照不同的标准或者尺度，可以被分成不同的类型。权利根据内容不同可以分为人身权利、政治权利、经济权利、社会权利和文化教育权利；根据权力性质又可以分为选择性权利和豁免权等。但无论如何分类，权利都具有正当性、合法性、现实性，权利的这三种特征相应地构成了应有权利、法定权利及实有权利的存在形态。尊重权利，即应关心应有权利、注重法定权利、着眼实有权利，在社会经济条件可能的基础上，尽可能地将应有权利向实有权利转化，丰富权利种类，使权利内化为实现人的价值与尊严的普遍性力量①。

本书拟从权利形态视角探讨境内外纳税人税收筹划权。税收筹划是具有合法性、目的性、事先性、获利性的行为，也是国家税务主管部门认可的合法行为②。我国税收筹划实务自域外引入较晚，但已得到快速发展，成为纳税人生产经营以及投资时节减税负的重要活动。本书认为，纳税人为了保全自身财产权益，通过税收筹划所获取的税收利益具有正当性，是一种值得法律保护的权益。纳税人有安排自己经济事务、进行税收筹划的自由，税收筹划是纳税人应该拥有的权利。根据上文对税收筹划行为内涵的分析，本书认为税收筹划权指纳税人在税法允许的范围内对投资、经营等经济事务的税负效果进行事先预测、谋划，并做相应的安排，以获取免缴、少缴或缓缴税款的利益的权利。这种权利可以促成纳税人获取不多缴税的实在利益，是纳税过程中纳税人的一种实体性权利，具有应有权利的品性。下文试对税收筹划权的权利形态进行分析。

一、税收筹划权的应有权利形态

（一）纳税人权利形态概述

本书所称的纳税人权利并非指公民权利，仅指狭义的纳税人权利，即在纳税

---

① 程燎原，王人博. 权利论［M］. 南宁：广西师范大学出版社，2014：326.
② 国家税务总局机关报《中国税务报》多年来连续刊文鼓励、支持及引导纳税人合理开展税收筹划。

过程中纳税人可以为或者不为一定行为的自由，或者要求征管机关给予某些行为的许可或保障，以及相应的救助的权利①。借鉴我国著名法学家李步云的权利形态三分法②，本书从权利存在和实现形态的角度将纳税人权利分为应有权利、法定权利、实有权利三个层次进行探讨，这种划分路径便于揭示应有权利对法律权利扩展的指导作用③。

其一，纳税人的应有权利。应有权利是根据社会正义以及道德习俗应当享有的权利，是一种"应然状态"下的权利④。以自然法学理论观之，应有权利即天赋权利、道德权利或者自然权利，是作为个体的人与生俱来的、不可剥夺的生命与健康保障，以及追求自由与财富的正当要求，在条件具备时有国家以制定法保护的必要。应有权利只有在当时社会的物质、文化条件具备之时才可能转化为法定权利，正如马克思所指出的："权利绝不能超出社会的经济结构以及由经济结构所制约的社会的文化发展。"⑤ 具有正当性内涵的纳税人某种应有权利，为拓展纳税人权利立法提供了必要的评价标准和参照⑥。

其二，纳税人的法定权利。纳税人的法律权利是经由税收法律体系将应有权利明确认可而来的。法律已经明确认可的权利，给人提供清晰的指引和可靠的保障，受到国家的保护。法律创设权利的论断是有一定道理的，并非全部的应有权利都具有直接上升为法定权利的品性，其转化必然受物质及文化环境所制约。耶林论述："权利就是得到法律保护的利益。"⑦ 奥地利法学家凯尔森也明确指出："法定权利是由法律秩序所保护的利益，或者是法律秩序所承认并使之生效的意志。"⑧

纳税人的法定权利体现在税收征缴的整个流程，以税收报缴征管全程观之，所有环节均涉及征税机关的执法权的行使，其行政自由裁量权利的不当使用很可能形成对纳税人权益的侵犯。因而，税收征纳的全程有必要为纳税人配置相应权利，以实现国家征税权与纳税人权利的衡平。

其三，纳税人的实有权利。实有权利是指随着法律的贯彻施行，法律关系中

---

① 庞凤喜. 论"公共财政"与纳税人权利 [J]. 财贸经济, 1999 (10).

② 李步云. 走向法治 [M]. 长沙: 湖南人民出版社, 1998: 425.

③ 夏勇. 权利哲学的基本问题 [J]. 法学研究, 2004 (3).

④ 蒋传光, 郑小兵. 法律在应有权利向实有权利转化中的作用 [J]. 江苏警官学院学报, 2006 (4): 92.

⑤ 马克思恩格斯选集 (第3卷) [M]. 北京: 人民出版社, 1976: 12.

⑥ 施正文. 税收程序法论 [M]. 北京: 北京大学出版社, 2003: 144-146.

⑦ 张文显. 法学基本范畴研究 [M]. 北京: 中国政法大学出版社, 1993: 121.

⑧ 凯尔森. 法与国家的一般理论 [M]. 北京: 中国大百科全书出版社, 1996: 88, 319.

法律主体的权利因相应对方义务的履行，权利人的利益得到切实的保障，因而法律得以具体实施，是法律意图的理想效果的最终实现。实有权利是权利类型中的最佳样态，至此，权利已非法律纸面的规定，凭借法律关系中义务主体的为或者不为一定行为，促成了法律权利的实现。而义务主体的义务履行，虽可自觉为之，但有国家机构实际潜在强制的必要性。换言之，法定权利转化为实有权利需要国家保障以及法治环境和各种社会资源的促成，否则法定权利仅停留于文本而致其品性减等。对于纳税人来说，仅当法定权利转化为现实能够享有的权利时才有价值，否则仅是停留在法律文本上的权利①。

纳税人权利的丰富与圆满实现的路径在于，实事求是地根据一国现有具体经济社会环境的许可，识别、选择可行的应有权利，通过立法将其纳入法律权利范畴，并以国家机关的执法、司法为保障，确保法定权利不"渗漏"，让法律主体所享有的实有权利与理想的法定权利内容无限接近，以此拓展和促进纳税人权利的真切实现。

（二）税收筹划权的应有权利形态

权利的最初形态是应有权利，是人们基于当期社会、经济、文化等条件自发的具有"正当性"的利益诉求，是法定权利的转化源泉与基础。立法者根据社会物质所能支持的现实条件，识别并选取重要的、具有保护价值的应有权利或习惯权利，将其转化为法定权利。因此，随着经济、社会的发展，重要的应有权利便转化为法定权利，权利体系得到拓展与丰富。因此，税收筹划权法律地位的获得首先应取决于其是否具有应有权利的价值基础，也就是说税收筹划是否具有道德、伦理与理性考量的正当性，以及是否具有值得法律保护的利益和自由，是否具有法定权利的来源和基础。本书从应然层面、理论视角探讨税收筹划是否蕴含着应有权利的价值基础，是否具有成为法定权利的"资格"，而非从实然层面指出税收筹划仅是一种应该而又没有被现实法律所确认的权利。

对世界政治产生深远影响的社会契约论的研究者认为，人们为了克服自然状态下的不确定性，缔结契约、让渡部分权利和财富成立了国家，以便更好地享有余下的财富和自由，当其受到侵害时就可以寻求国家的保护，国家或政府也以提供该类人身、财产保障等服务为要义。因此，"政治社会的首要目的是保护财产"②。国家对财产权的保障范围应该是全面的，从维持个人生存所需的基本财

---

① 施正文. 论征纳权利——兼论税收问题 [J]. 中国法学，2002 (6).
② [英] 洛克. 政府论 (下篇) [M]. 叶启芳，瞿菊农，译. 北京: 商务印书馆，1964: 77-80.

产到企业法人的生产经营所支配的资产，从经营收益到经营投资理财本身，均应受到国家的保障。财产的拥有者有使用以及自由处分其财产，不得受他人任意干涉的自由。财产权利中财产处分自由的本质属性，决定了所有者可以按照自己的意思使用和支配财产，其自主意志不被国家和他人干预。在市场经济条件下，纳税人具有独立的法律地位和独立的利益追求，自己是自身利益的最佳判断者和策划者。纳税人作为经济理性人在市场竞争环境下的目标是实现税后利益的最大化。纳税人进行投资经营等经济活动时，达到相同或者类似的经济效果的方式往往有多种，经过事先评估、预测多种可能方式的相应税负水平，优先选择税负较轻的方式实施其经济活动，系纳税人对自己投资经营等经济事项行使财产自由权，具有正当性，应为国家所尊重；同时，就纳税人筹划节税的手段来看，无论是基于税收优惠政策、税制内在差异性规律还是会计可选择性的政策，都是对现行税法的合理信赖和利用，如无证据表明其具有避税意图，都是一种对税法的遵从性行为。因此，从税法角度看，纳税人通过税收筹划获取的税收利益具有正当性。

税法不仅是征税之法，更是纳税人财产权保障之法。纳税人在税收征管程序中享有多种权利，其主要功能就是保全纳税人财产、确保纳税人无须缴纳比税法规定的更多的税额。因此，可以说满足纳税人税负从轻诉求的税收筹划权是税收征管过程中纳税人所享有的最重要的实体性权利，税收筹划权蕴含着纳税人重要的经济利益，而值得法律保护的"利益"要素是权利最基本的和主要的要素。

可见，税收筹划具有应有权利的内在属性——具有正当性，且是值得法律保护的重要利益。税收筹划权这种基于财产权衍生的经济自由权被社会的正式代表——国家以法律的形式承认时，就具有了明确的合法性和法律地位，从而表现为"普遍的权利"，其中以法律自由权形式表现出来的纳税人自由意志就不再仅仅是纳税人的个人意志，同时也是国家保护的意志，任何对它的侵犯都是对国家权威的侵犯，都会受到国家强制力的回击。

纳税人合理开展税收筹划是无可厚非的，是完全符合法律精神和商业伦理要求的[①]。因此，当纳税人按照意思自治、行为自由的私法自治原则对其财产、营业进行安排处理而获得税收利益的自主性得到宪法和法律保障时，纳税人所享有的自由利益就转化为一种权利，即税收筹划权。换言之，从权利生成方式的视角

---

① 对于税收筹划行为的会计伦理观问题，盖地教授有不同的认识。他认为税收筹划是"法律范畴而非道德范畴"。他进一步谈道："税务筹划是企业利用法律资源，也应符合市场经济机制（体制）下的企业家道德标准，不应存在道德压力与道德困惑。"盖地. 税务会计研究［M］. 北京：中国金融出版社，2005：300.

探查，税收筹划具有权利的正当性内涵，蕴含着具有值得法律保护的利益。

二、国外税收筹划权的权利形态

在现代租税国家，对征税权、用税权予以控制是法治的根本要求。可以认为早在西方国家将税收法定原则确立为最重要的税法原则，对国家征税权进行控制的时候，广大纳税人就已经萌发了税负从轻的权利意识。税收法定原则确立较早的税制发达国家普遍注意保护纳税人在税收征缴过程中的权益，构建起比较完备的纳税人权利保护体系。体现纳税人税负从轻要求的税收筹划权最先发端于英美等西方国家的判例，这些经典判例奠定了税收筹划权的法律地位，随后税收筹划权益保护理念在世界许多国家的税法和实践中得到体现。例如，"欧盟的一些国家在税法中以各种方式明确纳税筹划是纳税人的权利，很多国家都存在着较为成熟的纳税筹划"[①]。税收筹划权在域外诸多国家既是纳税人的一项法定权利，也因得到社会的普遍认可、国家强制力的保障以及中介专业服务的协助等社会环境而成为纳税人的一项实有权利。

（一）税收筹划权：纳税人的法定权利

税收筹划权作为一项法定权利，其最早的法律渊源乃英美等判例法国家影响深远的权威案例，其后又通过税法以及纳税人权利法等文件确定下来，逐渐为更多的国家所认可，进而得到一些国际组织的推动，在国际文件中确认纳税人权利包括税收筹划权。需要指出的是，税收筹划权是一个政策性与国别性很强的法律问题，纳税人可以进行税收筹划的合法空间在不同的国家是各不相同的，即使在同一个国家随着经济、政治形势的变化，税收筹划的合法空间也是发展变化的，纳税人税收筹划权可以行使的领域总是与各国反避税措施的宽严相关，因此，后文个别判例或者文件的效力可能不是一成不变的，但总体来看，域外税制发达国家确保税收筹划的基本领域不受侵蚀、维护纳税人正当的税收筹划权益的态度是明确的。

1. 判例法渊源

英美法系判例法确立了最初的税收筹划权。英美法系国家的税收筹划权肇始于 1935 年英国上议院"税务局长诉温斯特大公"一案。英国上议院议员汤姆林爵士指出："任何一个人都有权安排自己的事业。依据法律这样做可以少缴税，

---

① 《安徽税务》编辑部. 纳税人拥有筹划权 [J]. 安徽税务，2002（9）：52.

为了保证从这些安排中得到利益……不能强迫他多交税。"① 汤姆林爵士在判词中的经典论述随后为法律界所普遍认可，该判例成为英美法系关于税收筹划权的经典案例，奠定了税收筹划权的法律基础。此后，许多国家在税收判例中都援引汤姆林爵士的观点。

税收筹划权在美国最初也是由判例法确定的。在 1935 年的 Gregory vs Helverin 案中，美国联邦最高法院法官乔治·萨瑟兰（George Sutherland）即指出："纳税人享有通过法律许可的手段以减少应纳税额，甚至避免纳税的合法权利，这一点不容置疑。"② 嗣后，在 1947 年的 Commissioner vs Newman 案中，美国联邦法院法官勒恩德·汉德（Learned Hand）在判决中也一再发表类似观点，认为纳税人节减税负的安排是正当的、无可谴责的、依法纳税，无关道德③。《美国宪法第九修正案》指出："不得因本宪法只列举某些权利，而认为人民所保留的其他权利可以被取消或轻忽。"在美国法律实践中，法官造法所创设的法律权利主要包括人身自由与经济自由权利，这些权利的共同特点是在成文宪法中没有明确列举的。④ 以美国宪法为依据，萨瑟兰法官和汉德法官等在联邦法院判例中所确认的税收筹划权在美国逐步得以确立，在判例法系国家随后的类似案例中影响深远。

2. 成文法渊源

税收筹划权在域外多个国家的纳税人权利法中被予以确认。新西兰、加拿大、英国以及美国等专门在其纳税人权利性文件中对税收筹划权予以宣示。新西兰《纳税人章程》宣称，征税机关的职责是正确适用法律，征收正确数额的税款，不可多也不可少，人人都享有缴纳最低且适当的税金的权利⑤。加拿大《纳税人权利宣言》指出，"你有权得到法律允许的每一项利益，你有权筹划支付法律允许的最低数额的税款。"⑥ 而且，为尽量避免税收筹划过程中不确定性因素导致征纳双方争议，降低税收筹划权行使的法律风险，加拿大国家收入局还在全

---

① Duke of Westminster v. Commissioners of Inland Revenue, 1935.

② Gregory vs Helvering, 293 U.S, 465.460（1935）. 判决词原文："By means which the law permits, a taxpayer has the right to decrease the amount of what otherwise would be his taxes, or altogather to aviod them."

③ Commissioner vs Newman, 159 F.2d 848, 850（CA-2, 1947）. 汉德法官在判决指出："法院一再声称，人们安排自己的活动以达到低税负的目的，是无可指责的。每个人都可以这样做，无论他是富翁还是穷光蛋。而且这样做是完全正当的，因为他无须超过法律的规定来承担纳税义务；税收是强制征收的，而不是靠自愿捐献。以道德的名义来收税，不过是侈谈空论而已。"

④ 转引自郑贤君. 宪法权利体系是怎样发展的——以美国法为范例的展开：司法创制权利的保护[J]. 法学家，2005（6）.

⑤ 新西兰 2001 年《纳税人章程》。

⑥ 加拿大 1985 年《纳税人权利宣言》。

球首创了事先裁决制度①，该制度为后来许多国家所移植，旨在反避税的同时保护正当的税收筹划权。英国《纳税人权利宪章》规定，纳税人拥有被公正对待的权利，"纳税人有纳税成本最小化的权利"②。美国也非常重视以专门的法律文件对纳税人权利的保护，早在 1988 年美国即颁布了《纳税人权利法案》（*Taxpayer Bill of Rights*），该法案经过 1994 年、1996 年以及 1998 年修订，增补了纳税人权利保护条款，成为美国纳税人权利保护的专门法律③。在 2014 年，美国又将税法体系上其他零散的纳税人权利内容进行梳理、整合，一并明确列举于《纳税人权利法案》，并在国内收入局网站首页开辟专门的固定栏目，重点介绍纳税人权利体系中的 10 项核心权利，以方便征纳双方理解④。该权利法案第三项核心权利是"最低额纳税权"——"仅缴纳应纳最低税额的权利"⑤，强调纳税人有权只承担依法应缴的最低数额。2015 年美国国会将包括"最低额纳税权"在内的纳税人基本权利纳入税收领域的基本法——《国内税收法典》。由于各国历史文化以及法制传统不同，因此相同或者类似的法律权利所使用的术语存在差异是正常的，本书认为"最低限度纳税、不多缴税的权利"其实质是税收筹划权的体现。

税收筹划权在其他成文性法律文件中被予以确定。在欧盟国家、加拿大以及新西兰等的成文法中税收筹划权得到明确认可⑥。阿根廷宪法规定，对阿根廷居民而言法无禁止即自由，只要纳税人不违反税收法律，均有寻求少缴税款的权利。德国《租税通则》规定，"宪法保障人民之自由权，因此，租税义务人可自行调配其经济活动以期尽可能减少租税之负担"⑦。可见，德国虽以"经济观察法"反避税发源国而闻名，实际上也是辩证地看待纳税人税负从轻的诉求，非常注重保障纳税人正当的税收筹划权益。加拿大国家收入局颁发的《信息通告》指出，纳税人经筹划达到税负降低的目的是合情合理的，是可以接受的。若无法律明文禁止，则加拿大国家收入局不会进行干预。丹麦最高法院在 1975 年的第

①　Read RJL. The Income Tax Advance Rulings Services［C］. The Report of Proceedings of the Forty-Fourth Tax Conference，1992 Conference Report（Canadian Tax Foundation 1993）6.

②　中国财政经济出版社主编：《经济活页文选》，1999 年第 7 期。转引自高军. 纳税人基本权利研究［D］. 苏州大学博士学位论文，2010.

③　萧红. 保护纳税人权利的国际趋势［N］. 中国税务报，2001-08-07.

④　Taxpayer Bill of Rights［EB/OL］. 2017-01-23. http：//www. irs. gov/Taxpayer-Bill-of-Rights.

⑤　法案原文：The Right to Pay No More than the Correct Amount of Tax-Taxpayers have the right to pay only the amount of tax legally due，including interest and penalties，and to have the IRS apply all tax payments properly.

⑥　《安徽税务》编辑部. 纳税人拥有筹划权［J］. 安徽税务，2002（9）：52.

⑦　德国租税通则（1977 年）［M］. 陈敏，译. 台北："财政部"财税人员训练所，1986：56.

788 号指导性决议中指出：针对纳税人税务安排的处理，只能严格按照法律条文字面进行释义，纵使纳税人行为有悖税收立法实质精神，若无法律明令限制的，则其行为是合法、有效的（Kluwer law international，2000）。由此可见，丹麦对于涉税筹划的保护相当宽泛。

3. 国际机构对税收筹划权确立的促进

自 20 世纪 80 年代以来，随着经济一体化和人权意识凸显，在波及世界的第三次税制改革潮流中纳税人权利保护展现出加强的趋势，世界贸易组织（WTO）、欧洲联盟（EU）和经济合作与发展组织（OECD）等国际机构大力促进纳税人权利保障，颁发纳税人权益保护规范文本，要求成员国遵照执行。WTO 赋予纳税人八项权利，其中包括纳税人的税收筹划权①。EU 明确提出在其成员国需要采取措施尊重并保护人权，竭力推动纳税人涉税权利的保护②。OECD 基于对成员国纳税人权利保护状况的调研在 1990 年颁布了一份报告③，敦促其成员国增强对纳税人权利的保护。同时，OECD 为成员国制定了《纳税人宣言》范本，其中明确将税收筹划规定为纳税人的基本权利④。

(二) 税收筹划权：纳税人的实有权利

法定权利向实有权利的转化，需要国家强制力的实际保障、法治环境和各种社会资源的促成，否则法定权利仅停留于文本而受到忽视，事实上致其品性减等，权利人就难以享有实际的利益或者自由。

1. 纳税人税收筹划权得到切实保障

税收筹划权最初即确立于西方国家的判例法，本身即起源于纳税人税收筹划实务中的权益之争，具有先天的实践性和实有意义，而非仅停留在法律文本上的权利。税收筹划权为判例法和成文法所确认后，在域外国家的税收执法和司法中得到普遍尊重和保护，确保纳税人知悉自己的权利并从税收筹划实务中获取税收利益，从而成为纳税人一项实有权利。

---

① 梁云凤. 战略性税收筹划研究 [M]. 北京：中国财政经济出版社，2006：97.

② 丁一. 宪政下我国纳税人权利保护机制之设计 [A] //刘剑文. 财税法论丛（第5卷）[M]. 北京：法律出版社，2004：367.

③ OECD. Taxpayers' Rights and Obligations：A Survey of the Legal Situation in OECD Countries（1990 OECD）.

④ OECD《纳税人宣言》范本相关原文为："纳税人享有如下权利：……（3）只缴纳法定税款的权利. 纳税人有权考虑个人的具体情况和收入多少并按税法规定只缴纳税金，拒缴额外税金.（4）税收预测与筹划权. 纳税人对自己的经营行为的课税结果有权进行预测和税收筹划." 萧红. 保护纳税人权利的国际趋势 [N]. 中国税务报，2001-08-07；刘剑文，熊伟. 税法基础原理 [M]. 北京：北京大学出版社，2004：89.

各个国家在保障纳税人实际享有税收筹划权方面的措施各有侧重，其中美国的保障措施较有特色。美国的税收实践中有两个方面的制度构建有力促进了纳税人税收筹划权的实现——纳税服务型税务征收体系与涉税策划方法的专利保护。首先，构建纳税服务型税务征收体系。美国为了切实保护纳税人的权利，早在20世纪50年代开始，税务征收系统就开始了由行政征收管理型向服务型的转型和改革，普及和推行以服务为导向的税收行政模式。1988年《纳税人权利法案》中即规定了纳税人核心权利之一——享受专业和优质服务的权利（The Right to Quality Service）①，从而确定了国内收入局（以下简称"IRS"）服务于纳税人的地位。在随后几十年中IRS一直致力于去行政化改革。至今，IRS已转型成为根据纳税人所需提供税收服务的公共机构。为帮助纳税人有效行使自身权利，IRS非常重视通过宣传和教育来落实纳税人享有的权利，任何时候IRS职员向纳税人寄送文书都要随附纳税人权利公告，明确告知纳税人所享有的权利。曾担任IRS局长的约翰·科斯基宁表示，"一直以来，尊重和保护纳税人的权利都是IRS的首要任务。纳税人权利法案是纳税人应该了解的最核心内容，也是IRS为纳税人服务的最基本事项和要求"。②同时，为了帮助纳税人向IRS和国会提出意见，美国还专门设立了纳税人援助服务处（Taxpayer Advocate Service），在各州设置了"地方纳税人支持官"，代表纳税人的利益，为纳税人提供涉税援助③。这些制度构建集中体现了美国税收征管活动的服务性，促进了纳税人知悉和行使税收筹划权。而且，税收策划方法可申请专利保护。1998年，美国联邦巡回上诉法院审理了State Street Bank案，首次以判例确认了涉税筹划方案可以申请专利保护④。2006年，美国专利商标局（USPTO）还专门为涉税筹划方案专利分配了美国专利分类号705/36T。紧随判例法对筹划方法专利的认可，2011年《美国发明法案》确认涉税筹划方案或系统作为以实现税负节减为目的的策略性筹划工具可以获得方法专利权，在该法案中涉税筹划方法专利亦称税务策略专利（Tax Strategy Patent）、税务筹划专利（Tax Planning Patent）或者避税专利（Tax Shelter

① 陈守瑄. 美国的纳税人权利 [J]. 团结，2006（2）：48.
② 赵岩. 美国发布新《纳税人权利法案》[J]. 国际税收，2014（8）：76.
③ 朱大旗，张牧君. 美国纳税人权利保护制度及启示 [J]. 税务研究，2016（3）：81.
④ State St. Bank & Trust v Signature Fin. 149 F. 3d 1368（Fed. Cir. 1998）1998年的State Street Bank案涉税筹划专利为1993年授权的一项名为"中心辐射型金融服务体系数据处理系统"的专利（专利号：US 51923056）。该专利为一套实现投资组合的数据处理系统，帮助投资人通过双向资助的方式从其投资组合中挪出其自有部分资产，从而实现共同资金的投资规模优势组合所带来的经济效益和税收优惠。

Patent)①。税收筹划专利的授予数量在不断地增多，仅 1998—2007 年就有 50 项税收策略被授予专利权，另外还有超过 80 项的申请仍在接受审查②。

近年来世界经济增速下调，各国财政压力加大，针对避税行为的防治措施不断加强，但大多数国家仍然注意保护纳税人正当的税收筹划权益。英国在 2013 年引入一般反避税规则（GAAR）时为了保障合理的税收筹划权不受影响，特别精心设计了税收筹划权保障条款，确保合理筹划行为不受影响③。在德国，税收筹划权同样得到司法实践的确认与保护，在一个著名判例中法官认为，纳税人依据意思自治、行为自由原则安排涉税经济事项，经正当筹划即使仅缴纳了最低限度的税额，也不应将规避行为认定为偷税。此点与以欺骗方式滥用税法条文是有别的④。巴西、日本、墨西哥、挪威等国在税收征管实践中也注重保护纳税人的税收筹划权，但对于涉税筹划也非放任自流，针对严重侵蚀税基的规避行为颁行反制法规，予以防治。另有国家对涉税策划管控尺度相当严格，如澳大利亚直接将所有避税行为等同于偷税予以打击。澳大利亚的这种做法受到了许多学者的质疑⑤。

2. 税收筹划实务稳健发展

法律的确认和政府的切实维护为纳税人实际享有税收筹划权构筑了强力的保障，而发达的税收筹划资讯和成熟的税务专业服务为纳税人行使税收筹划权提供了良好的社会环境，有助于纳税人便捷、高效地开展税收筹划实务，实际享有税收利益。在税制发达国家税收筹划萌芽较早，经过数十年的发展相关税收筹划资讯普及度很高，推广税收筹划技能的书籍和媒体平台大量涌现，有利于普通纳税人掌握各种筹划知识与方案，更有无数专业网站向纳税人提供各类税收筹划有偿服务。这些平台积极为纳税人创设各种节税方案，并实时发布相关税收法律信息，有力地推动了税收筹划实务的快速发展。

在税务师事务所、会计师事务所等专业服务机构的协助下，税收筹划成为企业借由税法、民商法、会计等综合资信获取税收利益的重要手段。公司越大，涉及的税种越多、缴纳的税款越多，也就意味着存在更大的筹划空间。以美国苹果

---

① 谢黎伟. 激励创新抑或损害公益：避税方法专利的是与非 [J]. 电子知识产权，2011（7）：79-83.

② Michael Moulton, Effecting the Impossible: An Argument Against Tax Strategy [J]. Southern California Law Review, 2008（81）：631-632.

③ 韩卫. 英国发布反避税指南，滥用税收筹划或将受阻 [N]. 中国税务报，2013-05-08（007）.

④ 盖地. 避税的法理分析 [J]. 会计之友，2013（9）：5.

⑤ 曾一龙. 税收筹划的法理分析 [J]. 财会月刊（理论），2007（6）：29；黄黎明. 税收筹划及其法律问题研究 [J]. 江西财经大学学报，2003（4）：61.

公司为例，其利用美国关于海外企业的税收漏洞，成功规避了巨额税金，在美国社会看来只能认定为道德上有瑕疵的涉税策划行为，法律上无可厚非，政府也仅考虑调整税收政策，修补漏洞予以预防，而不追溯要求补税①。据统计，国际六大会计师事务所来自税收筹划服务的收入也是相当可观的。随着企业经营规模的扩大，税负总额的攀升，跨国企业纳税人积极与筹划经验丰富的国际会计师事务所合作，开发税收筹划方案，节减了大笔税负，甚至抬升了企业股价。在税制发达国家，税收筹划权已经是国民重要的经济权利，如前文所述，从平民到总统，税收筹划是纳税人的基本权利，已成为社会共识。

综上所述，在这些域外税制发达国家，从个人、普通企业到跨国公司积极行使税收筹划权获取节税利益并为立法、执法及司法所肯定的事实表明，税收筹划权不仅是一种法定权利，也是纳税人重要的实有权利。

三、我国税收筹划权的权利形态

毫无疑问，目前我国国家立法机关制定的法律中并未明确规定税收筹划是纳税人的一项权利，然而，与私法领域所谓"法无禁止即自由"相类似，法律条文明示规定并非权利存在的唯一根据。对于税收筹划权而言，英美法系的判例法和大陆法系的权利推定，对于我们判定税收筹划之于纳税人的意义并廓清税收筹划权的权利形态具有参考价值。

（一）默示权利的保护路径：判例法与权利推定

由前文已知，税收筹划权具有应有权利的内在属性。在域外多个国家，这种应有权利已得到法律确认，既是纳税人的法定权利也是实有权利。权利具有国别差异，税收筹划在一国为法定权利，但未必是他国纳税人的法定权利。作为成文法国家，我国现行法律体系下并无国家立法机关制定的法律明确规定纳税人享有税收筹划权。那么是否可以认为在我国就没有任何法律依据可以确定纳税人享有税收筹划权呢？我国现行法律体系下税收筹划权的权利地位是否有其他途径予以

---

① 2013年5月美国参议院发布了一份长达40页的备忘录，指出从2009年到2012年苹果公司利用美国对海外企业在税收方面的漏洞，规避了440亿美元海外收入的税务支出（几乎相当于每年100亿美元），综合计算总税率仅为22%，远低于联邦税率35%。备忘录还指出苹果公司拥有1400亿美元资金，但是其中1020亿美元在海外子公司并且公司无意将这些现金汇回美国，除非美国修改相关的税法和税率。最近，苹果公司发行了170亿美元的债券用于美国业务的开展，却拒绝将海外资金汇回美国而选择将这些资金投资于其他业务或作为股东分红避免或减少了向美国财政部缴税。

揭示？寻求该问题的结论首先要回答以下问题：立法者就现实世界值得保护的权利进行立法创制时，是否足够智慧、理性到能设计出包罗万象、详尽完备、逻辑缜密的权利体系？答案显然是否定的，权利本身的复杂性决定了"在法律和法学文献中没有一个词比权利更加含糊不清"①。毫无权利遗漏而明确列举了所有值得保护的权利体系是不存在的。那么，在制定法具体法律条文之外需要法律保护的权利是怎样识别并确定的呢？两大法系就此各有解决思路。

英美法系国家通过判例法体系来弥补制定法僵化呆板的不足，在既有判例与衡平理念的指引下，英美法系的法官凭心证和先例进行裁决，在他们看来学界和立法界无法就市民生活中的人类全部行为进行科学分类，并制定相应的法律，就像博物学家难以就潜在未知世界的生物进行分类一样②。因此，法官在必要时需要发挥其造法职能。约翰·奥斯丁认为，在司法实践中当无制定法指引时，法官只能像立法者一样思考，创设足以裁决案件的新规则③。随着社会经济的发展，新的利益具有正当性又无制定法条文和先例保护时，在心证原则支配下法官即直接把这种新的利益确认为应该保护的权利。若该认定体现了衡平精神，那么这种新型权利则以先例的形式确定其法律保护地位。美国联邦法院法官汉德在 Commissioner v. Newman 案中就税收筹划权的说理与美国宪法保障公民财产、自由权的精神是一致的，《美国宪法第九修正案》《美国宪法第十四修正案》所确认的"人民保留的权利"和未经正当法律程序不可剥夺的个人"自由"都隐含着宪法所保护的财产处分自由权、经济自由权④。税收筹划权即经由判例法确立其法律地位的新型权利。

就新的利益保护问题，大陆法系则另辟路径。在大陆法系的学理认识中，权利存在的唯一依据似乎仅制定法，只有法律才能设定权利，且权利由"法律之力"得到保障。任何利益似乎只有经过法律的确认才能成为权利⑤。然而，由于立法技术与认知有限，又或基于公共利益衡量之需，实际上主体的合理利益难以充分体现于制定法体系，也就是说合理的权利体系不应是封闭的，新型权利需因

① 罗斯科·庞德. 法理学（第 4 卷）[M]. 王保民，王玉，译. 北京：法律出版社，2007：43.
② 董茂云. 法典法、判例法与中国法典化道路 [J]. 比较法研究，1997（4）.
③ [德] 博登海默. 法理学：法律哲学与法律方法 [M]. 邓正来，译. 北京：中国政法大学出版社，1999：442.
④ 《美国宪法第九修正案》："本宪法对某些权利的列举，不得被解释为否定或轻视由人民保留的其他权利。"《美国宪法第十四修正案》第 1 款："……任何一州……不经正当法律程序，不得剥夺任何人的生命、自由或财产。在州管辖范围内，也不得拒绝给予任何人以平等的法律保护。"
⑤ 史尚宽. 民法总论 [M]. 台北：正大印书馆，1970：13-14.

社会发展而得到确认①。其实，大陆法系的法学家在对权利进行类型化构建时，也关注到权利体系的缺陷性，他们在识别、确认权利时，对某些未被法律确认的权利，往往求助于"权利推定原则"。当法律明定权利不足以应付现实需要时，通过对相关法律原则、立法精神进行解释，抽象出法律隐含的权利，依"权利推定原则"以济其穷。这样可以暂时解决权利类型化构建时因封闭性而带来的不足，待条件成熟后，再对那些重要的、必须保护的利益进行立法，从而塑造新的独立权利类型②。

(二) 我国税收筹划权的形态：推定权利

在国家立法机关制定的法律未明确规定纳税人税收筹划权的情形下，成文法传统的中国语境下能否从现有法律体系解释、推导出我国纳税人拥有税收筹划权这一基本权利呢? 答案是肯定的。我国现有法律体系确立了税收法定原则、私法自治原则、"法不禁止即自由"原则以及纳税人财产权、经济自由权保障制度，对这些制度构建所体现的法律精神和理念中通过法律解释和法律推理，能够抽象出我国纳税人的税收筹划权。

首先，现行法律确立了税收法定原则、私法自治原则、财产权保护制度。我国已初步确立税收法定原则。例如：《中华人民共和国宪法》（以下简称《宪法》）第五十六条规定，我国公民的纳税义务以法律为据；宪法性法律《中华人民共和国立法法》（2023 年修订，以下简称《立法法》）第十一条明确规定，"下列事项只能制定法律：（六）税种的设立、税率的确定和税收征收管理等税收基本制度"；《税收征收管理法》第一条明确规定要"保护纳税人的合法权益，促进经济和社会发展"，第五十一条规定"纳税人多交税款的，应予退回"，体现了依法征税、保护纳税人财产权、"一个不多征"的理念。另外，现行法律确立私法自治原则，保护私人财产权，保障多种经济性质的经营权、经济自由权。例如：《中华人民共和国民法典》确定的合同自由原则、体现意思自由的意思自

---

① 许多权利，并非在法律上均有直接依据，若干类型是在法律发展过程中逐渐形成的。有些是因为新的交易形态而受到特别重视（如期待权），易言之，权利是一个具有发展性的概念，某种利益在交易上具有重要性时，或直接经由立法，或间接经由判例学说赋予法律效力，使其成为权利，加以保护，以尽其社会功能。参见王泽鉴. 民法实例研习丛书：民法总则 [M]. 台北：三民书局，1996：42.

② 张驰，韩强. 民事权利类型及其保护 [J]. 法学，2001 (12)：54.

治原则；2004年将"私有财产权不受侵犯"正式写入《宪法》①；《中华人民共和国民法典》也对私人财产权进行了周密的保护。税收法定原则既是理论依据也是法律原则。税收法定原则的根本主旨在于保护纳税人财产权免遭国家征税权的侵害，要求课税要素法定且明确，征税机关必须严格依法征税，禁止滥用税收自由裁量权。因此，为了防止征税机关加重纳税人缴纳义务，税法解释原则上应该作严格解释，不能超出法律条文字面可能的意思范围进行扩张解释，禁止类推适用，在税法条文存在"有利国库推定"和"有利纳税人推定"两种可能的解释时，应当采用"有利纳税人推定"②。当税法存在瑕疵、欠缺、漏洞时，应通过立法程序加以完善，在税法得以修补之前的责任与可能的损失应由国家来负责，转由纳税人承受有失公允。财产权保障以及私法自治原则确保了纳税人为追求私人利益享有自主决策的经济自由权，纳税人行使私法自由选择权，创设、优选应税行为方式，即或结果因预先谋划而缴纳较少税款，但其仍属于正确的税款，乃出于保障财产权所衍生的正当利益。此时，纳税人策划合理的交易模式，仅承担正确且最低的税额，无论纳税人是借由税收激励政策还是税制差异，其依据为国家法律，若无证据表明纳税人行为构成避税，基于对法律的信赖进行策划所获税收利益应予以保护。

其次，从现有法律体系推定纳税人税收筹划权是符合法律逻辑的。"权利推定是指以法律上已明示的某个或某些权利或法律原则以及法律的基本精神与立法宗旨为依据，推定与之相关的其他权利的合法性。"③"权利推定"路径可以"由权利推定权利"，也可以由"法不禁止即自由"原则推定④。正如《美国宪法第九修正案》所称，"不得因本宪法只列举某些权利，而认为人民所保留的其他权利可以被取消或轻忽"。纳税人权利的立法也未穷尽一切潜在的权利，在法律确认的明示权利外，还存在着法律上的"默示权利"，通过我国现有法律所确定的税收法定原则、私法自治原则，以及财产权、经济自由权保障制度，完全可以推导出中国纳税人享有税收筹划权。我国台湾税法学者葛克昌认为，作为租税国家的基础应确保私经济的自由性与积极性，个人依私法自由原则有权就其财产自由使用、收益与处分，而不受国家干预或者第三人的侵害，从而实现个人自由、发

---

① 2016年11月29日中央全面深化改革小组第27次会议审议通过《中共中央国务院关于完善产权保护制度依法保护产权的意见》，将"公私财产权平等保护"写入这一产权保护制度的纲领性文件中，其意义丝毫不逊于2004年"私有财产权不受侵犯"入宪。http://news.ifeng.com/a/20161129/50330103_0.shtml#_zbs_maxthon，2017-06-03。
② 刘剑文.税法学[M].北京：北京大学出版社，2012：183，187.
③ 程燎原，王人博.权利论[M].桂林：广西师范大学出版社，2014：357.
④ 郭道晖.论权利推定[J].中国社会科学，1991（4）：170-188.

展人格及维护尊严。纳税人有权进行租税规划，以达到节减税负的目的。《宪法》第二十二条有关人民自由权的规定，是纳税人租税规划权的宪法依据①。在其他一些大陆法系国家，若无明文规定税收筹划权，学者也常从宪法有关自由、财产权利的基本权利条款中推证出纳税人的税收筹划权②。

再次，我国纳税人税收筹划权的权利地位也可以从国家税务主管部门——国家税务总局的一系列规章、规范性文件间接得以反映。例如：2006—2017年生效的《注册税务师管理办法》第二十二条明确将"税收筹划"纳入注册税务师执业范围，税收筹划的合法性得到明确的认可③；2010年制定并发布的《注册税务师涉税服务业务基本准则》用以指导税务中介服务。另外，在国家税务总局的指导下，中国注册税务师协会于2016年制定颁发《税务咨询业务规则（试行）》、2017年制定颁发《税收筹划业务规则（试行）》指导并规范税务中介机构提供专业税收筹划服务。虽然这些文件的层级较低，不是国家立法机关制定的法律，但足以表明税收筹划是一种合法行为，纳税人在开展经济活动时有事先预测、谋划，选择合适的具体行为方式节减税负的自由。

最后，WTO规则推动了纳税人税收筹划权的确立。2001年加入WTO之后我国履行入世承诺，税法必须公开、透明，税收必须依法征收。我国政府的入世承诺，既是国际义务，也是外商投资考量的重要法律环境。比较而言，外资企业纳税意识较强，税收筹划权利意识也较强，在数年的跨国经营中积累了丰富的税收筹划技能，外资企业在我国开展税收筹划势必要求我国税收征管机关的行政执法规范、客观，符合WTO通行要求。征管执法机关认可外资企业开展税收筹划、获取税收利益，也应认可内资企业有权进行税收筹划，不能内外有别，差别对待纳税人的税收筹划权。因此，税收筹划权在我国的确立也是国际潮流的推动。

由上可见，我国纳税人税收筹划权的权利地位是可以从相关法律原则、纳税人现有权利、规章、法律精神、国际义务以及系列相关权利推定的。"不同的社会、国家存在着不同的法律制度，因而法律权利的表现形式也存在着差别。"④我国纳税人的税收筹划权是一种推定权利，同样具有法律强制性保护的效力。法定权利固然是一种实在的权利，而推定权利也是实实在在存在的。那种机械地认

---

① 葛克昌. 脱法避税与法律补充［A］. 财税法论丛（第10卷）［M］. 北京：法律出版社，104-105. 葛克昌. 税法基本问题［M］. 北京：北京大学出版社.

② 俞敏. 避税及其法律规制研究现状与启示［J］. 会计之友，2008（22）：18-21.

③ 《注册税务师管理暂行办法》第二十二条规定：注册税务师可以开展税务咨询（顾问）、税收筹划……等涉税服务业务。

④ 程燎原，王人博. 权利论［M］. 桂林：广西师范大学出版社，2014：345.

为由于国家立法机关制定的法律尚无明文规定，我国纳税人的税收筹划权就没有任何法律依据的观点是狭隘的、片面的，对法律所要保护的利益的认知不能仅停留于法律条文的字面描述，而是可以从法律原则、现有权利体系等视角综合分析其字面下潜在的意图，进行适当的法律推理，识别出"隐藏"在法律条文下、事实上存在于法律体系中的重要权益。"推定权利确实是存在的，……这些权利之所以被认为应当确认，是基于现实生活中的实际权利的要求。从权利的推定过程看，不是先有了权利的推定，才有了某种法定权利，而是先有了现实权利的实际行为，并为了这种行为的合法化、普遍化才产生了权利推定。任何权利的推定都是基于现实权利的事实。"① 我国纳税人的税收筹划权这一概念的提出，也正是对我国客观存在、快速发展的税收筹划实务以及广大纳税人的权利诉求的回应。关于我国纳税人实际享有税收筹划权的现状将在后文详细论述。

第三节　税收筹划权的权利构成

税收筹划权作为纳税人的新型权利不是一个抽象的概念或者语词，而是由纳税人理财节税实务发展而来的，是实践驱动理论的产物，必然有着鲜活、具体的权利内容将权利主体——纳税人保全财产权益、合理节减税负的诉求转化为具体的权利行使行为。税收筹划权的权利构成分析涉及权利主体的确定与具体权利内容的揭示，以及在外延上与纳税人现有权利的关系。

一、税收筹划权的权利主体

税收筹划权的权利主体，是指有权进行税收筹划、获取税收利益的当事人，包括即将开展涉税经济活动，负有纳税义务的各类企业、非企业组织和个人。税收筹划权与纳税人身份密不可分，只有因其经济事项，可能承担纳税义务的主体才会成为税收筹划权的权利主体，若当事人的行为无论如何都不可能成为应税行为，则不是税收筹划权利主体。对税收筹划权的权利主体具体范围的理解需要注意以下几点：一是虽然为了表述上的方便，将税收筹划权的权利主体笼统地概括为纳税人，实际上既已发生纳税义务的纳税人是无权针对既定纳税义务进行筹划

---

① 程燎原，王人博. 权利论 [M]. 桂林：广西师范大学出版社，2014：356.

的。由上文对税收筹划行为的分析可知，税收筹划具有事先性，也就是说纳税人仅能就其尚未发生的经济行为进行税负筹划，既已发生的经济行为，其税负已经确定，已无节减筹划的可能空间，不能成为该税负的筹划主体，因此，作为税收筹划权的权利主体不包括纳税义务既定的纳税人。纳税人只能针对即将发生的应税行为进行税收筹划。针对持续经营的纳税人来说，其纳税人义务也是连续发生的并呈现持续性特征，因而可能一直有进行税收筹划的必要和机会，成为持续性的税收筹划权利主体。换言之，广大企业纳税人基于持续经营的事实既是既定税收义务的纳税人，也是税收筹划权的权利主体，因此，为了表述上的方便，将税收筹划权的权利主体笼统地概括为纳税人。二是税收筹划权的权利主体有别于民商事活动的权利主体。凡法律主体，必具有权利能力与行为能力——享有权利和履行义务的资格。税法上的主体资格与民商法上的主体资格不完全一样。当事人不具备民商事法律行为的主体资格，却完全可能是税法上的适格主体。其原因在于，各个法律部门的根本目的与原则不一样，相应的主体资格制度也就不一样，税法的主体资格是基于量能课税原则的，按照给付能力确定主体资格，因而不同于民商事法律行为主体资格的确定方式。三是税收筹划权的权利主体包括个人。虽然现阶段我国行使税收筹划权、开展税收筹划实务的主要是以经营性的企业或者非企业性质的组织，但个人同样是税收筹划权的权利主体。现阶段我国个人开展税收筹划、节减税负的空间还不是很大，但理财筹划实际上不限于企业，随着降低商品流转环节间接税、增加个人所得和财产等直接税的税制优化改革，我国个人承担的直接税税负将会增加，必将面对合理节减税负的问题，类似发达国家个人积极进行理财性的税收筹划会越来越普遍，个人是税收筹划权的重要主体。四是，在我国享有税收筹划权的包括外资企业、非企业性组织及外籍个人，这些涉外主体带动了我国税收筹划实务的发展。五是，税收筹划权利的主体不包括税务中介机构及个人，税务中介机构及个人仅是受托为税收筹划的权利主体提供专业服务，不是税收筹划的权利主体。当然，税务中介机构及个人是自身相关经济活动的税收筹划的权利主体。

税收筹划权是纳税人在税收征管程序中的一种行为自由权，因此这种权利的义务主体是税收征管机关及其执法人员，对征管机关来说，纳税人行使税收筹划权获取税收利益，是一种正当的财产保全利益，若无证据表明纳税人的行为构成避税，征管机关就要认可纳税人获取的税负节减利益，不能任意行使税收核定权或调整权而否决纳税人自主创设的交易形式、对纳税人的交易重新定性，换言之，税收征管机关及其执法人员应尊重纳税人行使税收筹划权，不得横加干预。

二、税收筹划权的内容

税收筹划权作为纳税人一种新型权利，其具体内容并不仅仅是一个单一的对象，而是一束权利（A Bundle of Rights），具有复合性，由一系列权利或者权能组成。税收筹划权的每项具体权利均是纳税人享有并行使税收筹划权的具体体现，或者是进行税收筹划行为的某方面的自由、主张。这些具体权利之间密切联系、互相配合、互相支撑，形成一个有机整体，构成了完整的税收筹划权，以确保纳税人行使权利获取税收利益。

（一）税收信息知情权

税收筹划权中的税收信息知情权是指纳税人享有知悉税收法律、法规和税收征纳程序信息的权利。纳税人对税收法律、法规、纳税程序、计税方式、税务行政处理决定以及维权救济享有知情权。因此，作为税收筹划权的内容之一，此处的税收信息知情权内容不包括用税知情和税后监督等其他与税收征纳无直接关系的税务信息。税收信息知情权是公民知情权在税收征纳过程中的具体化。

1. 税收信息知情权的内容

税收筹划权中的税收信息知情权包括以下几个方面：

（1）知悉税收法律、法规。即纳税人享有知悉征税依据的权利，涉税相关税法颁布后，相关部门应广泛宣传，征税机关应为纳税人了解税法相关信息提供条件，免费提供纳税辅导手册、传单，方便纳税人准确、便利掌握税法信息。由于税法条文一般比较专业，纳税人有请求征管部门解释的权利，以便缴纳正确的最低税额。

（2）知悉税收法律、法规立法进程。纳税人享有了解税法的立法计划、修改进程以及新税收法律、法规立法解释等具体信息的权利，有要求相关部门就税法发布适用和解释的权利。因为税收筹划具有事先性，所以了解税收法律的立、改、废，把握税收法律、法规的趋势，有助于增强税收筹划方案的有效性和时效性。

（3）知悉征税事项及程序。作为无偿支付税金的纳税人，本能地有明白纳税、阳光缴税的主观心理需求，有权利要求税务机关对纳税人税法构成要素的具体信息进行说明。税务机关对纳税人进行处罚的信息内容负有主动公开的义务[①]。税务机关应主动将征税执法全过程进行公开，便于纳税人进行监督。

---

① 常钊川. 纳税人知情权研究 [D]. 湖南大学硕士学位论文，2009.

（4）知悉纳税人维权有关的信息。在税收执法程序中，凡税务机关的行政行为涉及纳税人实体利益的处理，如税务处理与税务处罚决定，税务机关均应在决定书中载明，纳税人不服决定内容的，有申述、要求听证以及复议和司法救济的权利及其方式。

2. 税收信息不充分对税收筹划权行使的影响

纳税人对税收信息掌握不充分将妨碍税收筹划权的有效行使。

首先，增加税收筹划权行使的成本。税收信息是纳税人成功进行税收筹划的前提，一旦纳税人掌握的涉税信息不完善，纳税人难以创设税收筹划方案。税收筹划方案涉及税务、会计以及民商法律信息的综合运用，只有充分掌握税收法律、法规信息，才能设计出高品质的税收筹划方案。税收信息是必不可少的条件，若纳税人难以便捷地从税务机关获取权威涉税信息，势必通过其他渠道去获取，如咨询税务师中介服务机构等，或者自己收集、整理相关的税收信息，来满足税收筹划权行使的客观需要，这必然增加权利行使的成本。

其次，税收筹划法律风险增加。纳税人开展税收筹划时税收法律、法规信息欠缺，可能导致筹划方案隐含潜在的法律风险，若税收筹划方案失效，纳税人将付出高昂违法成本。

税收信息知情权在税收筹划权内容中具有基础权能的属性。在筹划之初纳税人即需要行使税收信息知情权以获悉开展税收筹划的必要信息，这是进行筹划的先决前提，只有充分知悉完整的税收信息，纳税人才可能预测经济事项的多种税负水平并进行优选。如果纳税人行使税收信息知情权受到妨碍，就无法有效行使税收筹划权。

（二）税法的可预测性权

税收法律必须具有确定性是法治国家的内在要求，纳税人应该享有对法律确定性、可预测性的合理的期待利益，也即纳税人享有主张税法可预测性的权利。当税法语义模糊，影响纳税人安排经济事项时，纳税人有权要求有关部门予以解释、明确。税法具有明确性、稳定性与安定性，纳税人才可以结合自身生产经营过程中的成本费用，预测在纳税计算过程中的税务处理结果，结合盈利高低、投资区域、行业等信息，综合多种因素评价筹划方案的最佳收益。因此，税法的确定性与可预测性同样是税收筹划权有效行使的前提条件之一，税收法律内容具有确定性，才会表现出可预测性，纳税人才可以行使税收筹划权、构建节税方案。

纳税人享有税法的确定性、可预测性权利是由税收法定原则决定的。税法的确定性要求包括：税法内容明确清晰，易于为纳税人所理解和遵循；原则上不进行对纳税人不利的税法溯及适用。税法内容明确清晰，是纳税人能享有税法可预测性权利的前提。纳税人享有税法可预测性权利，意味着保护纳税人合理的信赖利益。一是，当税收优惠政策毫无预期地提前取消时，纳税人因事前税收筹划的经济事项所预期的利益基础丧失，因此对纳税人税收筹划所涉及的预期利益应予以保护；二是，当税收法律的规定不合理、难以理解而未予完善时，纳税人有权信赖并遵从征税机关的解释、答复。

（三）经济行为方案创设、优化与实施权

经济行为方案创设、优化与实施权是税收筹划权的核心权能，指纳税人在投资、筹资以及生产经营或者进行个人经济事项的具体决策时，综合预测不同交易、经营或者财产处理模式下的成本、收益以及税负效果，尽可能地控制成本与风险，在多种创设方案中优选以使税收利益最大化的经济方案的自由。该权能具体包括以下内容：

第一，分析税收筹划空间。纳税人结合自身经济事项特定情形综合预测、分析不同交易模式下的税负效果，是行使税收筹划权的重要环节。在一国税法体系中，决定纳税人进行税收筹划的可选择性空间的因素与纳税人具体的经济事项、一国税法的具体规则以及宏观调控政策相联系。以税收法律制度观之，税法体系存在多种可资利用的税制差异，这是进行节税筹划的极佳空间。由于经济情形具有复杂性，一国税收法律、法规的制定必然要体现行业、区域等具体差异，从而在税收法律上呈现出不同纳税人之间的税负差异、不同区域和不同行业间的税负差异，以及税制在纳税期限、边际税率上存在的技术性差异，这些因素都导致特定纳税人税收筹划的空间是不同的。例如，某一税种税法就纳税人计税依据确定得越详细，则意味着差异越多，可选择的空间越大；某税种的计税税基扣除项目越多，其税收筹划的空间也越大。因而，纳税人需要进行具体分析、预测，确定筹划可资利用的具体空间。

第二，优化税收筹划方案。为获取税收利益，纳税人需要在分析其税收筹划空间的基础上考虑多种不同税负的经济交易模式，比较并优选出税负较低的经济行为方式，这一环节是筹划过程中比较专业性的一步，既要考虑某税种的税负节减，又要考虑税种与税种的相互影响，还要顾及总体经济效益最大化，不能单纯为了降低税负却错误选择了制约经营规模的形式，结果导致实际利润下降。在实践中，达到相同或者相似的经济效果一般有多种路径，而各种路径安排的税负及其他相关成本是不一样的，纳税人经过综合预测、评估，优选税后利益最佳的路径作为交易行为方式。这种创设、考量多种行为方案，进行优选而降低税负的思

路具有极大的可行性与可操作性。

第三，实施税收筹划方案。纳税人经过比较多种可能的交易模式，确定一种具体的经济交易方式或者经济事项的处理方式，之后则进入实施阶段，也就是选择特定的法律形式予以实施，这个过程也是纳税人意图通过税收筹划将节减税负的主观内在目的转化为客观行为的过程，是应税行为形成的过程。基于私法自治的原则，纳税人在多种模式中有权选择实施税负较轻的交易方式或经济事项处理的行为，税务机关不得要求纳税人按照有利于国库、税负较多的法律行为方式实施其经济事项，原则上税务机关仅能以纳税人实施的法律形式为依据征税，而不能对实施的法律形式重新定性，不能任意调整税基，除非纳税人的行为构成滥用税收筹划权、形成避税。

经济行为方案创设、优化与实施是纳税人行使税收筹划权的核心环节，也是纳税人经济自由自主权的集中体现。

（四）税收筹划权救济权

税收筹划权救济权是指纳税人的税收筹划权利遭到妨碍、干预以及侵犯时要求有关部门保护，或者启动税务行政复议或行政诉讼程序寻求保护的权利。维权救济方式既包括向税务行政机关的主张权利，如要求税收行政机关公布税收相关信息、事前出具意见，又包括启动对税务行政行为的行政复议、司法审查程序，要求侵害人承担责任。当税法语义模糊，影响纳税人安排经济事项时，纳税人有权要求有关部门予以解释、明确。救济权的意义在于当税务机关妨碍纳税人行使税收筹划权，或者拒绝依照纳税人优选的法律形式征税、重新定性纳税人的行为而取消纳税人所获取的税收利益时，纳税人可以通过司法程序或准司法程序进行救济，其将纳税人税收筹划权的享有落到了实处。税务机关侵犯纳税人税收筹划权最主要的方式是税务机关错误认定纳税人的筹划行为为避税，而对纳税人创设的法律形式不予认可，认为纳税人的筹划行为是以税收利益为主、缺乏合理商业目的或者法律形式与经济实质不符的，进而对纳税人筹划所设定的法律形式重新定性，调整税基，要求纳税人补税。税收筹划权救济权确保纳税人可以通过行政复议或者诉讼等途径保全自己所意图的税收利益。

税收筹划权的四项权能之间是一种相互联系、相互配合的关系：税收信息知情权和税法的可预测性权是基础，是前提；经济行为方案创设、优化与实施权是税收筹划权的核心，是关键；税收筹划权救济权是保障，有助于实现税收征纳过程中纳税人权利与税务机关征税权的均衡。行使税收筹划权是一个连续的过程，其中部分环节为事实行为，部分环节为法律行为，是一个将节减税负的目的付诸行为的连续过程，是一个逐步由主观见之于客观的过程，最终体现为实施所优选的民商事法律行为，该法律行为再经税法评价、调整，在符合税收构成要素的情况下又是相应的应税行为。可见纳税人行使税收筹划权的行为先后为私法与税法所评价、调整，从而具有私法上的效力和税法上的效力。

需要说明的是，纳税人行使税收筹划权的具体方式具有多样性特征，可能涉及事实行为、准法律行为以及法律行为。权利行使的方式既可以经由法律行为进行，也可以经由事实行为完成①。比如，分析、优选过程表现为纳税人的事实行为自由，而创设、实施所谋划、预定的方案环节，往往是通过纳税人与他人签订销售、投资合同等法律行为来完成的。

三、税收筹划权与其他权利的关系

随着纳税人权利体系越来越丰富，税收筹划权——纳税人就其生产经营行为或者财产、收益承担税负前的一种预测谋划、税负从轻权，是否有别于传统的权利种类？现有明文规定的其他权利是否足以涵摄、吸收税收筹划权的内容？税收筹划权与纳税人现有的其他权利之间是怎样的关系？上述问题是税收筹划权理论体系构建时必须考虑的问题。

我国纳税人现享有的权利中，与税收筹划权较为相关的权利有知情权、延期申报权、申请延期缴纳税款权、申请退还多缴税款权、税收优惠权。

作为新兴权利，税收筹划权吸收了知情权的部分内容，将其作为自身权能之一，两者在权利生成、发展过程中因路径、层面差异，相互之间出现一定交叠实属正常，毕竟程序性的知情权仅仅是实体性税收筹划权的部分权能，二者旨趣各异，不存在替代可能。

申请延期缴纳税款权的享有是有法定条件的，仅在法定灾难等事由出现后，纳税人才可以申请延期纳税；而行使税收筹划权实现延期纳税、享有税金的时间价值是基于税制差异以及会计制度的规律而进行积极规划所获得的，如纳税人交易时合同约定 1000 万的收款时间为 2016 年 12 月 25 日，则相应所得税最迟不晚于 2017 年 5 月 30 日缴纳，但若合同约定收款时间为 2017 年 1 月 1 日，则相应所得税延及 2018 年 5 月 30 日前缴纳，后者较前者收款时间仅晚几天，但该笔交易的所得税可晚一年汇算清缴。

申请退还多缴税款权系因各种原因致使纳税人多缴纳税款，依不当得利理

---

① 史尚宽. 民法总论 [M]. 北京：中国政法大学出版社，2000：32.

论，自应予以退还，这与税收筹划权内涵相去甚远，不存在包含或者吸收的问题。

税收优惠权是指纳税人在符合法定情形时有权享有减免或者退税的权利，其依据多是国家各种税收激励政策；而税收筹划的手段之一正是通过积极创设条件以符合税收优惠政策的各项要求。可见，税收优惠权与税收筹划权存在着一定交叉。但是税收筹划权行使的手段不限于基于税收优惠政策的范围，还可以利用更为多样的税制差异性以及会计制度可选择性达到合法节减税负的目的。另外，税收优惠权一般指纳税人本身即具备条件有权享受税收优惠，而税收筹划权则包含纳税人主动、积极地创设条件以享受税收优惠政策。税收筹划权的内涵丰富得多，二者是不同的。

可见，纳税人税收筹划权旨在节减税负支出、保全纳税人财产权益，是一种新兴实体性权利，其利益范围具有独特性、不可替代性，与纳税人现有其他权利一样是纳税人权利体系不可或缺的一部分。

第四节　税收筹划权的性质与意义

一、税收筹划权的性质

税收筹划权作为现代租税国家的产物，有别于传统的权利种类，因而探讨税收筹划权的内在属性或者特征，有助于认识这一新兴权利类型。以权利通常的分类和属性观之，税收筹划权涉及公民合理安排自身的财产和经济事务，以保全自身财产权益为目的，以减少税负为内容，财产权属性非常明确；税收筹划权的有效行使，可以带给纳税人节税利益，是纳税人借以实现不多缴税目标的重要手段，是实体性权利。因此，税收筹划权是一种财产性实体权利。

（一）税收筹划权——纳税人的基本权利

现代宪法实践开端于税收法定原则，税收法定原则是现代宪法发展的逻辑起点。税收问题直接关系到国家与人民的基本权利与义务关系，可以说，"宪法本身就是税收民主革命的产物，并且一旦确立就取得了逻辑上的首位性"①。宪法的发展史一定程度上就是一部税收法定原则产生并强化的历史，是纳税人保全自己财产权利的发展史，而税收筹划权正是纳税人基于税收法定原则保全其财产的重要手段，是纳税人的基本权利。

税收筹划权的直接法律基础来自宪法原则——税收法定原则，税收筹划权是宪法层次上的纳税人权利。我国《宪法》第五十六条所确定的公民依法纳税的义务，一定程度上说，这里的义务同时又是权利，纳税人有权仅依法律确定的标准纳税，这从侧面反映了对公民基本权利——财产权的保护，税收法定原则作为宪法原则对征税权的约束，是纳税人进行税收筹划的宪法依据和合法性保证。税收筹划权制度是以私法权利对抗税务机关的纳税调整权的手段，体现了对公权力的制衡。税收筹划权作为纳税人保全自身财产利益的实体性权利，相比纳税人在税收征纳中的其他权利更具有突出的财产权属性，在法治国家中，公民的财产权具有崇高地位，税收筹划权的保护程度直接反映出一个国家税收法治的水平，反映出国家征税权的规范运行与否，表征国家公权力对公民财产权的保障还是凌驾其上。对税收筹划权的保障充分反映出国家对公民财产权的保护，这正是现代国家宪法精神的彰显。一些学者也认为税收筹划权是纳税人的一种基本权利，如刘剑文数次撰文指出，纳税人享有在法律规定范围内选择最低税额的纳税权②，税收筹划是纳税人的基本权利，是税负从轻诉求的体现③。

(二) 税收筹划权——兼有私法与税法性质的混合权利

纳税人的经济行为先为私法所调整，纳税人成为民事法律关系主体，随后为税法所调整，纳税人又成为税收法律关系主体，因而税收法律制度与民事法律制度相协调，二者共同作用，影响着纳税人的经济事项的利益结果。税收法定原则与私法自治原则均是税收筹划权的法律基础，共同阐释了税收筹划的合法性和正当性。税收筹划权的权源理论之一是税收债务关系说，解释了征纳双方处于类似于私法性质的平等地位，从而将纳税人从传统税收法律关系"权力说"的束缚下解放出来，使纳税人通过税收筹划所获取的税收利益得到税法的认可，为代表国家的税务机关所接受。因此，税收筹划权是纳税人与税务机关交往所形成的税收法律关系中的一项基本权利，是具有税法性质的权利。同

---

① [英] 哈耶克. 法律、立法和自由 (第一卷) [M]. 邓正来, 译. 北京: 中国大百科全书出版社, 2000: 212.

② 刘剑文, 许多奇. 纳税人权利与公民的纳税意识 [J]. 会计之友, 1999 (9): 38.

③ 刘剑文. 税收筹划: 实现低税负的专业活动 [J]. 中国税务, 2004 (1): 27.

时，税收筹划权是税法和民法对纳税人财产权共同予以保障的结果，纳税人通过税收筹划获取税收利益而保全私人财产权，税收筹划权衍生于纳税人的财产权，系税法对私法上财产权的尊重，所以税收筹划权是兼有私法与税法属性的权利。税收筹划权既含有"私权"法律性质，也兼有"公权"的法律性质，这种同时含有私权与公权要素的权利被学界称为"混合的权利"，这种现象在经济行政法上表现尤为明显，"单一的权利亦可以有两重的性质——一面为私权而同时又为公权"①。

综上所述，纳税人行使税收筹划权创设的经济行为经过民商法规范调整后同时又是税法再次调整的对象，因而税收筹划创设的法律形式在实然层面多大程度上为税法所认可反映了税收筹划权行使的边界，防治税收筹划权滥用的纳税调整标准（反避税标准）又是各国税法一个极为专业、重要的领域，涉及对纳税人权利与国家征税权之间衡平程度的认知与把握，因而税收筹划权系兼有私法与税法性质的一种权利。

（三）税收筹划权——一种经济自由权

1. 纳税人的经济自由权

经济自由权是指市场主体的营利动机、意志及其行为的客观化应当受到国家的尊重与保护，并排除公权力恣意侵犯的一种能力或资格②。经济自由权是从财产权发展而来的，但比财产权内涵更加丰富、外延更加广泛。财产权作为公民的基本权利，其内涵不断拓展丰富，表现为一系列独立的、完整的和平行的具体财产性权利。随着经济的发展和生产经营的多样化、复杂化，对财产权立法也由静态的保护转向更加强化权利人对其财产自由使用、利用以获得增值的保障。在英美法学者看来，财产权的法律内涵即财产所有人不被外界所干预的关于资产的自由③；美国联邦最高法院大法官在极具影响的系列经典判决④中一再坚持"财产权包括了根据所有者意志对其进行处置的权利"；"《美国宪法第十四修正案》包含了公民自由享受其全部资源，自由运用其才能，享有谋生及职业自由，并因此签订一切合同的自由，这些是第十四修正案保证的自由权和财产权的基本部

---

① ［日］美浓部达吉. 公法与私法［M］. 台北：商务印书馆发行，2003：195. 转引自王克稳. 论市场主体的基本经济权利及其行政法安排［J］. 中国法学，2001（3）：4.
② 冉富强. 国家举债权与宪法基本权利之关系——以经济自由权为中心［J］. 河北法学，2010（3）：56.
③ ［美］罗伯特·考特，托马斯·尤伦. 法和经济学［M］. 上海：三联书店，1996：125-136.
④ llgeyer vs Louisiana, 165U. S. 580, 589.

分"①。美国联邦最高法院的解释将经济自由权从宪法修正案中逐渐揭示出来，作为一个独立的宪法权利受到尊重和保护。美国联邦最高法院的系列经典判例逐步将普通法系财产权关注的重心置于财产的利用，而不是有体物本体的保护，由对财产的保护衍生出对权利人使用、利用财产的自由权利。

经济自由权虽然从财产权概念孕育而生，但其内涵比财产权更丰富，其强化权利人对财产、资源的自由利用并享有其收益，而不受国家权力的任意干预。学者指出经济自由权涵摄了"创设自由、竞争自由、消费自由、合同自由和结社自由"② 或"合同自由，竞争自由，职业自由，人员流动自由"③。联合国《经济、社会及文化权利国际公约》也充分体现了经济自由权理念，认为人民只有享有经济自决权，才能在经济活动中发挥自己的主动性、积极性和创造性，才能促进经济发展、创造物质财富，实现经济权利。人民享有经济自决权是促进经济发展、享有经济权利的前提条件④。我国现行法律、法规同样保障公民经济自由权，如我国《宪法》对经济自由权从三个方面进行了规定：一是国有企业的经营自主权，二是集体经济组织独立进行经济活动的自主权，三是劳动者的承包经营权。

2. 税收筹划权：税法确认的纳税人经济自由权

经济自由权决定了身为纳税人的自然人、法人或者其他组织能够以自己的名义独立地参与各种经济活动，享有自主权利并承担相应责任，是自身经济利益最大化的设计者和创造者。纳税人的经济自由权得到尊重的程度直接决定着其能否以及在多大的程度上可以参与市场的交易，自主地利用社会资源。除此之外，纳税人的经济自由权也是对抗行政权力、保障自身合法权利的制胜"法宝"。

从微观、局部来看，税收是纳税人的无偿支出，没有任何返还和补偿，在市场机制下纳税人本能地追求自身利益的最大化，有合理节减税负的要求。在税收法定原则理念的支配下，税收法律法规就纳税人课税要件的规定具有明确性、安定性的特点。同时，多个税种构成的税法体系又具有复杂性、差异性，其原因在

---

① 对"财产权和自由权"的宪法解释，主要体现在美国联邦法院在 1872 年的屠宰场系列案到 1897 年的阿尔热那案。

② [美] 路易斯·亨金，阿尔伯特·J. 罗森塔尔. 宪政与权利 [M]. 郑戈，等译. 上海：三联书店，1996：164.

③ [美] 凯斯·R. 孙斯坦. 自由市场与社会正义 [M]. 胡爱平，乔聪启，译. 北京：中国政法大学出版社，2001：291-295.

④ 联合国《经济、社会及文化权利国际公约》第一条第一款规定："所有公民都有自决权。他们凭这种权利自由决定他们的政治地位，并自由谋求他们的经济、社会和文化的发展。"第二款规定："所有公民得为他们自己的目的自由处置他们的天然财富和资源。"

于：其一，一国税制本身除财政功能以外还具有社会、经济、环境保护等多种功能，这些功能依靠税收优惠激励政策而发挥作用，各国税制中普遍存在的税收优惠就是必然的税负差异；其二，任何国家的税制都是由多个税种交织搭建起来的，存在不同的征税范围、费用扣除条件以及多档税率，征税制度本身呈现出丰富的差异性；其三，尽管税制构建时立法者本着税负公平原则精心设计课税要件，力求体现税负公平、量能课税等理念，但其制度创设只能基于区域、行业以及平均利润等总体的、一般情形来配置相应的税负，不可能完备、理性具体到每个纳税人的实际经营情况，这就导致立法者预测的税负与某类纳税人实际可能的税负存在差异[1]。由于这些普遍存在的税负差异性，拥有经济自由权的纳税人在进行经济行为时便有综合考虑法律风险、税负、成本等多种因素而决策的自由。比如，一个独立投资人既可以开设一人公司，也可以设立个人独资企业，如果进入法律风险大的行业则适宜以一人公司营业，如果进入法律风险小的行业则适合开办个人独资企业，前者虽承担法人所得税和个人所得税两次所得税，但因其行业法律风险大，故以公司身份经营是合理的，后者的行业法律风险小以个人独资企业经营只需缴纳个人所得税，可以节减法人所得税。所以税收筹划不是简单追求税负最轻，而是综合考虑包括税负在内的多种因素后的一种选择，这种追求价值最大化的方案优化、选择自由，就是纳税人的税收筹划权，实际上是一种经济自由权。纳税人经济自由权的表现形式主要包括合同自由、价格自由、竞争自由、行为自由、消费自由、生产自由、销售自由、职业自由、加入经济协会自由等。纳税人这些经济活动自由构成税收筹划的前提、基础，纳税人经济活动方案的自由决策过程就是税收筹划，因而税收筹划权从本质上考察属于经济自由权。既然经济自由权是一个宪法基本权利，一致为各国家或国际机构保护与尊重，充分尊重和保护纳税人经济自由权性质的税收筹划权也就是理所应当的了。

综上所述，税收筹划是纳税人对其资产和收益进行维护的手段，税收筹划权衍生于财产权，是纳税人的一项基本权利，本质上属于纳税人应有的经济自由权利，是经济自由权在税法领域的反映，是一种独立的权利，内容特征不同于一般经济自由权，是纳税人以税负节减、轻化为核心目的的一种资格和自由。

---

[1] 比如，增值税纳税人分为一般纳税人与小规模纳税人两类，尽管理论上两类纳税人总体税负均衡，但实际上根据增值率的差异，就节税角度而言，增值率低的甲更适合以一般纳税人身份缴纳增值税，而增值率高的乙更适合以小规模身份缴纳增值税。

二、确立税收筹划权的意义

权利是多方主体的利益冲突与博弈后的法律构造。税收筹划权本质上是一种行为自由，又是国家法律认可的一种资格。确立税收筹划权具有重要的现实意义，体现于纳税人利益和国家宏观调控的不同层面，体现于立法、执法和守法多个环节，涉及经济和法治两个维度。

（一）利于保障纳税人的基本权益

1. 利于抵御公权力对私人财产权的非法侵犯

凡是权利，都可以体现为积极和消极两个方面。权利在赋予权利人行为自由的同时，就限制了相对义务人的行为自由。正因如此，税收筹划权一方面赋予纳税人税收筹划的自由，另一方面也体现为一种禁止权，禁止来自其他人包括国家机关对税收筹划的干涉和侵犯。从概念上分析，税收筹划权是指法律对纳税人以节减税负为目的的为或不为一定行为，以及要求他人为或不为一定行为的保护。税收筹划权赋予了纳税人以实现节减税负为目标，在依税法诚信纳税的前提下，可以在法律允许的范围内对经营活动和个人事务进行安排的权利。税收和纳税人利润是此消彼长的关系。纳税人税收筹划的最直接目的就在于节税、减税，从法律上赋予纳税人税收筹划权的最直接效果，就是减少了纳税人税收的负担，有利于保护纳税人的合法财产利益。北野弘久曾指出："税法是保障纳税者基本权利的、旨在对抗征税权滥用的'权利之法'。"[①] 从这种意义上讲，税收筹划权确保了纳税人税款"一个不多交"的自由，旨在抵御公权力对私人财产权的不当侵犯。

2. 利于纳税人投资决策、谋取最佳经济效益

就中国国情而言，赋予纳税人税收筹划权，可以使纳税人用法律允许的灵活方式合理降低税负，实现利益最大化。纳税人行使税收筹划权乃基于税法体系具有一定的弹性，其具体表现为税收法律规定的各种差异性和会计政策的可选择性。纳税人随着纳税意识的提高、对税收法律法规的了解，可以在市场竞争中充分考虑税收因素对其经营决策的影响，选择适合自己特定的经营情形与方式行使税收筹划权，创设并优选经济行为模式或者会计核算方式以达到节减税负的目的。比如在投资决策中，纳税人可以在了解税收法律的前提下，选择税收优惠更

---

① ［日］北野弘久. 税法学原论［M］. 陈刚，等译. 北京：中国检察出版社，2001.

多、利润更高的领域；在参与经济活动时，纳税人可以充分考虑合伙、公司、个人等不同的经济组织形式的税收差异而做出最佳选择。此外，在具体的经营管理中，纳税人可以在熟悉税收法律规定的前提下，充分行使其税收筹划权予以规避，避免承担不应缴纳的税额①。基于会计方法的可选择性与多样性行使其税收筹划权，纳税人也可达到节减税负的效果。比如，可以采取收入盈亏互抵减免税收，或选择适当的存货计价办法以及固定设备加速折旧、坏账备抵等会计方法，来充分利用这些筹划空间，增加企业生产经营的纯利润。纳税人开展税收筹划的前提是对于税收法律、法规的充分了解和把握，所以税收筹划实务的普及有利于纳税人准确执行税收法律，适度进行税收筹划，避免逾越法律许可的界限进行过激筹划，防止相关策划行为滑入避税或者偷税禁区，有效控制税收法律风险从而避免承担违法处罚成本，保障其经济效益。

3. 利于提高纳税人法治化背景下的管理水平

随着税收法治化进程的推进、税收征管力度的加大和征收程序的规范、透明，违规减免税收的可能性越来越小，纳税人税收违法成本也越来越大。"堵不如疏"，以法律制度史观之，国家在社会治理过程中对于民间盛行的行为一味严刑峻法，效果并不理想，因此，在税收逐渐走向法治化的背景下，更为合理的法律态度是因势利导，即认可纳税人正当的税负从轻诉求，保障纳税人税收筹划权，形成公益与私利的合理衡平，引导纳税人利用税收激励等政策进行税收筹划以减轻税负，实现其利润最大化，实为双赢之策。税收筹划不同于简单、粗暴的偷逃税行为，是一个需要综合税收法律、民商法以及企业经营管理等多方面资信的高级活动，偷逃税行为往往仅通过税务主办人员虚假申报即可完成，而税收筹划需要企业决策层、管理层以及销售、营业执行层多方协作沟通，才能准确预测自身特定的投资、经营等经济事项的税负水平，进而有针对性地创设、优选和实施税收筹划方案，这必然要求企业内部管理规范、信息掌握准确，收支核算规范、内部控制有效，部门协作良好，如此才可能通过税收筹划实现企业总体经济效益的提高，否则就可能出现某个税种税负下降而其他税种税负上升，或者总体税负降低而整体管理成本上升的情况。因而，企业行使税收筹划权的过程也是一个提高企业规范管理水平的过程。

---

① 陈仕远. 基于税收陷阱规避的纳税筹划权行使方式分析［J］. 重庆理工大学学报（社会科学），2017，31（2）：99-109.

(二) 利于充分发挥税收的宏观调控作用

除采用政府指令、货币政策等调控工具之外，税收激励优惠政策也常被国家作为重要的宏观调控工具，来呼应国家经济、社会以及环境保护等调控职能。为达到产业政策促进经济发展和保护环境的目的，国家重视发挥税收激励作用，在税收立法时对不同的产业、地区及不同的纳税主体采取不同的标准，确定不同的扣除项目，设置幅度不同的税率，以此引导市场主体行使税收筹划权，选择对自己更有利的投资和经营方向，从而实现政府的宏观调控功能。税收筹划权在赋予纳税人筹划自由的同时，也有利于国家宏观调控层面的税收杠杆引导和调节作用的发挥。纳税人在充分利用税收优惠政策进行筹划时，积极投入政府以税收优惠支持的相关行业和产业中，纳税人获得了减免税收的经济效益，同时也促成了资源按照国家既定方向进行优化配置。纳税人税收筹划权的行使虽然一定程度上减少了国家税收，但从长远来看，引导纳税人利用税收优惠政策这种非指令性的激励方式，有助于实现宏观调控，优化产业结构，促进经济发展、社会公平和环境保护。

(三) 利于在动态博弈中推进税收法治建设的进程

税收筹划权的确立与行使以税收法定原则在税收立法、执法以及司法环节的贯彻、落实为基础。税收法定原则在税收实践的落实又是实现税收法治的关键，因此，税收筹划权利的确认和重视，与依法治税具有内在的紧密联系。承认作为市场主体的纳税人的税收筹划权，是依法治税理念的落实和体现。同时，对税收筹划权利的保护也是推进税收法治进程的重要路径。"对纳税人税收筹划权的保障有助于我国依法治国策略的推行，是法治建设所需。"①

第一，纳税人税收筹划权的确立，有利于税收立法的完善。一方面，税收筹划是纳税人的一种税法遵从行为，这种逐利性的筹划行为是关于税收激励政策和税制差异规律的应对性行为，可以验证税收立法财政收入以及经济调控、生态保护目标实现的程度，国家可以根据经济社会发展的需要结合纳税人税收筹划的应对性行为对各项税收政策适时进行相应的调整，提高国家调控政策的有效性和科学性。另一方面，立法机关通过对纳税人各种税收筹划方案的分析和研究，能准确了解税收法律体系运行的状态，税收筹划方案是一种税法反馈性策略，从中可以归纳、总结出税法的不足和瑕疵，为税法的修订和完善找准突破口。这种通过

---

① 安徽税务编辑部. 纳税人拥有筹划权 [J]. 安徽税务，2002 (9)：52.

税收筹划行为发现税收法律体系的不圆满、不完备，进行修复，进而再通过税收筹划予以验证、再完善的过程，是推动税法质量提高的必由之路，其道理正如"渔网理论"所示：要捕鱼，渔夫得细致编制渔网，无论多么精致的渔网，在捕鱼时总有一些漏网之鱼。该怎样看待漏网之鱼呢？大家不难形成共识：鱼之漏网，原因在网，鱼从网中钻出是鱼求生的天性使然。渔民不应该埋怨鱼，而应想办法编好自己的网。"渔网理论"表明，税收法律的完善离不开纳税人对于税收法律制度反馈性、应对性的税收筹划行为，这是不容回避的客观事实，立法者通过对税收筹划方案的分析得出税法中运行良好的制度，也可以得知其中的不足，为下次立法完善提供了切入点和参考依据。在纳税人与立法者之间一次次不断地博弈中，税收立法质量呈现一种螺旋上升的状态，促进税制的日臻完善。正如学者所言，"法律是社会中不同利益主体之间进行博弈的基本规则，同时，法律制度又是在博弈中产生与完善的"①。

第二，纳税人税收筹划权的确立，促进税务机关依法行使征税权力。税收筹划权赋予了纳税人在法律许可的前提下进行节税筹划的自由，这与税务机关的税收执法权形成一定的制衡，防止税务机关的权力滥用。税收筹划行为的专业性、复杂性和多样性对税务机关行使其征收职能提出了挑战。对于以合法税收筹划为外衣行偷税之实的行为，以及处于合法与违法之间的模糊区域的行为定性问题，都需要税务机关和工作人员不断强化其法治理念，提高专业能力，准确甄别和判断合法的税收筹划行为、脱法避税行为以及违法逃税行为。因此，税收筹划权的确立，在税收征纳实践中实现税务机关税收执法权和纳税人税收筹划权的平衡与协调。

第三，税收筹划权的确立，有助于纳税人准确理解税法、树立诚信纳税意识。纳税人税收筹划权的确立有利于引导纳税人合理节减税负，避免承受偷逃税违法成本，从而减少税收违法行为的发生。同时，纳税人在逐利驱动下为更有效地进行税收筹划，势必自觉了解、研习税法规则，了解与自身经营相关的各种税收优惠政策；为控制税收法律风险，纳税人势必追踪最新税收法律法规信息，把握税收筹划权行使的边界，力求稳健筹划谋利。这一过程在客观上无疑有益于增强全社会的纳税意识，为税收法治的推进营造守法基础。

综上所述，税收筹划权的确立，是纳税人权益与国家利益冲突与平衡的产物。税收筹划权的创设，客观上在动态博弈中稳定了国家与纳税人之间的权利义务法律关系，促进了税收法定原则在立法、执法、守法环节的落实，有助于形成

---

① 那力，臧韬. 税收博弈论［J］. 税务与经济，2008（1）：57.

良性循环态势。纳税人在合法行使税收筹划权中谋求利益最大化，促进管理水平不断提高、生产经营良性发展；政府知悉、理解纳税人税收筹划行为，有利于产业结构不断优化和社会调控的实现，有必要正视、尊重纳税人税收筹划权，适度自我约束，确保税收执法权合理行使；税收法律不断完善、纳税人守法意识不断加强、税务机关执法不断规范，国家和纳税人在权力与权利的博弈中不断推进税收法治化进程。

第二章
税收筹划权的正当性基础

古罗马法学家盖尤斯曾经说过："为了更好地了解一项权利制度，我们必须走向它的起源。法学源于生活，生活创造历史，历史又制约现实。"[1] 税收筹划权之所以成为权利，不仅因为税收筹划权内含了纳税人值得保护的正当利益，还因为纳税人税收筹划权的确认具备理论上的正当性基础。

第一节　思想基础：税收契约关系理论

税收随着国家的建立而产生，税收与国家的起源有着内在的一致性。税收筹划权确立的正当性可以追溯至国家的起源与税收本身的性质而获得。权利的正当性源于契约[2]。社会契约论是西方政治文化中最有影响力的国家起源学说，其将国家这种政治实体的形成归结于原初状态下的人们相互缔结的契约，人民与国家缔结的契约，即宪法[3]。宪法关于税收的规则，系人民与国家达成的"税收契约"。可以说，税收的本质，系国民与国家间的契约关系，是国民让渡财产、国家提供公共服务的宪法性关系，是一种平等关系。税收契约关系理论主张一方依税收契约的"约"纳税、有权要求享有免费公共服务，另一方依"约"征税、税不多征，"约"即纳税人的代表大会达成的税法。不同于传统税收"权力关系说"理论，税收契约关系理论认为，纳税义务的发生不因征税机关的"查定处分"行政行为而产生，乃因纳税人行为满足"约"即税法上税收构成要件而发生。因此，纳税人可以自主依"约"预测经济活动的税负水平，优选税负较低而又可达到相同或相似经济效果的行为方式，从而达到节减税负的目的，税收筹

---

① 张鹏，史明浩. 地役权 [M]. 北京：中国法制出版社，2007：1.
② 范进学. 权利概念论 [J]. 中国法学，2003（2）：21.
③ [法] 卢梭. 论人类不平等的起源和基础 [M]. 李常山，译. 北京：商务印书馆，1962.

划权与税收契约关系理论是逻辑一致的。税收契约精神的内涵在于，纳税人税负"一个不少交"同时也有权"一个不多交"，税收契约关系理论是税收筹划权的思想基础。

一、社会契约论视域下的国家起源理论

（一）国家起源理论概述

国家何以形成、国家权力怎样运行及规制、公平正义的法律秩序如何确立等问题，一直是西方法学理论各派所关注的焦点。国家起源理论源远流长，传统的神权论、暴力论，近现代的契约论、阶级论对此均有其鲜明的立场。契约论、阶级论是关于国家起源理论至今仍具有较大影响力的两大观点。比较分析两种观点，在关于国家建构的基本逻辑、国家权力的分配机制以及国家与公民之间的地位和关系上，两者存在着认识上的差异。契约论国家观认为国家和公共权力根源于人们缔结的社会契约，国家的作用是保障人权和财产权。社会契约论在西方近现代法治学说史上占有重要地位，对西方法治发展有着巨大的积极作用。与契约论国家观不同，阶级论国家观认为，国家的产生是在生产力迅猛发展的大前提下，财产私有制出现后导致了阶级分裂和矛盾加剧，因矛盾的不可调和，国家的产生成为必然。恩格斯在《家庭、私有制和国家的起源》中阐述道，国家是阶级矛盾不可调和的产物，是一个阶级统治另一个阶级的工具①。两种国家观在阶级对立的革命时期与和平建设年代、东方与西方之间影响殊异，究竟哪种更为接近真理已有众多论述，在此不作探讨，鉴于当下我国正处于深化市场经济改革的过程中，市场经济和民主法治建设正经历适合中国国情的开拓性探索，而契约理念是与市场经济紧密相连的，因而正确认识和评价社会契约论，在"扬弃"中吸纳融合契约论国家观中的合理因素，无疑大有裨益。社会契约论的提出虽然历史久远，但契合了市场经济的发展趋势，对近现代法治国家的形成给予了合理性的阐释，对公权力运行做出了理性的设计，在彰显人民主权的同时，注重保护私人财产权，约束公共权力，符合建设高效、廉洁政府的合理要素，因而极具现实的理论借鉴价值。

---

① ［德］马克思恩格斯全集（第21卷）［M］. 北京：人民出版社，1965：194，196.

（二）契约论国家观的基本理论

1. 国家起源契约论

英国政治哲学家霍布斯的《利维坦》、法国自由主义代表人物洛克的《政府论》、法国著名启蒙思想家卢梭的《社会契约论》是契约论经典代表作。作为社会契约理论的前提，三人都预设了国家形成之前的一种"自然状态"：人都是自利的，天生自由、地位平等；每个人与生俱来拥有生命权、自由权、财产权，这些自然权利不可剥夺；每个人都是自己的主宰，按自己本性生活。然而，自由、平等、自我负责的自然状态，是一种无政府的混乱状态，缺乏安全感。因此，为完善和实现个人权利，人们在理性指引下达成某种协议，通过订立社会契约，自愿让渡权利与财富给予某种组织，形成公共权力和公共意志，于是产生了国家。人民向国家纳税——让渡其自然财产权利的一部分，是为了能够更好地享有剩余财富和其他的自然权利，以及在其权益受到侵犯时可以寻求国家公力救济。国家则最大限度地满足人民对于国家的要求。个人在自由状态下参与缔结契约，缔结契约者的一致同意奠定了国家契约的合法性。虽然缔结缔约目的不同、观点不尽一致，但"人类是由自然状态通过契约而成立国家"的观点成为契约论的共识。

2. 契约国家分权制衡理论

社会契约论中蕴含的国家起源观念，为现代国家政权的正当性提供了依据。洛克和孟德斯鸠提出的分权理论则为现代国家权力分配描绘了基本框架。采用逻辑推理和演绎的方法，契约论国家观从应然层面讨论了国家起源及其权力构建，虽然只是"一种理性观念（Idea of Reason），而非来源于真实的契约，但政治制度的公正性是社会契约观念所蕴含的内在逻辑——这些制度应该能够得到所有服从于它们的人的同意"[1]。社会先于国家，社会产生国家，是国家起源理论在国家建设的基本逻辑。换句话说，个人权利以及社会的独立地位与自主性是国家建立的前提，因而，为防止个人权利和社会利益受侵犯，依照权力制衡理论，税收行政执法权要受税收立法、司法权的制约。

综上所述，契约论国家观认为国家起源于自然权利，"社会是先于国家而在，国家只是处于社会中的个人为达致某种目的而形成契约的结果"[2]。契约国家分

---

① ［英］迈克尔·莱斯诺夫. 社会契约论［M］. 刘训练，等译. 南京：江苏人民出版社，2010：106-107.

② 邓正来，J. C. 亚历山大. 国家与市民社会——一种社会理论的研究路径［M］. 北京：中央编译出版社，1999：83.

权制衡理论为现代国家的运作确立了基本原则与架构。社会契约国家理论经思想家的经典著作广为传播，并被践行于西方政治法律活动，成为被广泛认同的一种社会信仰①。

(三) 社会契约理论对国家理性的规制

国家理性（Ratiostatus）也即国家的正当理性，指国家或者其代表——政府，在行使权力、采取某些行动时一定要有其理由，这种理由也就是理性的运作②。

1. 国家权力的正当性：公权行使"法未授权就是禁止"

国家存在的合法性是人们转让自然权利的结果，国家机关公权力的行使必须有代表公意的法律的明确授权。

意思自治是契约的精髓，如非出于自愿，而借用暴力强权限制公民基本自由、肆意剥夺私人财富的，自然不具有合法性与正当性。因而从契约精神观之，国家必须信守契约内容履行对人民的法律责任。国家治理应使人们生活在可以预测行为后果的法治状态之下，而不是生存于不可预料的人治与专制状态之中。人民授予国家强制力量或权力的动因在于获得公权力所保障的利益，获得受保护的人身、财产权利。出于对国家管理者对公民权利和利益给予保障的期待，公民才接受国家的管理；一切权力，说到底，必然都产生、形成和起源于公民与国家就权力所关涉的权利与义务等利益之交换所达成的普遍同意，利益交换关系所达成的同意即契约。综上所述，依据契约原理，包括征税权在内的国家公权力的行使应遵循"法未授权就是禁止"的原则。

2. 国家权力的有限性：私人自由"法不禁止就是允许"

"天赋人权，生而自由"，权利、自由是社会契约论的核心。自由是指属于个人的一切不被任何人非法占有和控制。现代社会行政机关管理社会的职能不断扩充，世界范围内行政权力都有强化的趋势。根据契约论，在法律未加规定的一切行为中，人们有自由去做自己理性认为最有利于自己的事情③。服务于权利的权力天然地应具有谦抑的一面，其行使必体现合目的性与限度性。

首先，社会契约基础及目的包含的国家限度。国家权力来源于社会个体权利，社会个体权利是国家权力获得正当性的依据。国家权力的行使必须符合其创设目的，并且需要遵循严格的权限和正当程序限制，避免权力任性和滥用；应遵守既定的规则和界限，必须受制于保障人民更好地享有其未让渡的自由和财产利

---

① 朱苏力. 契约的隐喻：对一种国家学说的知识考古 [J]. 中国社会科学，1996 (4).

② 洪镰德. 当代政治社会学 [M]. 台北：五南图书出版股份有限公司，2006：490.

③ [英] 托马斯·霍布斯. 利维坦 [M]. 黎思复，黎廷弼，译. 北京：商务印书馆，1985：87.

益之目的。当且仅当政府能够保护其公民的安全、自由、财产和平等自然权利时，人们才会服从政府①。换言之，人民同意或委托，只是国家理性的前提，国家及其政府不滥用权力，信守权限承诺，按照权力设置的目的行使权力、履行义务，才是其理性的实质要义。

其次，国家主权建立的方式对国家的限制。人们的自然权利是社会契约得以建立的基础，这决定了权利是第一位的，而权力是第二位的，产生并服务于权利，权利对权力形成制约。契约本身是有限度的，"每一个臣民对于权利不能根据信约予以转让的一切事物都具有自由"②，因而国家权力天然应受到有限性约束——国家及其政府有权得以支用的仅仅是人民让渡部分的财富，行使的也仅是让与并且集合个体权利而形成的公共权力，为满足物质以及精神需要，实现个人的价值最大化，人民保留的财富以及基本的行为自由，国家应予充分尊重并切实保障，公权力受权限和正当程序限制，不得擅自剥夺私人财富、干预私人自由，公权力的运行应严格限制于权限范围之下，恪守公民私人自由"法不禁止就是允许"的原则，这是社会契约论视域下国家理性的应有之义。

(四) 契约论国家观在我国当前的实践意义

1. 保障公民权利

我国传统的国家学说是"家国说"，带有强烈的集体主义特征，在国家与个人关系上强调集权和集体利益，视个人利益和个人权利重视程度不够，尊重和保障个人权利的意识较弱。我国社会结构长期以来是一种禁锢个体的社会文化心理结构③。政治观念往往强调权力和服从，个体权利和利益长期处于弱势地位。中国几千年的政治现实告诉我们，不是集体主义太少了，而是缺乏体现个人权益、个人价值最大化的人文主义。积极地吸收借鉴西方契约论的思想，为公民权利保护开启了新的路径。如梅因所言，"所有进步社会的运动，迄今为止，是一个从身份到契约的运动"④。社会契约思想从人本身出发来完成整个理论论证过程，体现了近代主权国家观念中的人本主义思想。在深化改革开放的背景下，吸收契约论国家观的合理部分，以理顺个人与国家的关系，明确公民权利不仅先于国家权力而存在，也是权力的来源，权力服务于权利，并受到权利的制约。

---

① ［英］迈克尔·莱斯诺夫. 社会契约论［M］. 刘训练，等译. 江苏人民出版社，2005：21.
② ［英］托马斯·霍布斯. 利维坦［M］. 黎思复，黎廷弼，译. 北京：商务印书馆，1985：90.
③ 万斌. 政治哲学［M］. 杭州：浙江大学出版社，1996：38.
④ ［英］梅因. 古代法［M］. 沈景一，译. 北京：商务印书馆，1983：112.

2. 制约政府权力

与西方较早形成现代的政治哲学理念不同，长达数千年的封建统治使我国在迈向现代法治国家的进程中，仍然一定程度上保留着浓厚的官本位和权力本位思想，公权力与私权利强弱失衡。宪法研究学者认为，约束政府权力，建立有限政府，加强政府权力运作的规范化、民主化，以及强化权力制约，是中国政治改革的重要目标。对社会契约论国家观的深入解读，以及权利与权力平衡结构的思考，有助于处理好法治民主政治与集中发展经济、增进公民权利与维护稳定之间的关系。借鉴社会契约论有助于处理国家的权利与权力的关系，有助于在现实的困境中推进共和国法治事业的进路[①]。

总而言之，社会契约论视角下，公民权利"法不禁止就是允许"，国家公权力行使"法未授权就是禁止"，契约论为公权力和私权利行使边界的确定提供了理论源泉。

二、税收法律关系的契约本质

本质即事物的根本性质，事物固有的内部联系[②]。税收法律关系的本质，是税法理论研究的核心问题之一。税收法律关系本质的厘清有助于从根本上确定税收筹划权主体与相对方的法律地位和权利义务的构建逻辑。

(一) 税收法律关系本质理论综述

税收法律关系是指由税法调整后形成的国家和纳税人之间权利和义务关系[③]，其本质系国家和纳税人之间固有的内部联系。对税收及税收法律关系本质的认知，决定着税法基本原则和指导思想的确定，进而影响具体税法制度的构建和实施。

如前文所述，阶级论国家观认为社会的阶级分裂与冲突产生国家，契约论国家观认为国家源于契约。两种国家起源理论反映在税收领域，则相应延续出与阶级论国家观一脉相承的"税收权力关系说"和与契约论呼应的"税收契约说"两种理论。

---

① 湛中乐. 论政治社会中个体权利与国家权力的平衡关系 [J]. 政治与法律，2010 (8)：4.

② 新华词典 [M]. 北京：商务印书馆，2001：48.

③ 刘剑文. 税法学 [M]. 北京：北京大学出版社，2010：69.

1. 国家利益至上的"税收权力关系说"

"税收权力关系说"由德国行政法学的创始人奥托·梅耶率先提出①。在国家分配论和国家意志论占统治地位的背景下，"税收权力关系说"将税收法律关系视为一种权力关系，国家机构的设立、职能的发挥依赖征税权力的行使。依照奥托·梅耶的观点，税收的课征被认为是国家行政行为的直接结果，纳税人的纳税义务产生于税收征管行政部门的"查定处分"行政行为。无论纳税人的行为是否符合征税的构成要素，只有税收行政机关的行政查处行为才创设纳税人的纳税义务，该行为具有与司法刑事判决相同的性质。税收行政权的行使，被视为税收之债的成立要件之一。这种观点把国家的课税权与警察权等一般的行政权等同视之，推导出税收法律关系是以行政行为为中心的权力服从关系。在税收权力关系学说下，税收具有强制性和无偿性，国家是主体，其地位优于人民，人民并不享有平等的地位。就权利义务关系看，税收被视为个人对国家单向的义务，二者之间存在命令与服从的关系，纳税则完全成为个人的被动义务。按照该学说，税收法律关系中国家利益至上的国家观占据优势地位。②

"国家分配论"由"税收权力关系说"转化而来，认为税收是"以国家权力为基础，以实物或货币的形式无偿地、强制地和固定地参加国民收入分配的手段"。在我国计划经济时代和以经济建设为中心的发展阶段，集中国力、财力发展经济是首要任务，适应了我国社会主义初期阶段的发展需要。"税收权力关系说""国家分配论"理论，坚持认为税收是国家无偿、强制施加给个人的义务，缴税纯粹是个人的被动义务。

2. 征纳双方平等的"税收契约说"

在税收发展过程的早期阶段，在传统的国家中心主义和税收理论的影响下，国家作为征税主体与纳税人的地位是极不平等的。国家享有征税的强制性权力是不容置疑的，人民为什么应该纳税是无须论证的问题，直到 14、15 世纪文艺复兴运动兴起后，国家起源问题才开始受到关注。国家起源"社会契约论"的提出和发展对税收本质问题提供了有力的理论支持。

隐藏在税收法律关系表象之下的本质到底是什么？洛克与霍布斯等契约论思想家以自然状态、自然权利为逻辑起点，从人类发展史的视角，论述国家权力的起源及其与人民权利的关系，认为公众在自然法则下享有生命、自由和财产权。代表国家的政府是公众为了维护基本人权的需要，经社会契约而自由建立的，人

---

① ［日］金子宏. 日本税法原理［M］. 刘多田，等译. 北京：中国财政经济出版社，1989：18-19.
② 刘剑文. 税法学［M］. 北京：北京大学出版社，2010：71.

民向国家纳税——让渡其自然财产权利的一部分——是为了能够更好地享有剩余财富和其他的自然权利，以及在其权益受到侵犯时可以寻求国家公力救济。相应地，国家最大限度地满足人民对国家的要求。在社会契约思想家看来，税收法律关系就是人们为了更好地保障自身自由与财产权而让渡部分财产的一种法定性契约。

税收契约论在西方国家税收解释理论中备受推崇，影响深远，以税收契约论为基础或者与之呼应，理论界从不同侧面对税收法律关系进行解说。在税收契约论的基础上形成了多种经济及社会思想理论，在财政税收理论方面较有代表性的包括：一是"公需说"，也称"公共福利说"，其代表人物是17世纪德国的克洛克、20世纪初的日本财政学家小川乡太郎等，该学说认为，国家系出于公共需要和增加公共福利需要，为行使国家职能而向居民收取费用。二是"利益说"，其代表人物为18世纪资产阶级思想家卢梭、孟德斯鸠，该学说认为税收是人民获得利益的保障。三是"交换说"，该学说肇始于19世纪，以亚当·斯密、蒲鲁东等为代表，认为国民和个人是平等独立的主体，国家投入一定的成本进行国家活动以造福于人民，因此人民理应以交税来偿付国家付出劳动的代价①。四是"债务说"，该学说由德国法学家阿尔伯特·亨泽尔创立，该学说将国家与纳税人之间的税收法律关系定义为一种公法上的"债"的关系，认为纳税人"债务"是基于纳税人代表同政府之间的社会契约而产生的。

税收契约论中的"税收债务说"目前在法学上已基本成为共识②，在我国影响最大。依税收债务说理论，国家与纳税人之间的地位是对等的，作为征税主体的行政机关并不享有优越地位③。1919年的德国《帝国税收通则》④规定了纳税义务成立的标准，法学家阿尔伯特·亨泽尔以该通则关于纳税义务成立的标准为蓝本提出了"税收债务说"，该理论一改传统"权力关系说"的观点，认为征纳双方是一种公法性质的债权债务关系，其地位对等。该理论忽视其中的权力因素，认为税收行政权最大限度上为法律所约束，对传统观点造成了巨大的冲击。在税收债务说的理论框架下，行政权的行使并非税收之债的构成要件，税务征管机关的行政行为并非"创设"，而仅是"确定"纳税人纳税义务的发生。税收债务即纳税义务只要且只有纳税人的经济事项满足税法规定的课税要素时方产生。总体而言，债权债务关系说体现了税收契约本质精神，维护纳税人个人的自由与

---

① 张文显. 二十世纪西方法哲学思潮研究 [M]. 北京：法律出版社，1996：208-209.

② [日] 美浓布达吉. 公法与私法 [M]. 黄冯明，译. 台北：商务印书馆，1988：84-86.

③ [日] 金子宏. 日本税法原理 [M]. 刘多田，等译. 北京：中国财政经济出版社，1989：19-20.

④ 1919年的德国《帝国税收通则》第81条规定：租税债务在法律规定的租税要件充分时成立。

平等，国家征税权的行使应受到法律约束，是一种自由主义实质法治观①。税收债务说是税收契约论在税收行政法领域的渗透，是公法私法化的反映②。

与德国的税收债务说有所差异的是，日本税法学界对税收法律关系性质提出了税收法律关系"二元论"观点，以日本税法学家金子宏为代表的学者从"二元论"的视角具体地将税收法律关系区分为实体税收法律关系与程序税收法律关系，承认前者具有债权债务性质，而后者当属权力服从关系。北野弘久对"二元论"予以了抨击，主张彻底的债权债务关系说，他认为金子宏不分主从的观点脱离了税法研究的中心和主旨，不能解释税收法律关系应以何为中心、何为基础的问题。北野弘久认为应将债务关系作为核心建立与传统行政法不相同的理论基础③。笔者赞同北野弘久的观点，税收程序法与实体法二者虽然性质殊异，但从整体上看税收法律关系的研究在程序法与实体法之间存在着主次之分，前者服务于后者。"大多数国家的税法都已将债务关系说作为起点"④，正如北野弘久所述，从法实践论出发将税收法律关系统一地理解为债务关系，能够以债务关系说为核心构建起独立的、有别于传统行政法的税法理论。

从实质上看，税收"债务说"、"交换说"以及"税收价格论"等学说，本质上都植根于税收契约思想，"契约关系说"将税收的本质解构为"契约"、"债"或者"价格费用"、"交换"，从理论的应然层面揭露了税收的本质。上述几种理论均是基于"税收契约论"的不同侧面延续或者演化而来的，其基本内涵都是一种权利让渡理论，摒弃了传统税法学对税收本质的旧有认识，提出了税收的本质是国家与纳税人之间的契约的新理念，即税收契约是具有独立人格的纳税人，为了保护自身权利，集体且理性地选择了国家（政府）作为提供公共产品和服务的主体，同时牺牲其部分的私有财产作为税收让渡给国家。根据契约的权利义务，纳税人具有纳税义务，国家则应按约提供符合纳税人意愿的公共产品和公共服务。以税收契约观之，纳税义务不以税务机关的"查定处分"为成立要件之一，而只要且只有纳税人的经济事项满足税法规定的课税要素时方产生。

---

① 钱俊文. 国家征税权的合宪性控制 [D]. 苏州大学博士学位论文，2006.

② 公法私法化不仅见之于税法理论，也运用于税法立法实践。例如，《中华人民共和国税收征收管理法》第五十条中规定的代位权、撤销权。在税收法律关系中适用代位权、撤销权的司法保障制度来对国家的税收权——对纳税人的"债权"进行保障，这也是税收法律关系是一种债权债务关系的具体表现之一。

③ 刘剑文，熊伟. 税法基础理论 [M]. 北京：北京大学出版社，2004：63-67.

④ 刘剑文，熊伟. 税法基础理论 [M]. 北京：北京大学出版社，2004：65.

三、税收契约论视角下的税收筹划权

(一) 税收契约论保障纳税人财产权——税不多交的权利

在税收法律关系中，税收契约论主张纳税人与国家法律地位是平等的，纳税人出于更好地享有自由与财富之目的，通过其代表达成税收契约"合意"，"同意"让渡部分权利和财产与国家，换取公共服务，未有让渡的财产禁止国家侵犯。换言之，纳税人财产权是国家应予保障的，是征税权的基础和前提，征税需基于"合意""同意"，若未充分、确定满足税收契约的征税条件——没有让渡的"合意"，国家不能以国库至上主义凭借强制力征税，国家不能以公权力创设税收义务而查定征税。换言之，税收不是国家凭借强权查处的结果，纳税人依"约"承担税负的同时，有保全财产、不多缴税的权利。

税收契约理论下，税收是让渡，是一种法定契约，若没有让渡的"合意"，国家是不能征税的，征税权的行使则缺乏依据。国家权力要依与人民的契约而行使，税收不是"权力关系说"所指的依据国家强制力征收，税收不是凭税务机关的"查定处分"而产生的。既然"同意"才使得征税权具有正当性，在税收征收活动中国家权力就需理性行使，遵循征税权的依据及其适度要求。纳税人保留的自由与财富，国家必须予以充分尊重。

(二) 税收契约论保障纳税人自由权——税收筹划的权利

以税收契约思想发展起来的税收"债务说"认为，纳税人"纳税债务"是基于纳税人代表同政府之间的社会契约而产生的。纳税人的经济行为只要且只有满足税收契约（税法）规定的课税要素，税收债务即纳税义务方产生，而不取决于税务部门"查定处分"与否。因此，纳税人可以主动依据纳税人的代表同政府之间的税收契约（税法）的具体内容（税负的有无及高低），预测不同经济事项的税负效果，自由创设、实施既可以达到经济目的，税负又相对较轻的经济行为方式，从而获取节税利益。可见，税收契约论赋予了纳税人进行税收筹划的行为自由，是纳税人税收筹划权的思想基础。

第二节　法律基础之一：税收法定原则

税收契约论为税收筹划权的产生提供了思想基础，而税收法定原则为税收筹划权的确立、行使提供了法律上的支持和保护，是税收筹划权的法律基础之一。税收法定原则是税法首要的基本原则，也是民主、法治等现代宪法原则在税法上的具体体现①。税收法定原则基本意蕴在于，课税要素法定且明确，要求主要的税收征收问题通过立法决定，政府如果没有相应法律依据，不能向公民征税，公民也没有纳税的义务②。税收法定原则所体现的课税要素法定且明确，为纳税人进行税收筹划提供了可靠的法律基础。

一、税收法定原则的源流

（一）税收法定原则的形成与发展

1. 税收法定原则的产生及发展

税收法定原则的起源最早可以追溯到英国资产阶级革命的初期。在封建君主制社会，"率天之下，莫非王土"，国王、君主拥有至高无上的权力，为满足其个人的需要，随时可以各种理由对人民进行不合理的征税。君主与人民之间关于征税的矛盾日益尖锐，并产生越来越多的冲突和抵抗，在民众的抗争过程中逐渐形成了"无代表不纳税"的思想。1215 年的英国大宪章运动是一个重要的里程碑，在封建贵族和新兴资产阶级的斗争中，新兴的资产阶级最终取得了胜利，迫使国王签署了限制征税权的《大宪章》③。国王的征税权从此不能再肆意行使，而被限制在法律规定的范围内。英国较早的不成文宪法性文件《权利请愿书》也有限制征税权的类似规定④，《大宪章》使国王的征税权力进一步被限制，税收法定原则得以确立。这一宪法原则的确立意义重大，极大程度上改变了英国后

---

① 张守文. 论税收法定主义［J］. 法学研究，1996（6）.
② 何建堂. 税收法定原则的思考和建议［J］. 西部财会，2014（12）.
③ 《大宪章》规定：一切盾金或援助金，如不基于王国的一般评议会的决定，则国王不得课税。
④ 《权利请愿书》：没有议会的一致同意，任何人不得被迫给予或出让礼品、贷款、捐助、税金或类似的负担。

来的政治格局。征税权力受到限制后，英王查理一世欲征税不得不召开议会，为了筹集军费在征税问题上与议会发生冲突，继而导致了英国内战的爆发，最终结局是查理一世丧命于断头台；此后的系列征税斗争中，新兴资产阶级不断取得胜利，英国国王无奈按照议会的要求颁布了《权利法案》，明确国会而非国王对课税征收享有决定权。随后，税收法定原则逐渐被多个资产阶级革命取得胜利国家的宪法所认可。

1776 年英国因征税问题与北美殖民地的矛盾激化且战败，同意美洲殖民地独立。以英国《权利请愿书》和《权利议案》为蓝本，美国《独立宣言》第 6 条①确立了"无代表不纳税"（No taxation without representation）这一税收法定原则。作为基本的宪法原则，1787 年《美利坚合众国宪法》再次强调了该原则，充分体现了"无代表不纳税"的原则和思想，税收法定原则在美国得到正式确立。

在法国，由于王室的长期战争，路易十六继位时国家已入不敷出。1789 年路易十六召集会议企图征收新税。国王与社会各阶层矛盾激化，爆发了历史上著名的巴士底狱法国大革命。革命胜利后，法国制宪会议通过了《人权和公民权宣言》，其第 13 条规定，为了维持武装力量和行政管理的支出，公共赋税必不可少；第 14 条规定，征税、决定税额、税率等的权力赋予人民或其代表②。人民或其代表的意志体现为立法，明确了税收法定的原则和思想。《人权和公民权宣言》对后来的法国以及各国宪法都产生了巨大的影响③。后来的《法兰西共和国宪法》第 34 条在此基础上进一步明确了税法构成基本要素必须由法律规定④。

2. 税收法定原则在我国的初步确立

税收法定原则的确立，是我国迈向现代法治的重要标志。然而，税收法定原则究竟是否已经在我国税法体系上得以确立、是否在实践中得以落实？理论和实务界仍然存在着争议。

持肯定观点者认为，我国《宪法》第五十六条明确规定了公民纳税的依据仅限于法律的规定，侧面反映了征税主体只能依据法律征税的要求，是税收法定

---

① 美国《独立宣言》第 6 条规定：未经其本人同意，或其选出的代表同意，不能对其征税，或剥夺其财产以供公众使用。

② 《人权和公民权宣言》第 14 条规定：所有公民都有权亲自或由其代表来确定赋税的必要性，自由地表示同意，监视其用途，决定税额、税率、客体、征收方式。

③ ［日］北野弘久. 税法学原论［M］. 陈刚，等译. 北京：中国检察出版社，2001：16.

④ 《法兰西共和国宪法》第 34 条规定：各种赋税的课税基准、税率和征收方式，由法律规定。

原则精神实质的体现；《税收征收管理法》第三条①则是《宪法》第五十六条的具体化，其明确了税收征收等事项依照法律规定执行，可以认为我国已确立了税收法定原则。持否定观点者认为，《宪法》第五十六条仅从纳税主体依法纳税的义务角度进行了规定，并未正面明确税收法定原则对征税主体权力限制。《税收征收管理法》第三条的规定虽然一定程度上弥补了《宪法》的缺失，在专门的税收法律中明确确立了税收法定原则，但被"授权立法"的例外规定所破坏。此外，税收是实践性很强的命题，实践中是否贯彻了税收法定原则的本质要求，才是判断税收法定原则是否真正确立的标准。而我国税收实践中税务机关与纳税人地位的不对等，税收法定原则未得到充分贯彻。

本书认为，《税收征收管理法》在条文上体现了税收法定的思想。近年来，为全面推进依法治国，政府计划将现行以税收法规为依据的全部税种由人民代表大会立法开征。正是在这一背景下，宪法性文件、"诸法之法"——《立法法》的修订推动了税收法定原则在我国法律体系迈出重要一步。2023 年 3 月 13 日《立法法》第二次修订，其第十一条规定："下列事项只能制定法律……（六）税种的设立、税率的确定和税收征收管理等税收基本制度……"明确确立了税收立法权属于全国人民代表大会的专属立法权。从此，国家征税应该以法律为依据，而不是行政机关的意志。总体而言，从现行税法体系的构成来看，税收法定原则尚未在我国 18 个税种征收实践过程中得以充分贯彻，但就《立法法》第十一条与《税收征收管理法》第三条的规定，以及国家提出的依法治国、依法治税、落实税收法定原则的治国理政的施政方针来看，按照税收法定原则征税已达成共识，可以认为税收法治原则在我国已初步确立，这为税收筹划权的确立及保护提供了基本的法律环境。

（二）税收法定原则的性质：宪法性原则

税收法定原则，系税法基本原则，适用于税收立法、执法以及司法全部过程。税收法定原则也是宪法性原则，在绝大多数国家是由宪法直接规定的，是紧密关系国家与公民基本权利、体现宪法精神的基本原则。追根溯源，"税收是宪法之母"，现代宪法实践开端于税收法定。英国资产阶级革命、美国独立战争、法国大革命的导火索都缘于税收征收产生的冲突。宪法是国家权力与公民权利博弈的产物，是一个国家的根本大法，规定国家的根本任务和根本制度、国家政权

---

① 《税收征收管理法》第三条规定：税收的开征、停征以及减税、免税、退税、补税，依照法律的规定执行。

的组织形式以及公民的基本权利义务等内容，宪法原则包含了主权在民、基本人权、权力制约、法治原则等原则。税收问题直接关系到国家与人民的基本权利义务关系，可以说，"宪法本身就是税收民主革命的产物，并且一旦确立就取得了逻辑上的首位性"[1]。

税收法定原则蕴含着深刻的宪法精神，是现代宪法原则在税法中的体现。确立税收法定原则，旨在从根本上保障纳税人的财产权益，限定政府征税权的行使。英国《大宪章》、美国《美利坚合众国宪法》以及法国《人权和公民权宣言》无不对税收这一核心问题作出了回答，即在宪法中限制国家对公民的征税权力。税收法定是确保公民财产权与国家收入稳定的制度基础，现代宪法是税收法定的保障[2]。学者统计，目前全世界有多达150个国家将税收法定原则写入宪法，成为一个确定的宪法原则[3]。

(三) 税收法定原则的理论渊源：权力制衡理论

"一切有权力的人都容易滥用权力，这是万古不易的一条经验。……要防止滥用权力，就必须以权力约束权力。"[4] 在孟德斯鸠等看来，权力制衡理论可以简要概括为两个方面的内容：一是没有任何规范约束的权力必然导致腐败，绝对的权力导致绝对的腐败；二是权力要用权力来约束，不同的权力应由不同的机关来行使，相互监督。与此相对应，税收领域的税收立法权与征税权本身也有着权力扩张的冲动和异化的可能。根据权力制衡理论，税收立法权和征税行政权应分别由立法机关和行政机关行使。税收是关系公民切身利益的制度，税收立法权只有掌握在由人民同意或授权的立法机关手中，才能有效地代表其意志，防止行政权力的滥用，从根本上保护纳税人的合法权益。由此观之，权力制衡理论孕育了税收法定的理论渊源，即征税权的取得必须经由人民授权的立法机关以立法程序认可，使国家的征税权合法化。

---

① ［英］哈耶克. 法律、立法和自由（第一卷）［M］. 邓正来，译. 北京：中国大百科全书出版社，2000：212.

② 吴晓秋，黄建军. 宪法学视野下的税收法定及其实现［J］. 理论导刊，2014（10）：105.

③ 日本1946年宪法第84条规定，国家开征新税或变更现行税种，必须依照法律的规定进行。法国现行宪法第33条规定："下列事项由法律予以规定：——各种税收的基准、税率和征收方式，货币发行制度。本条有关事项由组织法予以细化和补充。"意大利宪法第23条规定，没有法律的依据，不得向个人征税。西班牙宪法第122条第1款规定，国家按照法律的规定行使税收立法权。秘鲁宪法第129条规定，对于税收的设立、修改、取消或其他优惠措施，必须有专门的法律予以规定。

④ 孟德斯鸠. 论法的精神（上册）［M］. 张雁泽，译. 北京：商务印书馆，1961：154.

二、税收法定原则的内涵

税收法定原则，又称"税收法律主义"，从世界范围内税收法定原则产生和确立的发展历程可以看出，税收法定原则的原初含义就是"非赞同毋纳税"，征税必经人民或其代表的同意，在代议制民主体制下，人民行使同意权是经由自己的代表机关制定法律来进行的，一言以蔽之，税收法定涉及征税的基本事项由"法"来"定"。

（一）税收法定中"法"的外延

在现代法学理论中，广义的法律是指法的整体，包括狭义的法律、有法律效力的解释以及其行政机关为执行法律而制定的规范性文件。狭义的法律仅指立法权力机关依立法程序制定的规范性文件[①]。税收法定原则中的"法"应该作狭义的理解，不包括法规、规章等渊源形式，仅限于立法机关制定的法律。正如有学者所指出的那样，所谓税收法律主义，就是指纳税人纳税义务的确定、发生税收效果的要件均由民主代议机构颁行的法律明定[②]。从分权与制衡原理考察，征税权由立法机关而不是行政机关来行使，也决定了税收只能由狭义的法律来决定。

（二）税收法定原则的基本内容

税收法定原则主要包括以下基本内容。

1. 税种开征法定原则

"征税的权力是事关毁灭的权力"，税种的设置如果缺乏经过充分论证和完善的民主决策程序，则必将不正当地"入侵"纳税人财产权，并对社会经济生活产生不利影响。唯有经过多方利益的博弈，最终出台的方案才能不至于产生"毁灭性"的后果。

2. 税收要素法定原则

税收要素法定是指税收的各项要素必须由法律规定，该项原则是税收法定原则最核心的内容。税收要素包括纳税人、征税对象、税目、税率、计税依据、税收优惠、税收征收管理中的纳税环节、纳税义务发生时间、纳税期限、纳税地点等具体构成要素。税收要素法定，不仅要求法定，而且要求明确，即税收要素的

---

① 张文显. 法理学 [M]. 北京：法律出版社，2008：46.
② 鲁篙. 税收法律主义初探——兼评我国税收授权立法之不足 [J]. 财经科学，2000 (2)：55-58.

表述确定、具体、清楚，其用语和概念不能含混不清、引人误解，避免出现漏洞和歧义。只有要素明确，纳税人才能对自身税收负担做出准确的预测和判断，同时，明确的表述也清晰限制税务机关的自由裁量权和税法的解释权，有效地防止行政权力的扩张和对纳税人权利的侵害。课税要素明确与要素法定相互关联，要素明确是要素法定的前提，也是要素法定的要求。在课税要素法定且明确时，相关法律事实满足课税要件，则税收债务立即发生；作为课税要件的要素有任一差缺，则税收债务无法成立。

3. 征税程序法定原则

该原则是对征税程序的要求，除税种和税率明确由立法规定之外，税收征收管理等税收基本制度也必须由法律规定。税收征收管理等基本制度，包括纳税的时间、地点、税务登记和处罚等，税收法定不仅包括实体权利义务上的法定，还包括程序上的法定，程序公正是实体公正的保障，税务机关必须依照法律规定的程序稽征，不得违反法律关于征税的程序性规定，这为税收筹划的实现提供了程序保障。

由上可知，涉及征税的重要事项必须由法律规定，即经由人民的代表同意，体现了"无代表无税收"的精神。

三、税收筹划权与税收法定原则的契合

税收法定原则为纳税人提供了开展筹划的法律依据，也是税收筹划权的法律基础之一。税收法定原则旨在限制征税权滥用，为税收法律的制定及实施提供了原则性的指导，为税收筹划权的确立和行使提供了理论上的重要支撑。

(一) 税收法定原则为税收筹划权的行使提供了税负可预期保障

税收筹划的前提必然要求税收法定，税收法定的三大要件——税种开征法定、课税要素法定、征税程序法定，为税收筹划奠定了基础，为纳税人行使税收筹划权提供了税负可预期保障。所谓筹划，即提前安排计划，筹划必须建立在事先了解的基础之上。税收筹划必然要求对税种、税率等要素有非常明确的认知，如果课税要素非法律确定而由行政机关自行确定，或虽然法定，但泛泛而谈、语焉不详，税收的筹划便无从谈起。相对于较为随意的行政执法的"查定行为"，法律具有稳定性和公知性，税收法律对课税要素的明确规定，是税收筹划的基础和前提。税收法定原则所蕴含的课税要素法定契合了税收筹划的基本要求。税收法定原则，将"法"限制于狭义的"法律"，且理论上法律的制定和对税法基本问题的解释不能由行政机关而必须由立法机关实施，税务机关不能对税法随意解释和补充，这使纳税人的税收筹划具有可预期性，纳税人能够依据法律的规定对经济活动进行提前安排，无须担心朝令夕改。

（二）税收法定原则确保税收筹划权行使的基本范围

税收法定原则能有效规范征税执法行为，其重要目标在于保护纳税人依法纳税的权利。征税执法活动只有严格地在法律规定的程序和内容下进行，其对纳税人财产的获取才具有正当性。在法学理论上，法律是规定当事人权利义务，具有普遍约束力的行为规范。法律通过赋予权利，给予人们从事社会活动的自由区域，同时又通过施以义务，要求社会成员必须或禁止一定的行为，来划定人们行为自由的范围。税收法定原则要求税收筹划必须在有法可依、有法必依、执法必严、违法必究的法律前提下进行。税收法定原则确保了税收筹划的基本范围，为征纳双方分别划定了行为区域。一方面，在税收法定原则下，税务机关行使征税权必须在税法明确的授权范围内，严格根据课税构成要件开展稽查，审查纳税人是否依法纳税，也就是说税收法定原则划定了税务机关税收执法权行使的界限；另一方面，纳税人享有税收筹划权，纳税人也必须在税法划定的区间进行税收筹划活动。在税收法定明确的征收区间以内，纳税人必须依法纳税；而在征收区间之外，纳税人则有权合理选择不同税负的经营方案，达到自己减免税负之目的。

（三）税收法定原则是确认税收筹划合法与否的标准和依据

税收法定原则明确了税收筹划合法性评价的税法解释方法。税收法定原则将"法"限定于法律，法具有抽象性和稳定性、滞后性等特征，无论立法者如何绞尽脑汁，由于立法技术的限制、社会的发展，适用法律在对现实的社会法律关系进行调整时，难免会遇到法律对某些现象缺乏相关规定或出现规定不明的真空地带。在此种情形下，必须对法律规定进行解释。法律的解释有文义解释、类推解释、补充解释等方法，但在税收法定原则下，对于税法的解释与其他部门法有着不同，原则上只能采用字面解释的方法，一般不能采取类推解释和扩张解释，否则将突破税收法定的基本原则。也就是说，无论是纳税人利用政府引导性的税收优惠政策，还是利用税法本身存在的差异性规定以及法律空白进行的税务筹划行为，都应当具有合法性，不应认定其为非法行为。如果适用中发现税法存在瑕疵，应该通过立法程序对税收法律予以完善，不能因为纳税人获取了税收利益，而认为纳税人的行为具有非道德性，对税收筹划行为作出违法的评价。

税种开征法定、税收要素法定、征税程序法定为税收筹划的合法性评价提供了对照标准。课税要素的法定、明确，为税收筹划提供了税负可预期保障，划定了权利行使区间，同时也是评价税收筹划是否合法的标准和依据。法律是行为的标准和尺度，判断、衡量纳税主体的税收筹划行为是否合法，应依据条文及内在的含义。在行为引导上，税收法定原则为征税主体和纳税主体提供了可供对照的行为评价标准，无论是税收法律的执法机关还是司法机关，判断税收筹划行为是属于合法的行为，还是属于脱法避税行为，抑或是属于偷税、漏税、骗税等不法行为，都必须始终以税收法律所确定的税收要素为其执法和裁判的依据。

第三节　法律基础之二：私法自治原则

一、私法自治原则对私人经济自由权的保护

(一) 私法自治原则的含义

私法自治原则（prinzip der privatautonomie）被奉为支配整个私法领域的"最高原则"。私法自治指民事主体在从事民事活动时，以自己的真实意志来充分表达自己的意愿，根据其意愿来设立、变更和终止民事法律关系，对行为后果自主负责。私法自治之下，民事主体的行为不受其他主体及公权力的非法干预。

私法自治最早萌芽于乌尔比安对公法和私法的区分，私法属于当事人的意志自由的空间。16 世纪查理·杜摩林提出"当事人意思自治说"，在他看来，当事人有权就法律的适用进行选择，当事人的自我意志是约束其契约关系的准则。随着个人自由主义的发展，为排除封建的身份关系和公权力对个人的束缚，私法自治原则的重要性凸显。《法国民法典》第 1134 条规定："依法成立的合同，对于缔约当事人双方具有相当于法律的效力"，这标志着私法自治才正式成为统御私法的基本理念①。当事人的约定与法律具有同等的地位。私法自治原则是私法领域最重要、内涵最丰富的原则，集中体现了自由、平等、独立等私法精神，鼓励民事主体追求个人利益最大化，是保持市民社会活力的重要原则，成为现代民法

---

① 陈历幸. 民法的理念与运作 [M]. 上海：上海人民出版社，2005：121.

体系中具有统率性的原则。

私法自治原则是高度抽象的理念性原则，其本身有丰富的内涵。

1. 自由是私法自治的基本内涵

私法规范大多是任意性规范，它赋予当事人在民事活动中极大的自主权，以及对外表达合法意愿的自由。这种自由包括：①当事人有依法进行某种民事活动和不进行某种民事活动的自由。他人不得对这种自由进行干预，不能强迫一方民事主体为或不为某一民事行为。②当事人有选择行为相对人、行为内容和行为方式的自由。③当事人有依其意愿选择适用法律的自由。正因为私法允许私主体依其理性判断，自主选择、自主参与，私法自治原则才成为可以抵御公权力侵入的工具。

2. 私权神圣是私法自治的重要内容

人格权和财产权是人自由意志的体现。私权与公权各为不同的领域，国家和政府对经济社会生活的干预的同时，亦必须尊重对私权的保护。个人权利与国家公权力之间的关系，应该以法治的标准来合理界定。个人人格权和财产权非依法定的程序，任何人或任何机关不能予以限制或剥夺。财产和人格相互依存，对二者的尊重和保护是私法自治的重要内容。需要强调的是，所有权的自由是指所有权人有权在法律的框架内，任意处分其物，并排除第三人对物的干预①。

3. 平等是私法自治的基础

平等是自由得以实现的前提，自然也是私法自治的基础。自私法诞生以来，人类社会从身份不平等向平等逐步迈进。在"身份"向"契约"的转换过程中，平等成为人类社会从野蛮走向文明、从歧视走向公平的重要标志。私法中人人平等的观念也对公法的权利义务主体关系产生了潜移默化的影响。平等原则已成为现代社会的宪法性原则，是人性尊严的基本价值追求。这要求公法必须平等地保护所有的民事主体，就国家和公民的关系而言，也不再限于强制和管理的不对等关系，而属于"社会契约"的相对方。对平等的强调，是对来自外部的公权力对个人自由干预的抵御。

4. 自己责任是私法自治的结果

私法自治强调人的主体性，自己责任也是私法自治的重要内容，是行为自由的必然结果。行为人对意志支配下的行为产生的后果自主负责，对自己有过错的行为承担责任，对自己无过错的行为不承担责任。从身份到契约意味着人独立主体地位的确立，意味着对作为主体的人的尊重。私法自治体现了主体的独立价

---

① ［德］迪特尔·梅迪库斯. 德国民法通论［M］. 邵建东，译. 北京：法律出版社，1991：142.

值。拉伦兹（Larenz）认为，人自由并负有责任地形成自己的存在与周围的世界，自己设定目标，并对自己的行为予以制约，这就是人格。个人人格的发展，是通过自己承担责任的行为来实现的。

申言之，私法自治的内涵极为丰富，从不同的视角有不同的解读，从理论上讲，私法自治原则还包括所有权自由、营业自由、婚姻自由等具体的内容，此处不再赘述。

（二）私法自治原则对私人经济自由权的确认

如前所述，自由是私法自治的基本内涵。私人自由从事经济活动、实现经济目标，是作为市民主体重要的权利。对市场主体经济自由权的保护，是私法自治原则的重要功能。经济自由权是市场主体自由从事生产经营的行为受到国家保护，并排除公权力恣意侵犯的权利。经济自由权从私法自治原则中私人意思自治、财产权神圣不可侵犯中扩张而来，"法无禁止就是允许"所体现的私人自由是社会契约论下国家权力的有限性品性应有之义。对于企业，经济自由权又称营业自由权，是市场主体实现财富增值和提高个体生活质量的一种应然性源权利，是市场主体财产自由权在营业领域的展开和扩张，是不可剥夺的权利，是法律赋予市场主体的一种平等的、可自主选择进入营业领域以及在某个营业领域参与市场交易的权利[①]。

私法自治原则本身即发源于经济学理论自由主义思想，作为私法领域最基本的法律原则必然保障和促进私人经济自由权。产权的保障、经济自由与交往理性的契约化在实质上都是私法自治的内在要求。"理性自然人"假设主张，作为市场主体的个人或者企业是自己利益的最佳设计者和追求者，为维护市场经济的活力和有效性，允许市场主体根据自己的意思进行民事活动。

综上所述，私法自治原则体现的是一种排除国家公权力不当干预的自由。私法自治的自由，表征的是市场主体的个人或者企业在法律所允许范围内活动的能力或状态。私法自治原则的旨趣是对私人决策自主、自由的充分尊重和鼓励。发展社会主义市场经济，必须强化私法自治的理念，强调有限的、服务型政府定位。私法自治的重要目标，是限制国家以维护私人的财产及经济自由权为根本职能，不干预私的社会生活领域，这是近代市民社会中国家的形象和定位。

---

① 肖海军. 营业权论 [M]. 北京：法律出版社，2007：161-165.

二、私法自治原则与税收筹划权的确立

（一）私法自治原则下民法与税法的关系

在现代租税国家，市场主体的经济活动或者经济收益是税法课征对象，那么私法自治原则主导下的民事法律行为及其经济收益在税法上是何种法律效果？换言之，私法自治原则是如何与税法关联的呢？要厘清民法与税法之间的逻辑需要追根溯源从两者的关系予以辨析。

1. 应税行为是民法所调整的民事行为

税法与民法虽然分别规范税权与私权，其公私性质不同，但两者之间却有着内在的紧密联系。首先，从法的产生来看，民法与税法都以社会经济的发展和生产力水平的提高为前提。近现代民法孕育于商品经济的发展，民法本身就是商品经济关系规则的法律表达。在平等主体的商品交换关系的基础上，确立起国家与国民之间的税收法律关系，即为税法。其次，从主体而言，国家征税的前提是纳税人实施了应税基础行为。这些应税基础行为即民事主体间因买卖、租赁等产生的民事行为。如果没有这些民事行为，国家便无税可征。一言以蔽之，民事法律行为是税收法律关系产生的基础。纳税人首先是民事法律关系的主体，随后成为税收法律关系的主体。最后，从客体分析，税法的课征对象即民事法律关系的客体，二者呈相互交融的关系。

2. 税法与私法的融合：税法私法化

（1）税收契约论：税法私法化的逻辑起点。前文已探讨，社会契约理论认为国家和法是人们相互缔结契约的产物，满足公共需要、控制权力和保障人权是缔约的目的[①]。契约自由、平等原则、人权观念等内容是社会契约理论的核心，这些理念不仅体现于商品交换媒介的具体契约（合同）关系中，更深刻地内涵于国家的起源以及人民与国家之间抽象的"契约"关系之中[②]。税法系国家与人民的契约，私法系平等主体的私人之间的契约，只不过，契约的内容有所不同。在税法契约中，政府收取税收，向社会提供公共物品和公共服务；市民缴纳税款，获取公共物品和服务。契约精神下市民与国家之间的契约关系蕴含着私法"平等、自由和权利"等意识观念，二者相融互通。换言之，以税收契约论观

---

① ［法］卢梭. 社会契约论［M］. 何光武，译. 北京：商务印书馆，1998：23.
② 马新福. 社会主义法治必须宏扬契约精神［J］. 中国法学，1995（1）：40.

之，国家征税权设定的目的是保障纳税人更好地享有"依约"让渡之外的财富和行为自由，不能因为征税而影响、妨碍纳税人基本的市民社会行为自由，包括经济交易自由。这就要求税收法律制度须与民事法律制度相协调，不能因为征税而干扰、扭曲民事法律关系主体预设的私法效果，包括预期的税负效果。

（2）税法私法化：税法对私法制度资源的借用。税收立法对私法资源的借用体现在以下几个方面：一是对于概念的借用。税法体系除自身特有的，如纳税人、进项税额、销项税额等"固有概念"之外，"不得不直接、间接地适用私的交易法，即民法、商法上所使用的概念"①，来直接表述税收的构成要件（如"公司""股东""销售""财产交易、股息所得"），或是间接形成课税的原因事实（如继承或财产转让）或课税的前提要件（如住所、共有财产关系）。在税收征纳过程中税法对于借用概念的理解应当与该概念在民商法中的含义相同。二是对于私法原则的借用。例如，借用诚实信用原则。诚信原则要求兼具客观诚信和主观诚信，主体要有良好的行为及毋害他人的内心意识。② 适用于税收法律关系，则要求税收法律关系的主体主观上怀善良动机，客观上不滥用权力（权利），认真履行义务等。一方面，纳税人应当诚实纳税，不得规避法律；另一方面，国家也应同样对纳税人怀有善良动机和诚信服务，要求保护纳税人的诚实推定权，确认和保护纳税人的信赖利益。三是对于民事制度的借用。主要有税务机关的代位权与撤销权、税法上的担保、税务代理、不当得利与退税制度等。

（3）尊重私法自治：坚守税收中性原则。尊重私法自治，体现税收中性原则，要求有二：一是税法应尊重私法自治原则，体现税收中性原则，税法对于私法行为的评价（课税要素的确定）一般依从纳税人自由确定的经济行为的法律形式，与纳税人预期的税负一致，不扭曲市场经济正常运行，特别是不能妨碍市场机制的资源配置作用。二是要求国家征税保持应有限度，使纳税人承担的代价仅限于税费，而无须付出其他的额外损失或负担，维护私法主体与国家之间的利益平衡关系，突出强调保障纳税人的基本权利。

（二）私法自治原则是税收筹划权的法律基础

私权神权、意思自由、地位平等、过错责任是私法自治原则的核心内涵。纳税人税收筹划的资格（正当性）即孕育于私法自治的丰富内涵之中。其一，纳

---

① ［日］村井正. 现代租税法之课题 [M]. 陈清秀，译. 台北："财政部"财税人员训练所，1989：53-54.

② 徐国栋. 民法基本原则解释——以诚实信用原则的法理分析为中心 [M]. 北京：中国政法大学出版社，2004：72.

税人享有的私人财产权神圣不可侵犯。其二，纳税人拥有自由意志，有权依照其理性判断，去筹划和管理自身事务，自主选择行为模式并自主负责。其三，国家尊重私人自由。国家不得超然于私人之上，就私人对财产支配、处分行为，国家并不具有干涉财产权人行使其权利的权力。其四，私法自治的过错责任赋予了纳税人税收筹划的自由。行为人仅在其有过错的情况下才对其自由意志支配下的行为承担责任。作为私法领域的最高法律原则，私法自治原则的内在要求为税收筹划的合理性、正当性提供了法律上的支持，具体分述如下。

1. 私法自治原则为纳税人进行税收筹划提供权利保障

纳税人享有的私人财产权神圣不可侵犯。私人财产权具有排他性和对世性，可以排除其他平等主体的侵害，也可以抵御公权力的侵害。在宪法中规定保护财产权的意义，在于保障公民作为自然人最基本的权利，防止国家征税权对私人财产权的攫取①。纳税人经筹划选择最利己的方式向国家支付适当的税收，是纳税人财产权益保全的本能诉求，是保护其私有财产的应有权利。国家税收建立在私人财富之上，如果私人不享有充分的财产权和经济自由权，则经济缺乏活力，私人财富就难以增值，而财产增加的部分才是税收征收的范围，因为国家征税权的行使不能侵犯私人赖以存在的基本物质条件。因此，国家在税收活动中应尊重私法自治原则下私人经济的行为自由，认可私人是自己财富的最佳设计者和创造者。在私法自治、经济自由深入人心的市场经济背景下，允许纳税主体通过税收筹划的方式，保护其私有财产权的重要理论依据在于：私法自治的理念赋予了私法上的权利主体以利己的方式保护其财产权，防范和对抗国家征税权的任意干预。立法机关所制定的税收法律不应随意变更而妨碍私人经济交易关系，使财产权人对其经济活动的利益预期因国家对税收构成要素的变更和加重而落空，影响私人参与经济活动的有效性和积极性。国家通过合法且合理的课税制度设计，从实体及程序上对私人的财产权给予必要的尊重，从而实现国家财政收入的取得与私人财产权行使自由之间的良性平衡。

2. 私法自治原则赋予纳税人税收筹划的行为能力

纳税人依私法自治原则拥有自由意志，有权依照其理性判断筹划和管理自身事务，自主选择行为模式并自主负责，从而有权进行税收筹划，拥有以自己的行为享受税收权利和履行税收义务的资格。纳税主体的税收筹划行为能力是其行为自由、意思自治在法律上的反映。判断纳税主体是否具有税收筹划行为能力的标准为：其一，纳税人是否清楚自己税收筹划行为的性质、行为意义及行为后果；

---

① 王怡. 立宪政体中的赋税问题 [J]. 法学研究，2004（5）：14-24.

其二，纳税人能否有效控制其税收筹划行为并对该行为负责。通常认为，如果纳税人能够认识到自己所实施的税收筹划行为在税收征管程序中的意义，同时能够对行为所产生后果承担责任，那就具有相应的税收筹划的行为能力。

税法上应予课税的行为大多是民事行为，这也决定了纳税人同时为税收法律关系主体和民事法律关系主体，税收法律关系是在民事法律行为的基础上产生的，是税法对纳税人所创设的私法行为的再次处理。税收法律制度与民事法律制度相协调，原则上尊重纳税人财产权及经济自由权。因此，税法是以纳税人在私法自治原则下自由缔结的私法关系为基础构建起来的，借用私法中的概念来表述课税构成要件，如税法中的"合同""销售""承揽"等均是借用的私法术语。市场交易规范绝大多数是非强制性的，是任意性的，达到相同或者相似经济效果的交易方案可能有多种，而其相应的税负又因税制差异、税收优惠等因素很可能轻重不一。当纳税人凭借私法自治原则所保障的经济自由权，根据税法对不同情形下课税要件的具体内容，预测出其中的税负轻重差异，行使其在经济活动中的自由选择权，优化适合自身的交易方案，以达到减少或免除税负的目的，这一预测、谋划的节税过程就是私法自治原则保障下的税收筹划。

可见，正是私法自治原则保障了纳税人的经济自由权，使纳税人可以在多种潜在方案中选择创设无税或者税轻的民事行为方式达到其经济目的。也就是说，私法自治原则赋予纳税人的行为自由包括纳税人税收筹划的自由和资格，即税收筹划的行为能力。税收筹划权的行使虽然在短期内减少了国家税收收入，基于涵养税源和对私法自治原则的遵循，国家不得强制要求纳税人在多种方案中选用税重的民事行为方式，对税收筹划的结果原则上得予以容忍与认可。因此，税收筹划权是私法自治原则的内在要求，是纳税人进行税收筹划的法律基础之一。

3. 私法自治原则是税收筹划的法律前提

私法自治原则所蕴含的主体平等、过错责任等内涵构成了税收筹划的法律前提。主体平等意味着国家权力不得凌驾于私人之上，国家权力行使须受限于法律规定的范围。私法自治原则对个人主体地位的尊重，要求国家严格限制其权力范围，明晰其权力界限，尽力尊重和维护个体利益，着力发挥个体的主观能动性和积极性，以促进社会效益的最大化，最终实现社会的公平正义。过错责任意味着行为人仅在其有过错的情况下才对其自由意志支配下的行为承担责任。税法规定的课税要素，是对私法上的民事主体从事经济活动的类型抽象化的结果。上述经济活动大多产生于私法领域，自然应受私法的规制。在市场经济环境下，市场主体"法无禁止即可为"，与此对应，政府"法无授权不可为"。在私法自治原则下，个体自主经营、自由处分、自己负责。民事主体从事经营活动必然希望其利益最大化，尽量减少或免除税负。在意思自由的原则下，民事主体显然有选择交易形式的自由，这种私法上的选择自由为税收筹划提供了制度支撑。也就是说，纳税人依法行使税收筹划权，其筹划行为只有在违反法律规定的情况下，才承担不利的后果。具体分析如下：首先，税制中设定的税收优惠条款可以为纳税人进行税收筹划所选用。税收既是国家财政税收的来源，同时也是国家引导、干预社会经济运行的重要手段。国家为更好地提供公共产品和公共服务，必然需要利用税收杠杆优化资源、激励技术创新，或者实现对社会财富的二次分配。为实现其意图，在遵循税负公平、税收中性等原则的基础上，不可避免地会实施某些税收优惠政策。这些税收优惠政策为经营主体进行税收筹划提供了现实的条件。其次，绝大多数国家的税收来源依赖于多个税种，由于经济生活的复杂性，对应的某个税种可能设计了不同的纳税人身份、多级税率、不同的扣除方式、可选择性的税务会计处理方式，使这些可选择的因素进行不同叠加，得出不同的税负。因此，在市场经济环境下，当同一个经济目的可以依据私法自治原则在多种可能的交易模式下达成时，纳税人出于经济理性本能，有选择税负较轻的交易模式的自由。

第三章

税收筹划权的边界

辩证地看，凡权利均有其边界，没有绝对自由行使的权利，纳税人的税收筹划权也不例外。"纳税筹划应该是在企业权利的边界内或边界线上，超越企业权利的范围和边界，必然会构成对企业义务的违背。"[①]以学理论之，法律在授予一项权利的同时，必定会对行使该权利的范围加以限制，对越权行为予以否定或者惩戒，以确保权利得以合理行使。而一个享有权利的人有时会面临滥用权利的诱惑，极易逾越正义与法律的界限。纳税人在行使税收筹划权时为获取更大的税收利益，往往竭尽所能地进行筹划，但过激的税收筹划行为可能异化为避税行为，失去合理性而有悖于税法目的。纳税人越界行使税收筹划权进行避税的行为构成了权利滥用，侵犯了国家税权。为维持公益与私利的均衡，税法赋予征税机关税收核定权以制约纳税人滥用税收筹划权进行避税。对于超越权利边界，以税收筹划为名行避税之实的行为，征税机关行使税收核定权，对纳税人的经济行为重新定性、调整税基，要求纳税人补税。可见，避税所在区域即税收筹划的禁区，纳税人税收筹划权的边界是由避税认定标准确定的。税收筹划与避税之间存在边界模糊的"灰色地带"，因此，税收筹划权边界的确定非常困难。我国税法引入实质课税原则构建起一套避税防治制度，因此，纳税人行使税收筹划权时不应超出实质课税原则所允许的边界。

在税收筹划与避税的此岸与彼岸之间虽然没有清晰的界限，但二者的基本领域明显不同，纳税人在税收筹划中应遵循禁止权利滥用原则、实质课税原则与诚实信用原则，避免税收筹划权的行使异化为避税行为。本章探讨了税收筹划权行使的限度，结合我国现行立法从应然层面分析了我国纳税人税收筹划权的边界确定。

---

① 《安徽税务》编辑部. 纳税人拥有筹划权 [J]. 安徽税务，2002（9）：52.

第一节　税收筹划权与禁止权利滥用原则

纳税人过激筹划、越界行使税收筹划权的实质是滥用私法形成自由权，其行为与偷税存在本质区别，不具有欺诈性，偷税无论是在形式上还是在实质上均为违法，与税收筹划表里均不一，因此，偷税不包括在税收筹划权滥用范围内，实务中我国反避税规章中也明确把偷税排除在外①，域外国家反避税立法与司法实践措施的针对性也非常强，均旨在反制超越合理限度、无合理商业目的、滥用税收筹划权的过激（Aggressive，Unacceptable）筹划行为，对纳税人失度行使税收筹划权的规制也主要围绕反避税展开。前文已分析，税收筹划与避税在策划时间的事先性、节减税负目的、形式合法、无欺诈性等方面存在共性，两者有着复杂的关联，过激的税收筹划极易转化为避税，故本书所探讨的税收筹划权越界滥用行为主要指避税行为。明确了避税之所在，也就明确了税收筹划权行使的边界之所在。避税与税收筹划相互间难以凭简单明了的标准确定清晰界限，这成为征管实务中的世界性技术难题，立法、执法、司法路径均难单一奏效，既维护纳税人合理筹划利益又严防滥用筹划权进行脱法避税的制度构建是理论与实务界共同探讨的课题。

一、税收筹划权滥用的含义

（一）禁止权利滥用原则及其在税法领域的引入

禁止权利滥用作为一个抽象的私法概念，源远流长，最初见于罗马法时期对权利行使的限制②，之后成为一个普遍性原则被各国所接受。《德国民法典》提到的"权利的行使，不得专以损害他人为目的"，是现代民法对权利滥用最早的规定。最早明确提出"禁止权利滥用"的文件是1907年的《瑞士民法典》，该法典明确规定了"权利滥用不受法律保护"的原则。英美法禁止滥用诉讼权利及恶意诉讼的规定，也在一定程度上体现了这一意图。在法律文件上权利滥用一

---

① 《一般反避税管理办法（试行）》第二条。
② 黄凯. 法哲学视野中的权利滥用 [J]. 湖北社会科学，2007（7）：132.

词早已有之，但对权利滥用的概念有不同观点。主观恶意说认为，专以损害他人为目的行使权利，属权利滥用①，《德国民法典》中"权利的行使，不得专以损害他人为目的"的规定，以及奥地利、我国台湾地区的民事立法似支持该论点。本旨说认为，权利具有社会性，权利人行使权利违反法律赋予权利的本旨，则法律不承认该行使权利的行为②，《瑞士民法典》中"任何人在行使权利或履行义务时，都必须遵守诚实信用原则；权利的明显滥用，不受法律保护"的规定，似为适例。界限说认为，权利行使必有一定界限，逾越这一界限，则构成权利滥用③，《巴西民法典》中"因权利正常行使所为的行为，非属不法行为"的规定似从反面为该说提供了依据。目的界限混合说认为，超出权利的、社会的、经济的目的或者社会所不容许的界限的权利行使，为权利滥用④，1922年《苏俄民法典》中"民事权利的行使违反社会的、经济的目的的，不受法律保护"的规定，即属于此类。我国《宪法》第五十一条⑤对权利滥用也作出了类似禁止性规定。以上各说均有其合理性，但也均有其局限性。本书认为，权利滥用是指权利人在行使权利的过程中，恶意违反权利目的或逾越正当界限，损害他人或者公共权益的行为。其构成要素包括行为人为合法权利的行使者，其行使权利的行为违反了权利目的或逾越了正当界限，其行使权利的行为损害了他人或公共权益，该行为基于行为人的故意。

　　禁止权利滥用原则原本是私法领域一个古老原则，税法作为一个新兴学科在保持"固有"的概念、原则之下，借用私法领域的概念、规则与原则为己所用，既推进自身发展，又与私法协调保持法律体系的整体一致。由法律发展史可知，各部门法并非同生共长，后起之法借鉴先发之法实属正常，禁止权利滥用原则、诚实信用原则等私法原则，于是率先引入大陆法系的奥地利、法国、比利时等国税法。税法领域的禁止权利滥用原则要求纳税人不能以免除或者降低税负为唯一目的而行使权利，否则行为无效。在德国和日本，对纳税人税收策划行为的合法性判断主要集中于私法权利是否滥用⑥。禁止权利滥用原则引入法国则形成了两大反避税原则，即法律滥用原则与异常管理决策原则，前者是指若纳税人的交易

① 胡长清. 中国民法总论［M］. 北京：中国政法大学出版社，1997：386.
② 郑玉波. 民法总则［M］. 台北：三民书局，1979：393.
③ 李宜琛. 民法总则［M］. 台北：台北国立编译馆，1977：399.
④ 史尚宽. 民法总论［M］. 北京：中国政法大学出版社，2000：714.
⑤ 《宪法》第五十一条规定："中华人民共和国公民在行使自由和权利的时候，不得损害国家的、社会的、集体的利益和其他公民的合法的自由和权利。"
⑥ 汤洁茵. 税收筹划行为的法理分析［A］//财税法论丛（第8卷）［M］. 北京：法律出版社，2006：97.

缺乏任何商业目的，实质是掩盖税负更高的另一交易，则会被重新定性，取消税收利益；后者是指纳税人的管理决策系异常安排，无合理原因地限制取得收入或导致无意义的支出、并非出于为纳税人盈利，该涉嫌避税的行为则会被否认①。以上立法实践表明，禁止权利滥用原则成为界定纳税人税收筹划权行使边界的重要原则。

（二）税收筹划权滥用的概念

就税收征纳程序法律关系而言，税务机关与纳税人属于管理与被管理的关系，纳税人的主要义务是依税法规定的税收要素，向税务机关履行纳税义务；纳税人享有的权利大多是程序性权利，具有给付内容的权利，仅为损害赔偿请求权及溢缴税款请求权。在此种法律关系中，纳税人基本无依自己意思变动征纳双方法律关系的空间。因而，一般不存在权利滥用问题。但就税收债务法律关系而言，纳税人应纳税款是基于纳税人民商事活动的经济效果而确定的。纳税人在进行民商事等私法活动时按照自主意思，自由创设经济交易的法律形式，具有纳税人谋求的私法上的法律效力，同时，纳税人通过优选交易方式所获取的税收利益，原则上是在税法上有效的、被认可的；若纳税人滥用税收筹划权——滥用私法形成自由权，通过异常、繁复、无合理商业目的等非典型行为方式，导致与本应连接的税收要素脱节，从而影响与代表国家的税务机关之间的税收债权债务的变动，使其本应缴纳的税负消除、减轻或者延缓，纳税人以这种违反税法目的方式获取的税收利益，税法不予认可，并取消其谋求的税收利益。可见，在税收债务法律关系的成立上存在着纳税人权利滥用问题。

禁止权利滥用原则起源于私法领域，后又发展为一般性原则，不仅为民法所尊，也为税法所用。凡权利的行使均受限度约束，不得侵犯公益及其他私利。为达到免缴、少缴或者缓缴税款的目的，纳税人行使税收筹划权，对其民商事行为进行非典型安排，实现典型安排时相同或者相似的经济效果，这在民商法上是有效的，如前文所述，税法一般也是遵从其自由，按其安排的形式征税。然而，当纳税人过度滥用私法形成自由，通过异常、繁复、无合理商业目的等非典型经济行为，规避税收强行法上的纳税义务时，则侵犯了国家税权，是一种形式与实质不一致的脱法行为，违背了量能课税原则，该行为虽然在民商法上有效，但税法拒绝按照其安排的形式而是按其所规避的形式征税。纳税人滥用私法形成自由致

---

① ［美］休·奥尔特，［加］布赖恩·阿诺德. 比较所得税法——结构性分析（第3版）［M］. 丁一，崔威，译. 北京：北京大学出版社，2013：59-60.

使税法调整民商事行为时纳税义务的强制性与固定性难以体现，为制裁这种实质违法、不具有合理商业目的、超越税收筹划权边界的规避行为，税收主权国家就可能立法取消纳税人税收策划所获取的税收利益。例如，"德国《租税通则》第42条滥用问题之核心，在滥用税法以外法律所赋予之法律事实形成自由以规避税法。此所谓税法以外法律，主要系指私法，特别是利用契约自由原则"。"税法不容规避，不得借由滥用法律之形成自由，以规避税法。"① 2014年我国国家税务总局发布的《一般反避税管理办法（试行）》将纳税人滥用税收筹划权进行避税的特征归纳为：以形式符合税法规定、但与其经济实质不符的方式，达到少缴、不缴或者晚缴税唯一目的或者主要目的的筹划安排②。

综上所述，结合反制避税的立法实践，本书认为，税收筹划权滥用是指纳税人从事民商事经济活动时为了获取税收利益，利用私法形成自由权，采用异常、繁复、无合理商业目的等非典型经济行为，使其行为在形式上与本应适用的税法课税要素脱节，而适合无税、轻税或者缓税的另一课税要素，从而损害国家征税权的不当行为。这一定义表明税收筹划权滥用行为包含了两个要素：一是纳税人创设了繁复、不经济、迂回或多阶段，与税法预定的一般行为方式不同的异常、非典型法律形式；二是该安排唯一或主要的意图是税收利益，别无合理商业目的。这两个要素同时具备就构成税收筹划权滥用。

（三）税收筹划权滥用行为的性质

在实践中，纳税人节减税负的行为方式有多种，若纳税人行为以《税收征收管理法》第六十三条的方式少缴、不缴税则构成偷税，法律明确规定是违法行为③。根据立法定义，偷税是应税行为发生后纳税义务既已确定的情形下，纳税人采取欺诈手段图谋逃避纳税义务，法律后果则是，纳税人不但要补缴税款，而且将被处以所逃税款50%以上5倍以下的罚款，构成逃税罪的还将追究刑事责任。偷税、税收筹划和避税行为，无论在行为的时间点、性质还是在法律结果上，本质都是不同的。税收筹划权行使失度，是纳税人在行使筹划权时逾越权利边界的行为，一般是公开的、不具有欺诈性，与偷税行为在形式上和性质上存在很大差异，关联不大。

---

① 葛克昌. 税法基本问题（财政宪法篇）[M]. 北京：北京大学出版社，2004：17.
② 《一般反避税管理办法（试行）》第四条。
③ 《中华人民共和国税收征收管理法》第六十三条规定：纳税人伪造、变造、隐匿、擅自销毁账簿、记账凭证，或者在账簿上多列支出或者不列、少列收入，或者经税务机关通知申报而拒不申报或者进行虚假的纳税申报，不缴或者少缴应纳税款的，是偷税。

税收筹划权滥用，是纳税人基于合法权利的过度行使，形式上具有权利依据，其权利行使本身并不为法律所禁止。然而，纳税人过激筹划、逾越边界行使权利则构成税收筹划权滥用，形成避税，将遭到征管机关反制。

"权利滥用之结果，并非必定构成侵权行为，而应视其权利作用为何而定。"① 关于滥用税收筹划权进行避税的性质，德国学者 Jurgen Danzer 认为，避税行为系利用税法构成要素漏洞的行为，并不违法②。我国台湾学者葛克昌结合税收法律实践对滥用税收筹划权、税收偷逃、税收节省三个概念进行了体系化梳理，认为滥用税收筹划权进行避税应与违法性质的偷税严格区分，适用不同的立法。我国大陆学者也基本沿袭了台湾地区学者的三分法观点，认为税收筹划为合法行为、偷税为违法行为，而滥用私法形成自由进行避税乃脱法性质的行为③。本书认为，税收筹划权滥用行为系滥用私法形成自由的行为，属于避税，是脱法行为。对于税收筹划权滥用行为，税务机关仅仅是不承认纳税人所选择的法律形式，按照其所规避的实质行为征税而已，各国税务实践上一般不会将之等同于偷税而加以额外罚款处罚。税收筹划权滥用行为是一种形式上合法而实质上违法的脱法行为，是需要进行规制的行为，其超过了合理的限度，损害了国家税收利益，需要在国家税收利益和纳税人权利行使之间进行价值判断和利益衡量，并重新进行利益平衡，对受损害的公共利益给予必要保护，因而纳税人滥用税收筹划权行为是应当受到规制的行为。但其法律后果又不同于偷税这种违法行为，绝大多数国家和地区（包括我国）对于认定为滥用税收筹划权的税收规避行为，处理方式基本上是按其所规避、本来应担负的税负补缴税款，并无惩罚性的处罚。因此，从法律结果角度来看，不宜将滥用税收筹划权进行避税的行为视为违法行为。

二、税收核定权对税收筹划权的制衡

税收法律关系本质上是一种契约关系，征纳双方需诚信履约。"税收是文明的对价。"纳税人在享有公共服务的同时应该依法履行纳税义务，税收筹划权的行使不应该超越法律底线，滥用私法形成自由而规避纳税强行法的脱法行为应该得到矫治。因此，税法赋予税务机关税收核定权，对滥用税收筹划权进行避税的行为予以纳税调整。税收核定权，又称税收调整权，是税收执法权的一种，指税

---

① 杨仁寿. 法学方法论 [M]. 北京：中国政法大学出版社，2013：323，325.

② 陈清秀. 税法总论 [M]. 台北：元照出版有限公司，2006：252.

③ 俞敏. 避税及其法律规制研究现状与启示 [J]. 会计之友，2009（8）：19.

务机关为确保国家财政收入，在符合税法规定的情形下依照法定程序对纳税人的应纳税额或者计税依据进行合理核定或者调整的权力。财政是"庶政之母"，税收是国家财政收入的最主要手段，因此，税收执法权成为国家行政权力的最重要的内容之一。当纳税人借由私法自治原则、滥用税收筹划权逃避纳税义务时，在符合税法规定的纳税调整条件下，税务机关行使税收核定权，依照税法的相关程序对纳税人异常税收策划所形成的课税要素进行合理调整，而适用纳税人所规避的课税要素进行征税。为保障国家财税收入、体现税收公平原则，税法赋予税务机关税收核定权对这种滥用税收筹划权的避税行为进行反制是必要的。税收核定权是税务机关反制纳税人滥用税收筹划权的一种重要手段，是税收执法权在征税程序中的具体化。另外，税法在对税务机关授权的同时，也需注意防止税收核定权这一行政权力的扩张本性，曾任美国首席大法官的约翰·马歇尔指出，"征税的权力是事关毁灭的权力"[1]，税收核定权的行使务必符合实体和程序正当性，既要确保国家财政收入、征税权的实现，又务必依法行政、公平执法，维护纳税人合理节税利益，以使公益与私利形成均衡之势。可见，税务机关行使税收核定权对滥用税收筹划权的行为进行规制，与国家认可和保障税收筹划权之间并不矛盾。

我国税务机关行使税收核定权的依据主要有如下法律、法规或者规章：①《税收征收管理法》第三十五条、第三十六条等引入实质课税原则，规定计税依据与实际市场价格比较，明显偏低又无正当理由时，税务机关有权进行调整。②企业所得税法的相关规定有：《中华人民共和国企业所得税法》（以下简称《企业所得税法》）第六章"特别纳税调整"；《中华人民共和国企业所得税法实施条例》（以下简称《企业所得税法实施条例》）第一百二十条；2009年国家税务总局印发的《特别纳税调整实施办法（试行）》；2014年国家税务总局印发的《一般反避税管理办法（试行）》。③其他主体税种，如增值税、消费税及前营业税也有赋予税务机关核定权的相关规定，一般表述为，纳税人销售货物或者应税劳务的价格明显偏低并无正当理由的，由主管税务机关核定其销售额，如2016年5月1号实施的《营业税改征增值税试点实施办法》第四十四条[2]。这些文件或明确或实质上授权我国税务机关对滥用税收筹划权进行避税策划的行为予以纳税调

---

① 转引自梁文永.人权与税权的制度博弈［M］.中国社会出版社，2008：1.

② 《营业税改征增值税试点实施办法》第四十四条规定：纳税人发生应税行为价格明显偏低或者偏高且不具有合理商业目的的，或者发生本办法第十四条所列行为而无销售额的，主管税务机关有权按照下列顺序确定销售额：……不具有合理商业目的，是指以谋取税收利益为主要目的，通过人为安排，减少、免除、推迟缴纳增值税税款，或者增加退还增值税税款。

整，取消税收筹划人所获取的税收利益。例如，《企业所得税法》第四十八条规定，税务机关应履行职责取消滥用税收筹划权所得的税收利益[①]。

税收核定权与税收筹划权制衡的关键是，既要防止国家征税机关以税收核定权、纳税调整权对纳税人财产权、经济自由权的过分干预，又要防止纳税人滥用税收筹划权进行避税，二者之间存在潜在的冲突，需要协调与衡平。一方面，为了防止国家执法机关税收核定权的滥用，税法应当贯彻税收法定原则，体现安定性、确定性、可预测性，税收核定自由裁量权的行使条件尽可能规范化、细化，否则纳税人无法对其经济事务进行安排；另一方面，为了防止纳税人在民商事活动中滥用私法形成自由、滥用税收筹划权进行避税，在纳税人利用税法漏洞或瑕疵逃避税负义务时，应适用实质课税原则加以一定限制。当然，原则上这些限制应该通过立法程序进行规定，以符合税收法治精神。在税收法律体系的构建上，税收法定原则意在控制税收核定权、纳税调整权的滥用，实质课税原则旨在反制税收筹划权的滥用，两者相互结合、相辅相成，力求公益与私利的衡平。

三、禁止权利滥用原则与税收筹划权行使的限度

权利人为满足自身利益或者自由需求而行使权利，不能损害他人及公共利益，必须在其权利边界内行动，失度的权利行使方式必然为法律所否定。纳税人在利益驱使下过度行使税收筹划权侵犯国家税权势必为税法所反制。

（一）税收筹划权行使限度规制的理论依据

税收筹划权行使限度规制的理论依据在于，税法对纳税人私法行为有效性的独立评价。"税法及民法虽然分别属于截然不同之公法与私法，但其间关系之密切，没有任何两个法律可相比拟。"[②] 该言论可能略显极端，但民法与税法之间的确存在着紧密联系，税法是对纳税人民商事法律行为所涉及的人或标的的再次调整，转而成为应税行为中的税收构成要素。税法和民商法均以相同的法律事实为调整对象[③]。税法一定程度上依附于民商法，一是税法在构建上借用民商法概念和原则等既有资源；二是为保持法律体系的整体协调，原则上税法体现出对私法自治原则的尊重，一般直接以纳税人民商事行为所表现的法律形式作为税收确

---

① 《中华人民共和国企业所得税法》第四十八条规定：税务机关依照本章规定作出纳税调整，需要补征税款的，应当补征税款。

② 黄茂荣. 税法总论 [M]. 台北：植根法学专著编辑室，2002：578.

③ 汤洁茵. 民法概念与税法的关系探析 [J]. 山东财政学院，2008（4）：82.

定的依据，不另作定性。然而，尽管税法与民法两个部门法有着紧密联系，但毕竟其根本目的不同、旨趣各异。民商法高扬私法自治原则，崇尚自主自由、自我决策，其条文多具有可选择性，而税法重要目的之一无疑是确保国家税收依量能课税原则、公平原则在纳税人之间分担，具有强行性，因此，二者对同一行为评判的标准与方式不完全相同。当纳税人滥用税收筹划权、滥用私法形成自由规避税收负担，在私法与当事人之间并无显失公平之虞，公权力一般不干涉当事人之间的私法关系，但其税法效果上则另有考虑，由于税收是无对待给付的一种法定债务关系，税收负担的正当性，只能凭税收公平原则评判①。税法对法律事实的评价，决定于可税性——依据负担能力加以考量，故对税收规避行为应予以反制，否则量能课税原则荡然无存，甚至自由竞争的市场秩序将因大规模避税而扭曲。税法由于适用经济观察法进行避税反制，以及税收正义需要，均有不同于私法的考量。税法上平等与否，应在于经济意义而非私法确定的法律形式②。

因此，在私法关系中有权自主决定生产经营方式的当事人经税法调整后，转换成纳税人，税法的固定性、强制性同私法的自治性之间潜在的冲突可能导致纳税人的私法形成自由权与课税的强制性脱节，纳税人所策划的经济交易法律形式与原本应当关联的税法构成要素脱节，此时就需要税务机关行使税收核定权对税收筹划权的滥用行为进行平衡、调整和规制。为了实现税法实质正义，税务机关有权行使纳税调整权而不依纳税人创设的表见的法律事实课税。对纳税人税收筹划权行使限度进行规制、确定其权利边界的原则，主要有一般性原则，如禁止权利滥用原则与诚实信用原则，以及特别原则，即实质课税原则。

（二）税收筹划权滥用的法律后果

早期，对于滥用税收筹划权构成避税的行为，是否应当被否认，以及以何种方式否认，学者的态度并不一致。日本税法学者北野弘久认为，从理论视角观察，避税是介于税收筹划与偷税之间的行为，但就实践而言，从纳税人权利保护的角度思考，没有理由对避税行为进行法律性的谴责③。日本另一位税法学者金子宏也认为，根据税收法律主义理论，如果没有法律根据，就不应该否定规避所产生的筹划收益，无论从理论上还是实务上，但立法机关可以制定特别的规定予以否认④。我国台湾学者陈敏认为，"租税规避原系利用法律漏洞，基于法治国

---

① 葛克昌. 税法基本问题（财政宪法篇）[M]. 北京：北京大学出版社，2004：5.
② 葛克昌. 税法基本问题（财政宪法篇）[M]. 北京：北京大学出版社，2004：7.
③ [日] 金子宏. 日本税法原理 [M]. 刘多田，等译. 北京：中国财政经济出版社，1989：80.
④ [日] 金子宏. 日本税法 [M]. 战宪兵，郑林根，等译. 北京：法律出版社，2004：96.

家之租税法定原则，自不得将设定租税负担之税法规定，延伸适用于法律文义所不及之事件，否则即违反禁止类推适用之原则"①。而我国台湾学者葛克昌和陈清秀受德国学者 Tipke 的影响，认为纳税人滥用私权以形式合法的手段破坏了按照给付能力平等课税的原则，因此防止类似情况的出现是立法机关和行政机关的合宪性任务。

近年来，随着税务服务业的快速发展，涉税策划越来越专业化、复杂化，一些全球性税务中介机构专门推销其过激的策划方案协助纳税人避税②，造成主权国家的财政收入大规模流失，其滥用私法形成自由的特征非常明显，对此，理论界大多数学者认为应对滥用私法形成自由的税务策划行为予以否认。比如，葛克昌认为，纳税人滥用税收筹划权，以获取税收利益为唯一或者主要目的，不具有其他商业合理性，违背了税收立法的意图，是规避税收强行法的脱法行为，是对现有税收体系的破坏，不符合实质课税原则、诚实信用原则，因此，国家征税机关有权启动反避税调查，当证据充分确实显示纳税人经济事项的形式与经济实质不符时，征税机关可行使纳税调整权对其税收策划的法律形式予以否认，依与经济事项相当之法律事实，调整其税基，取消其税收利益③。本书赞同这一观点，避税行为虽然在形式上未违法，但规避了税收强制纳税义务，应按照所规避的行为处以补税，实际上这也符合大多数国家的反避税实践。

在实践中，各国随着财政需求和避税规模的变化，对滥用税收筹划权进行避税的反制政策有所调整，从整体上看，其是一个从"辩护支持"到将其视为"侵蚀税基的财政和道德白蚁"予以反制的过程。由于税收筹划与避税之间并无清晰界限，甚至英美等国并未以不同的术语来区分两者，而是根据形势需要灵活地将避税行为分为可接受的行为与不可接受的行为。在英美法系的司法实践中，涉税策划在早期倾向于被视为一种当然合法的行为，规避税负被认为是纳税人享有的私法自由权。然而，到了 20 世纪 70 年代，在税务专业机构的助推下，避税规模增大，各国开始调整对避税的态度，以英国 Ramsay 案为代表成为一个转折

---

① 刘剑文，熊伟. 税法基础理论［M］. 北京：北京大学出版社，2004：151.

② 美国国会调查报告显示，多年来毕马威以"积极的市场策略"营销其避税产品服务，共计给 350 位左右的富豪提供了服务，并获得大约 1.24 亿美元的盈利。毕马威推销的避税产品包括债券相关发行溢价结构、外国杠杆投资项目、离岸投资组合策略等。美国国会调查促使毕马威于 2005 年 6 月 16 日公开承认，其部分前合伙人在税务服务上有不法行为，滥用规则、利用税务漏洞为客户营销避税产品，造成美国国库约 14 亿美元的损失。同年 8 月 26 日，毕马威公开承认向客户出售"恶性避税"服务，并同意支付 4.56 亿美元。涉案的 8 名前税务合伙人和 1 名律师受到起诉。朱广瑜. 反思毕马威"恶性避税"事件：论税收筹划与避税的界定［J］. 财经界，2011（16）：262.

③ 葛克昌. 税法基本问题（财政宪法篇）［M］. 北京：北京大学出版社，2004：15-17.

点，开启了英美国家逐渐收紧的反避税新阶段，后来延及开来成为国际性趋势，各国对那些滥用税收筹划权进行过激的策划行为普遍以实质课税等原则加以反制。

概言之，在税收实践中纳税人滥用税收筹划权进行避税将产生以下法律后果。

第一，税法上否定不具有经济实质的法律形式，而以相应的实质行为课税，即取消其税收利益，原则上一般不对纳税人比照偷税处以罚款。例如，我国《特别纳税调整实施办法（试行）》国税发〔2009〕2号第一百零七条规定①，征税机关行使纳税调整权，要求纳税人按照所规避的、本应承担的税负水平补税，并按日加收利息（利息可以理解为税金占用期间的利息）。我国税务执法、司法实践中一般也未给予纳税人罚款处罚，如2017年引起全国关注的"广州德发税案"中，最高人民法院判定税务局仅有权重新核定税基，要求纳税人补税，无权加收滞纳金②。纳税人滥用税收筹划权形成避税行为的法律后果与偷税行为的法律后果是不同的，后者属于明显的形式与实质违法行为，往往在补税的同时承担沉重的经济处罚，比如，我国法律规定对纳税人偷税行为处以所偷税金50%以上五倍以下的罚款。本书认为，这种区别待遇的原因在于：纳税人滥用税收筹划权避税的行为不同于偷税行为，其仅是一种脱法行为。

第二，滥用税收筹划权进行避税，一般不涉及刑事责任。避税行为不满足逃避缴纳税款罪的构成要件，纳税人不承担刑事责任。从司法实践来看，大多数国家，包括我国在内，也是这样处理的③。

第三，涉税行为的民商法律效力不受影响。税法上的效力与民法上的效力独立，税法的否定不影响民法上的私法行为效力。纳税人权利滥用的后果与私法领域的民事权利滥用的后果不同。民事权利滥用一般产生停止滥用与限制权利、滥用行为无效、损害赔偿等法律效果，从而达到规制的效果。而纳税人权利滥用系侵害国家税收债权的行为，对于税务机关或司法机关而言，仅对其滥用部分造成的避税效果进行规制，并不直接对其民事行为的效力和民事效果进行评价。另外，涉税行为的民商法律效力虽不受影响，但经济上的影响却是明显的，由于既

---

① 国税发〔2009〕2号《特别纳税调整实施办法（试行）》第一百零七条规定：税务机关根据所得税法及其实施条例的规定，对企业做出特别纳税调整的，应对2008年1月1日以后发生交易补征的企业所得税税款，按日加收利息。

② 严丽梅. 创最高法审理案件"仨第一""广州德发税案"判决结果出炉［EB/OL］. 2017-04-19. http://news.21cn.com/guangdong/a/2017/0418/18/32180262.shtml.

③ 陈清秀. 税法总论［M］. 台北：元照出版有限公司，2006：250-255.

成事实的私法交易是基于事前对税收支出的预测而做的相应安排，税收利益的否认必然引起交易各方之间的利益平衡、对比产生变化，因此法律效力上纳税调整权的行使不影响纳税人私法行为，但预期税负在当事人之间的变化，从经济利益角度影响着纳税人之间的民商事法律关系。

第二节　税收筹划权与实质课税原则

实质课税原则是反避税制度构建的基本原则，我国税收立法引入实质课税原则，形成了大量反避税规则，其中部分条文是直接指明针对"筹划方"的"筹划安排"①，这些由实质课税原则转化而来的规则在界定避税行为的同时，划定了纳税人税收筹划权得以行使的空间和边界。因此，实质课税原则既是反避税的基本原则，也是纳税人税收筹划权边界确定的原则。以功能视角观之，如果说税收法定原则旨在限定征税权，为纳税人税收筹划权提供了法律基础，保障纳税人"一个不多交"的利益，那么实质课税原则旨在维护税收公平，体现量能课税精神，确保纳税人履行"一个不少交"的义务，为纳税人税收筹划权的行使划定一个边界。

我国在实质课税原则的指导下构建起一套防治滥用税收筹划权进行避税的制度：若纳税人筹划的行为以获取税收利益为唯一或主要目的，不具有合理商业目的，交易形式与经济实质不一致，则可能被认定为滥用私法形成自由进行避税。《企业所得税法》及其相关法规、规章中的反避税制度模式是一般反避税条款与特别反避税条款相结合的模式。反避税条款既是避税认定的标准，也是纳税人行使税收筹划权不可触碰的红线。

---

① 比如，《特别纳税调整实施办法（试行）》第九十六条规定：税务机关实施一般反避税调查，可按照征管法第五十七条的规定要求避税安排的筹划方如实提供有关资料及证明材料。《一般反避税管理办法（试行）》第十三条规定：主管税务机关实施一般反避税调查时，可以要求为企业筹划安排的单位或者个人（以下简称筹划方）提供有关资料及证明材料。第十四条规定：一般反避税调查涉及向筹划方、关联方以及与关联业务调查有关的其他企业调查取证的，主管税务机关应当送达《税务事项通知书》。第十五条规定：主管税务机关审核企业、筹划方、关联方以及与关联业务调查有关的其他企业提供的资料，可以采用现场调查、发函协查和查阅公开信息等方式核实。

一、实质课税原则与税收筹划权的适度行使

实质课税原则要求按照纳税人经济活动的真实法律事实或者经济实质课税，当纳税人以获取税收利益为唯一或主要目的，创设形式与实质不一致的交易方式来实现该目的时，由实质课税原则转化而来的反避税规则就具有否认避税安排、取消税收利益的法律效力。因此，实质课税原则可以使纳税人意识到其进行的涉税筹划有被否认的风险。反避税认定依据同时也是税收筹划权的边界确定依据，实质课税原则在反避税的同时，也指引着纳税人避免法律风险，适度行使税收筹划权。

(一) 实质课税原则理论

实质课税原则是指在对纳税人行为是否符合税收构成要件的判定过程中，当其经济行为的形式和实质不一致时，以实质所示的关系为依据确定予以征税。该原则最早发端于德国，20 世纪初期税法还未脱离于民法，不属于独立的法律部门，税法遵从绝对的私法自由原则，对纳税人私人行为的效力不作独立评价，纳税人行为的私法效力决定着税负的确定与征收，部分纳税人投机取巧故意缔结无效的民事法律行为，当民商事法律行为被私法认定为无效时，税法上也确认为无效、不存立纳税义务。部分商人于是借由税制上的漏洞大规模逃避纳税义务。这种行为严重损害了"一战"期间德国的财政收入，也对其他纳税人形成了竞争优势，破坏了税收公平原则，造成很大的负面影响。德国随之在《帝国租税通则》第 6 条确立了影响深远的"经济观察法"①。在该法的第 39 条至 42 条相应规定了民事主体的税收归属和无效民事行为、虚假交易行为中的征税对象问题，以及概括的一般反避税条款以应对纳税人滥用税收筹划权借由私法自治逃避纳税义务。德国《帝国租税通则》的这些规定开启了反制纳税人滥用税收筹划权进行避税的立法先例，之后大陆法系其他国家和地区纷纷效仿德国"经济观察法"实质课税的内容，立法反制纳税人滥用税收筹划权进行避税的行为②。此后不久，以判例法为主的英美法系国家同样面临愈演愈烈的避税问题，也在一系列案

---

① 《帝国租税通则》第 6 条规定：纳税义务，不因民法形式及其形成可能性而滥用税务规避，如有滥用情形，应该依据经济事件、经济事实以及经济关系之法律状态，课征相同之捐税。

② 杉海. 绳结与利剑——实质课税原则的事实解释功能论 [J]. 法学家，2008 (3)：14.

例中发展出意蕴相似的"实质重于形式"①"虚假交易""分步交易"等原则，两大法系反避税基本原则虽然在用语上不完全相同，但本质上都可以归纳为实质课税原则。经过几十年的发展，实质课税原则已成为各国反制避税、划定纳税人税收筹划权边界的基本原则。根据对"实质课税原则"中"实质"的理解不同，实质课税原则主要又分为两种。

1. 法律实质课税原则

法律实质课税原则是指当纳税人经济交易所选择的形式与实质不一致时，也就是说纳税人进行交易的法律形式与背后深层次的法律事实不一致时，应按照其背后深层次的法律关系作为课税依据。日本学者金子宏是这一理论的代表人物。我国学者王晓芳也认为征税客体的确定应该维护法律的整体性，认为在税法领域里坚持以法律实质课税原则处理涉税事务，可以确保税法与其他法律和谐一致②。法律实质课税说主张纳税人的应税行为以异常方式完成、其形式与实质不一致时，税务机关应探究、透视其背后真实的法律关系，而不以其表面的法律形式征税。

2. 经济实质课税原则

经济实质课税原则主张税收构成要件中课税客体应该以经济事实为依据，当纳税人依据民商法所创设的交易法律形式与实际所产生的经济效果不符时，应以后者进行税法的解释适用③。当税收法律规定的课税客体与纳税人经济事实的课税客体不一致时，应以纳税人的经济事实作为课税客体，而无视该经济事实在私法上有效与否。该原则强调纳税人的交易所涉及的法律形式无论是无效、效力待定等任何情形，在其经济实质满足课税客体条件时就应以其为征税对象课税，经济实质课税原则特别强调体现税收公平原则，强调按照纳税人的支付能力承担税负，其重视以经济交易中实际的经济利益归属为课税客体。这样，现实生活中许多无效或者非法交易行为的实际得利者就不至于逃脱纳税负担。

综上所述，两种实质课税原则在"实质"的内涵确定上存在着一定差异。法律实质课税原则强调了税收法律的安定性与可预测性，将税收活动置于法律的调控范围内，便于纳税人安排其经济活动，却因其僵化的立法模式很难适应不断创新的经济交易方式，从而形成了纳税人借以避税的漏洞，妨碍税收公平原则的实现。经济实质课税原则的适用范围更广泛，只要存在经济实质，无论纳税人所

---

① 英美法系国家对德国《帝国租税通则》第42条"经济观察法"的介绍即归结为"实质重于形式"。Hugh J. Ault. Comparative Income Taxation：A Structural Analysis［J］. Kluwer Law International，1997：69.

② 王晓芳. 论实质课税原则及其在中国的确立和适用［J］. 中国城市经济，2010（12）.

③ 陈清秀. 税法总论［M］. 台北：三民书局，1997：198.

选择的法律形式或外观为何，课税都相同①。法律实质课税原则难以体现税收公平所要求的量能课税精神，因此，应当按照其行为的经济实质对交易行为进行考虑②。很明显，经济实质课税原则有利于确保国家财政收入的实现，堵住了纳税人借由民商法上行为效力瑕疵进行避税的漏洞。同时，该原则授予税务机关更大的执法自由裁量权，存在突破税收法定原则的风险，有侵犯纳税人权益之虞。可见，二者各有其优劣，应根据一国具体情形确定取舍。

本书认为，一般说来，在一国税收法治尚不完善的初期，法治建设任重道远，应强调税收法定原则所尊崇的法的安定性、确定性的基础价值，确保税法的可预见性，宜采用法律实质课税原则；在税制发达时期，税法体系比较健全，税收执法普遍较为文明、规范，应重视税负公平性，宜采用经济实质课税原则。

(二) 实质课税原则的两种立法路径：一般条款与特别条款

实质课税原则为许多大陆法系国家税收立法实践所适用，成为反制纳税人滥用税收筹划权进行避税的基本原则。英美法系国家原本主要是以判例形式发展出"实质重于形式原则"等多个类似于实质课税的原则，但近年来为应对严峻的反避税需求，以英国为代表的英美法系国家也开始重视将实质课税原则转化为成文规则③，用于警示纳税人在行使税收筹划权时注意权利的边界，否则将存在法律风险。

作为防治税收筹划权滥用进行避税的基本原则，各国在立法中引入实质课税原则或将其转化成法律条文的路径通常有三种。

1. 一般反避税条款

一般反避税条款（General Anti-Avoidance Rules，GAARs）是指税法以概括、模糊或者抽象的定义方式，旨在涵摄所有潜在类型的避税行为，用于防治各种类型滥用税收筹划权进行避税的条款。从理论上看，最佳立法思路应该是在明确识别哪些是正当的税收筹划、哪些是滥用筹划权进行避税，准确定义滥用权利规避税负的基础上，对滥用税收筹划权的避税行为采取立法约束将会有的放矢。实际上，税收筹划与避税之间边界模糊，难以用简单明了的方式将二者区分开。实质课税原则转化为法律条款的一种路径就是，以"合理""合理商业目的""形式与实质不一致""经济实质"等语义抽象、边界不确定的概念来定义避税并予以反制，这就是一般反避税条款。

---

① 刘剑文，熊伟. 税法基础理论 [M]. 北京：北京大学出版社，2004：155.
② 陈清秀. 税法总论（第6版）[M]. 台北：元照出版有限公司，2010：200.
③ 英国2013年制定了一般反滥用规则（General Anti-Abusive Rules）。

2. 特别反避税条款

特别反避税条款（Specific Anti-Avoidance Rules，SAARs）是指立法者针对税收法律体系上某些具体的法律空白、漏洞以及瑕疵，制定旨在解决个别避税问题的专门条款。特别反避税条款多属于事后立法规制，主要是针对税收征管实践中出现的纳税人经常性、典型性的滥用税收筹划权进行避税的情况，制定专门条款堵塞一些被普遍利用于避税的税法漏洞，如防止资本弱化条款、关联交易定价条款等。因此，特别反避税条款针对性非常强。

3. 混合模式

混合模式指一国在引入实质课税原则时，既针对经常性滥用税收筹划权避税的典型情形制定特别反避税条款，又制定涵盖性很强的一般反避税条款，二者结合适用，以防治滥用私法形成自由进行避税的行为。

特别反避税条款针对性明确，其内容确定、具体、客观，清楚地规定了法与不法，以及认定为避税后具体的纳税调整办法，税收执法与司法部门一般仅需要查定相关事实，便可做出避税与否的判断，不同的执法、司法者针对同一事件的裁判较一致。因此，纳税人在进行税收筹划时具有较强的可预期性，其创设的筹划方案法律风险较小。一般反避税条款具有模糊性与抽象性，很大程度上依赖于税收执法人员在反避税程序中的主观判断，赋予税务机关很大的税收执法自由裁量权，在防治纳税人权利滥用的同时存在公权力滥用的可能。申言之，由实质课税原则转化而来的一般反避税条款一定程度上导致纳税人的应税事务变得模糊、不确定，是对税法确定性的破坏，必然妨碍纳税人有效行使税收筹划权。一般反避税条款最受质疑的是其"有利于国库"而不是"有利于纳税人"的价值取向[①]。实质课税原则的立法适用有利于加大反制避税的力度、确保国家财政收入的及时入库、保证纳税人之间公平承担税负，但也需要与税法基础性原则——税收法定原则相协调。

二、实质课税原则在我国税收法律制度的体现

受国家利益、集体利益至上的传统观念影响，我国税收立法向来把确保国家财税收入作为税法第一重要的功能。因此，为防治纳税人滥用税收筹划权避税，在我国税法体系中绝大多数税种的立法都体现了实质课税原则的精神，而且，在企业所得税法上采用的是经济实质课税原则，反避税立法模式是一般条款加特别

---

① 叶姗. 一般反避税条款适用之关键问题分析 [J]. 法学，2013（9）：95.

条款的混合模式，赋予了税务机关较大的税收执法自由裁量权。

(一) 实质课税原则规范税收筹划权行使的立法体现

不同于税制发达国家，税法在我国本身就是一个新兴的法律部门，反避税立法的历程更短，在现行税收法律体系中尚无直接规定实质课税原则的法律条文，但因应防治纳税人滥用税收筹划权进行避税的需要，特别是近年来外资跨国公司的避税行为严重侵蚀了国内税基，损害了我国税收主权，我国也加快了反避税立法，积极引入实质课税原则，这在我国税收法律法规以及税收规章中都有体现。

1. 实体税法方面的规定

首先，在我国所得税立法方面。所得税是我国重要的主体税种，是国家财税收入的主要来源，以立法措施防范纳税人借由税法漏洞进行避税成为所得税立法的一大特色。在我国税制中，实质课税原则的精神在所得税法律体系上体现得最为明显，反制纳税人滥用税收筹划权避税的相关条款也最多，散见于个人所得税和企业所得税相应的法律、法规、规章及规范性文件中。个人所得税方面，国税函〔2009〕285号文件中第四条规定了股权转让价格应符合独立交易原则，价格明显偏低且无正当理由的，税务机关有权予以调整[①]。企业所得税方面，《企业所得税法》第六章专章设置"特别纳税调整"，规定对纳税人滥用税收筹划权进行避税的行为予以调整，并辅之以相关的反避税实施细则。该法第四十一条至四十六条为针对关联交易的反避税特别条款，涉及转让定价、预约定价、递延纳税、避税港以及资本弱化避税规制。第四十七条为针对"其他不具有合理商业目的"的避税反制兜底条款，是企业所得税反避税一般条款的法律渊源[②]。国家税务总局于2009年1月8日印发的《特别纳税调整实施办法（试行）》明确规定

---

① 《关于加强股权转让所得征收个人所得税管理的通知》第四条规定：税务机关应加强对股权转让所得计税依据的评估和审核。对扣缴义务人或纳税人申报的股权转让所得相关资料应认真审核，判断股权转让所得行为是否符合独立交易原则，是否符合合理性经济行为及实际情况。对申报的计税依据明显偏低（如平价和低价转让等）且无正当理由的，主管税务机关可参照每股净资产或个人股东享有的股权比例所对应的净资产份额核定。

② 《中华人民共和国企业所得税法》第四十七条规定："企业实施其他不具有合理商业目的的安排而减少其应纳税收入或者所得额的，税务机关有权按照合理方法调整。"

了我国一般反避税程序的启动、审核以及调整权限①。2015 年 2 月 1 日施行的《一般反避税管理办法（试行）》系统规定了对纳税人无合理商业目的而获取税收利益的避税安排实施特别纳税调整的办法，明确了一般反避税规则的适用范围和判断标准，以及"税收利益""避税安排"等主要概念的含义或特征；该规章还规定了调查过程中税收筹划方的协力义务②。除此之外，该规章也赋予了税收筹划方提出异议、申请救济和解决争议等权利，以保护筹划方的合法权益。

其次，在货物及服务流转税法方面。在货物销售以及提供劳务服务方面的税收法律法规中，《中华人民共和国增值税暂行条例》（以下简称《增值税暂行条例》，含《营业税改征增值税试点实施办法》）、《中华人民共和国消费税暂行条例》（以下简称《消费税暂行条例》）、《中华人民共和国进出口关税条例》均有类似于"价格明显偏低且无正当理由的，由主管税务机关核定其销售额"的规定③，这是一个非常宽泛的授权条款，一旦税务机关认定纳税人销售价格明显偏低，则税务机关即可行使税收核定权调整税基，做补税处理。另外，在增值税、消费税方面同《中华人民共和国增值税暂行条例实施细则》第四条④规定了纳税人多种视同销售的情形，也应比照典型销售的市场价格纳税。例如，几大流转税相关条例都规定，无偿赠与物品和无偿提供服务，除基于救灾等公益活动外，均

---

① 国家税务总局印发的《特别纳税调整实施办法（试行）》（国税函〔2009〕2 号）第九十二条规定：税务机关可依据所得税法第四十七条及所得税法实施条例第一百二十条的规定对存在以下避税安排的企业，启动一般反避税调查：（一）滥用税收优惠；（二）滥用税收协定；（三）滥用公司组织形式；（四）避税港避税；（五）其他不具有合理商业目的的安排。第九十三条规定：税务机关应按照实质重于形式的原则审核企业是否存在避税安排，并综合考虑安排的以下内容：（一）安排的形式和实质；（二）安排订立的时间和执行期间；（三）安排实现的方式；（四）安排各个步骤或组成部分之间的联系；（五）安排涉及各方财务状况的变化；（六）安排的税收结果。第九十四条规定：税务机关应按照经济实质对企业的避税安排重新定性，取消企业从避税安排获得的税收利益。对于没有经济实质的企业，特别是设在避税港并导致其关联方或非关联方避税的企业，可在税收上否定该企业的存在。

② 国家税务总局令 2014 年第 32 号《一般反避税管理办法（试行）》第十三条规定，主管税务机关实施一般反避税调查时，可以要求为企业筹划安排的单位或者个人（以下简称筹划方）提供有关资料及证明材料。

③ 《中华人民共和国增值税暂行条例》第七条、《中华人民共和国消费税暂行条例》第十条、《中华人民共和国进出口关税条例》第三十四条以及《营业税改征增值税试点实施办法》（以下简称《增值税暂行条例实施细则》）第四十四条。

④ 《中华人民共和国增值税暂行条例》第四条规定：单位或者个体工商户的下列行为，视同销售货物：（一）将货物交付其他单位或者个人代销；（二）销售代销货物；（三）设有两个以上机构并实行统一核算的纳税人，将货物从一个机构移送其他机构用于销售，但相关机构设在同一县（市）的除外；（四）将自产或者委托加工的货物用于非增值税应税项目；（五）将自产、委托加工的货物用于集体福利或者个人消费；（六）将自产、委托加工或者购进的货物作为投资，提供给其他单位或者个体工商户；（七）将自产、委托加工或者购进的货物分配给股东或者投资者；（八）将自产、委托加工或者购进的货物无偿赠送其他单位或者个人。

应比照有偿或者销售行为计税，甚至纳税人跨区县内部调运商品都应比照纳税。该类规定的旨趣即在于防治纳税人过度行使税收筹划权以规避纳税义务，因而要求纳税人依照典型市场行为同等水平纳税。

最后，在财产税法及其他方面。契税和车辆购置税两个税种相应的法律法规中均有体现实质课税原则。例如，《中华人民共和国契税法》第四条、《中华人民共和国车辆购置税法》第七条、《中华人民共和国土地增值税暂行条例》第九条均规定申报交易价格明显偏低不能反映其经济实质的，税务机关有权予以调整。

2. 程序税法方面的规定

在程序税法方面，实质课税原则的内容主要体现在《税收征收管理法》及其实施条例的有关规定上。例如，《税收征收管理法》第三十五条第六款规定了纳税人申报的税基明显偏低又无正当理由的，税务机关有权核定；第三十六条规定了关联业务不符合独立交易原则的，税务机关有权进行合理调整。

(二) 实质课税原则在我国税收立法上的特点

我国虽然未如德国《帝国租税通则》第6条那样明文规定实质课税原则，但是绝大多数税种在立法上贯彻了实质课税原则的要求。

1. 我国实行的是经济实质课税原则

从我国税法引入实质课税原则的系列具体条文来看，我国是以经济实质课税原则来确定和处理纳税人私法行为的应税效果的。这在我国企业所得税相关规则上体现得最为明显，诸多条文直接要求征税机关在处理税务时进行"经济分析"，把握纳税人行为的"经济实质"。例如，《特别纳税调整实施办法（试行）》第三十九条规定的"经济分析法"；第七十五条规定的"经济实质"；第九十四条规定，税务机关按照"经济实质"对避税交易重新定性，取消其税收利益，对没有"经济实质"的企业，也就是通常所说的导管公司直接否定其存在[1]。《一般反避税管理办法（试行）》第四条规定避税的特征之一就是以形式

---

[1] 《特别纳税调整实施办法（试行）》第三十九条规定：按照关联方订单从事加工制造，不承担经营决策、产品研发、销售等功能的企业，不应承担由于决策失误、开工不足、产品滞销等原因带来的风险和损失，通常应保持一定的利润率水平。对出现亏损的企业，税务机关应在经济分析的基础上，选择适当的可比价格或可比企业，确定企业的利润水平。第七十五条规定：企业与其关联方签署成本分摊协议，有下列情形之一的，其自行分摊的成本不得税前扣除：（一）不具有合理商业目的和经济实质；（二）不符合独立交易原则；（三）没有遵循成本与收益配比原则。第九十四条规定：税务机关应按照经济实质对企业的避税安排重新定性，取消企业从避税安排获得的税收利益。对于没有经济实质的企业，特别是设在避税港并导致其关联方或非关联方避税的企业，可在税收上否定该企业的存在。

合法但"经济实质"不符的方式获取节税利益；第五条规定税务机关进行特别纳税调整时以具有合理商业目的和"经济实质"的类似安排为基准[①]。可见，我国企业所得税法在纳税人税收筹划权滥用与否的判定与处理上，都是实行经济实质课税原则。

2. 法律文件层级丰富

除了立法层级较高的《企业所得税法》《税收征收管理法》等法律，《增值税暂行条例》《消费税暂行条例》等行政法规，以及《企业所得税法实施条例》《增值税暂行条例实施细则》《一般反避税管理办法（试行）》等部门规章外，实质课税原则还体现在《特别纳税调整实施办法（试行）》等多个规范性法律文件之中。

3. 一般条款与特别条款相结合

我国虽暂无适用于所有税种的一般反避税条款，但在很多税法文件中均有体现实质课税原则的一般条款，我国企业所得税法是典型的以一般反避税条款加特别反避税条款模式。例如，《企业所得税法》第四十七条、《特别纳税调整办法（试行）》第十章"一般反避税管理"、《一般反避税管理方法（试行）》都属于我国企业所得税领域的一般反避税条款。除了一般条款，我国也存在相当数量的体现实质课税原则的特别条款，如《企业所得税法》第四十一条至第四十六条关于关联交易中的转让定价、资本弱化，以及避税地避税等规定。在一般条款与特别条款的适用顺序上，类似于特别法优于一般法，就某类经常性滥用筹划权进行避税的行为特别条款有规定的，适用特别条款而不能径行适用一般条款[②]。

4. 实质课税原则体现于整个税法体系

实体法和程序法都有诸多体现实质课税精神的条款，如《税收征收管理法》第三十五条和第三十六条。实质课税原则覆盖税种范围广，几乎贯彻于所有常见税种，其中《企业所得税法》在防治纳税人滥用税收筹划权避税方面的立法最完备，从法律、法规到规章都有逐步落实、细化的规定。

[①] 《一般反避税管理办法（试行）》第四条规定：避税安排具有以下特征：（一）以获取税收利益为唯一目的或者主要目的；（二）以形式符合税法规定、但与其经济实质不符的方式获取税收利益。第五条规定：税务机关应当以具有合理商业目的和经济实质的类似安排为基准，按照实质重于形式的原则实施特别纳税调整。

[②] 《一般反避税管理办法（试行）》第六条规定：企业的安排属于转让定价、成本分摊、受控外国企业、资本弱化等其他特别纳税调整范围的，应当首先适用其他特别纳税调整相关规定。

（三）我国税法关于实质课税原则法律规定的评析

尽管我国在应对纳税人滥用税收筹划权方面的反避税经验远不及发达国家，制度构建也属于后起之列，但因没有更多路径束缚，对纳税人滥用筹划权避税的防治措施相当全面、绵密，且在世界范围内较早制定了一般反避税条款，在税收程序法及各个主体税种皆有体现实质课税原则的一般性反避税的抽象条款，早在2007年《企业所得税法》就专门设置"特别纳税调整"一章，确定了特别条款加一般条款的混合模式。这种混合模式是利弊兼存的。一方面，这种防治滥用筹划权的混合模式优势明显，既有一定的针对性，又有较大的灵活性，对于纳税人经常性、典型性的滥用筹划权避税行为，可以采取特别条款予以防治，而对于发生频率不高的形式多样的滥权行为，制定特别条款予以应对的立法成本太高，也易导致法律体系上的混乱、零碎，则可以运用带有模糊性的、概括的一般条款来规范；另一方面，这种模式也存在较大的执法权滥用风险，其中的一般条款显然赋予税务机关相当宽松、广泛的自由裁量权，如若执法人员素质不高，又或者缺乏有效的监督制约机制，国家防治税收筹划权滥用的执法权同样有滥用的可能。我国几乎所有的主体税种及程序法都以"明显""合理"等概括、抽象的术语，授予税务机关宽松的自由裁量权，使纳税人对其经济交易行为的税负支出预测处于不确定的风险之中，自然严重妨碍了税收筹划权的充分行使。特别是一般反避税条款赋予税务机关的纳税调整权较大，故而有必要限制公权力的滥用。所以，实质课税原则的适用必然需要保持在合理的限度内，且要求受到税收法定原则的制约。

三、实质课税原则与税收筹划权的边界确定

我国税收法律体系上体现实质课税原则的一系列立法规定，授权税务机关对纳税人滥用私法形成自由进行避税的行为予以反制，其中关于避税的构成、认定等规定，是纳税人行使税收筹划权时不可逾越的界限，避税构成、认定的相关标准同时也是纳税人行使税收筹划权不得碰触的红线。因此，以实质课税原则为核心所构筑的反避税条款，也就是纳税人税收筹划权的行使边界。

前文述及，我国流转税及财产税体现实质课税原则的条文主要是关于视同应税行为与价格的问题，纳税人进行税收筹划时防范反避税法律风险、识别权利边界并不难，一是要注意多种非典型的、无偿经济行为，比如，赠送、无偿提供非公益服务、自产自用、自产用于投资等行为是流转税法规定的视同应税行为，不

要误判为筹划节税渠道；二是要注意这些税种大多笼统地规定了"价格明显偏低又无正当理由的，税务机关有权进行合理调整"，纳税人纳税申报的交易价格一般不能太偏离市场价格，或者注意准备申报价格过低的说明资料，如鲜活产品、次品、身陷债务危机的紧急处理等令征管机关信服的正当理由。《企业所得税法》及其配套法规和规章在应对纳税人越权筹划进行避税方面的规定最为系统、复杂，是其他税种立法的资源借鉴，如2016年印发的《营业税改征增值税试点实施办法》第四十四条就借鉴了其"合理商业目的"标准。同时，企业所得税筹划也是我国纳税人最基本的、主要的筹划范畴。因此，下文以我国企业所得税为例，分析实质课税原则对纳税人税收筹划权边界的确定问题。

（一）特别反避税条款：税收筹划权的明确边界

如前所述，《企业所得税法》在实质课税原则指导下制定的反避税条款分为特别反避税条款与一般反避税条款。特别反避税条款内容比较具体、明确，纳税人的权利义务确定且清晰，纳税人在行使税收筹划权时易于识别自己筹划行为的空间范围，纳税人在进行税收筹划时为降低法律风险无疑应该以这些特别反避税条款的具体规定为参照，也就是说，这些特别反避税条款就是纳税人行使税收筹划权不可触及的边界，否则滑入避税的领域，将受到反避税制裁。例如，关联企业之间进行债权投资相较于股权投资可以节减税负，因此纳税人往往倾向于债权投资，而企业所得税防止资本弱化特别反避税条款则规定，一般关联企业之间债权性投资与其权益性投资比例上限为2∶1，金融行业这一比例上限为5∶1，这种明确的比例控制标准就是纳税人行使税收筹划权开展筹划活动的空间界限。因此，特别反避税条款具体明确、可预测性强，纳税人在行使筹划权时易于据此判断自己的权利边界所在。

（二）一般反避税条款下税收筹划权的边界确定

一般反避税条款的特点在于以抽象、模糊的表述，尽可能涵盖潜在的各种非典型避税行为，并授予税务机关宽泛的税收核定自由权，防治各种越界筹划行为。一般反避税条款的特点造成了避税与税收筹划之间边界的模糊性，导致税收筹划权行使的限度难以把握。因此，如何准确理解一般反避税条款适用的要件，成为纳税人适度行使税收筹划权、控制法律风险的关键所在、难点所在。

根据《企业所得税法》第四十七条的规定，纳税人行使税收筹划权开展的筹划安排是否依据实质课税原则被予以重新定性，首先需要税务机关确定纳税人的筹划行为是否获取了税收利益。《一般反避税管理办法（试行）》第三条将税收利益定义为"减少、免除或者推迟缴纳企业所得税应纳税额",只有纳税人实际上获取了减免或者晚缴税款的利益,才可能涉及税收利益是否正当、是否损害国家征税权的问题,税务机关才可能在实质课税原则相关条文的指引下行使税收核定权调整纳税人税基、取消其不当获取的税收利益。换言之,即使纳税人的经济交易形式与其实质不一致,但纳税人在事实上、结果上并未获取税收利益,无论主观目的是否有节税意图,都无实质课税原则适用的可能和必要。比如,纳税人将营业地或住所地确定在甲地而非乙地、筹划以满足增值税一般纳税人或者小规模纳税人报税身份等行为,结果可能并未使其少缴税,仅仅是方便了税务申报与管理,从而节约了大笔成本支出,这也可以理解为涉税筹划所获利益,但并未给国家财税收入造成任何损失,税务机关无权干涉纳税人的自由安排。是故,纳税人获取了税收利益是适用实质课税原则的前提。

当税务机关在税收征管过程中发现纳税人有获取税收利益的事实后,则需要确定是否以实质课税原则对其行为予以重新定性。税务机关以实质课税原则判定纳税人税收筹划权行使是否越界、是否构成避税的标准,一般反避税条款的适用有以下要件问题需要考量。

1. 主观要件:缺乏合理商业目的

根据《企业所得税法》第四十七条、《企业所得税法实施条例》第一百二十条①、《特别纳税调整实施办法(试行)》第九十二条、《一般反避税管理办法(试行)》第四条的规定,这些文件虽未直接对避税进行定义,但将"缺乏合理商业目的",即"以获取税收利益为唯一目的或者主要目的"视为纳税人滥用私法形成自由权进行避税的特征之一,当纳税人的筹划行为主观上缺乏合理商业目的,而将获取税收利益作为主要或者唯一目的时,税务机关可以启动调查程序,判定、识别纳税人的筹划行为是否越权形成避税。《一般反避税管理办法(试行)》将纳税人税收筹划权的行使是否过激、是否将获取税收利益作为主要目的或者唯一目的,作为税务机关判定纳税人行为构成避税与否的第一步,这是启动调查程序的前提。纳税人可以依据《特别纳税调整实施办法(试行)》第九十五条证明其筹划行为另有其他主要商业目的,以排除避税可能,则纳税人所获取的税收利益为法律所保护,是税收筹划权行使的正当结果②。诚如学者所言,

---

① 《中华人民共和国企业所得税法实施条例》第一百二十条规定:企业所得税法第四十七条所称不具有合理商业目的,是指以减少、免除或者推迟缴纳税款为主要目的的。

② 《特别纳税调整实施办法(试行)》第九十五条规定:税务机关启动一般反避税调查时,应按照征管法及其实施细则的有关规定向企业送达《税务检查通知书》。企业应自收到通知书之日起60日内提供资料证明其安排具有合理的商业目的。

目的、意图是避税认定的主观要件，意在"识别纳税人行使税收筹划权而节省税收成本的私法上的安排是否具有合理商业目的，进而决定其能否得到税法的认可和保护"①。"税捐规避之否认，乃以滥用意图为要件，故并未侵犯信赖保护，盖基于滥用意图来规避税法，并不值得信赖保护，自不得援用法安定性原则。"②德国在判定纳税人筹划行为是否具有合理商业目的时的做法也是如此。德国法院在适用一般反避税规则时也是由纳税人举证证明其行为具有合理商业目的，其思路如下：以客观第三人的视角观之，纳税人的筹划安排异常、不具有其他非经济的合理性且因为该筹划安排带来减税效果，则推定纳税人具备避税的主观要件，由纳税人举证予以否定③。

2. 客观要件：形式与经济实质不一致

在税务机关合理质疑纳税人的筹划行为系以获取税收利益为唯一或者主要目的情形下，税务机关可以启动调查程序，甄别纳税人的行为是否构成越权避税。当纳税人不能举证证明其筹划行为在获取税收利益的同时另有合理商业目的时，税务机关依据《特别纳税调整实施办法（试行）》第九十三条"按照实质重于形式的原则审核企业是否存在避税安排"。《一般反避税管理办法（试行）》第四条也将纳税人的筹划安排系以形式与其经济实质不一致而获取税收利益作为避税的特征。由此可知，若纳税人借由私法自治原则创设的筹划安排导致其行为与经济实质不一致，而这又直接促成了纳税人获取税收利益的主要目的或者唯一目的，则纳税人的安排属于避税，构成税收筹划权滥用，征税机关将依据《特别纳税调整实施办法（试行）》第九十四条对纳税人行为的经济实质重新定性，取消其所获税收利益。

"法律事实之形成是否适当、是否滥用，应以该法律形式与经济目的间是否相当为断。当事人选择税捐负担上最有利之法律形式，尚不足构成税捐规避，犹须有法律形式之滥用。"④可见，对于纳税人筹划安排是否属于筹划权边界内的合法行为，判定的客观要件是与经济实质不一致的异常交易形式。纳税人在经济交易之初行使税收筹划权，选择税负较轻的方式开展交易，本属其自由，对于纳税人获取的税收利益税法一般不予干涉，因为纳税人获得的节税利益是附带的，进行实质性经济交易是主要的商业目的。但当纳税人以获取税收利益为主要目的

① 叶姗. 一般反避税条款适用之关键问题分析 [J]. 法学, 2013 (9): 94.

② 陈清秀. 税法总论 (第 7 版) [M]. 台北: 元照出版有限公司, 2012: 216.

③ Zo Prebble, John Prebble, Comparing the General Anti-Avoidance Rule of Income Tax Law with the Civil Law Doctrineof Abuse of Law [J]. Bulletin for International Taxation, 2008: 153.

④ 陈敏. 租税课征与经济事实之掌握——经济观察法 [J]. 政大法学评论, 1982 (26): 20.

或者唯一目的而创设与经济实质不符的异常交易形式，该交易形式不具有经济实质，则逾越了税收筹划权行使的合理边界，属于避税行为。比如，设于避税地的空壳公司，从未开展任何经济业务，同时又缺乏其他合理商业目的，是一种滥用税收筹划权进行避税的典型行为。可见，若纳税人所筹划的交易行为的形式异常繁复、不具有经济实质，或者说形式与实质不一致，且缺乏其他合理商业目的，则避税的客观要件满足，纳税人的筹划行为逾越了权利的合理边界。

　　3. 避税的构成要件：主客观双要件

　　我国一般反避税规则所确定的避税构成要件有两个，"合理商业目的"与"经济实质"。这两个要件是有区别的，"合理商业目的"是主观要件，"经济实质"是客观要件。那么，避税的认定要件是择一个要件成立，还是两个要件并存才成立呢？这是避税认定的基础问题，直接影响纳税人税收筹划权的边界确定。学者认为，避税应是主客观相统一的范畴，缺少避税行为和避税主观目的中的任何一项，避税都不能成立①，这两个要件之间是关联而且协调印证的②。是否具有"合理商业目的"是对于行为人主观意图、内心想法的一种判断，比较抽象、模糊，其内心状态是难以直接识别的，很大程度上需要依靠外显的、客观的行为，即经济活动的"实质"来作判断。因此需将二者结合，从主客观两个方面综合评价纳税人的行为是正当的税收筹划还是越界的避税行为。其中，实质课税原则是基本要件，合理商业目的要件是避税与否的排除性要件。

　　《特别纳税调整实施办法（试行）》第九十二条将"不具有合理商业目的"作为启动一般反避税调查的前提要件，第九十三条将"实质重于形式原则"作为审查交易是否为避税安排的核心标准。再结合《企业所得税法实施条例》第一百二十条、《一般反避税管理办法（试行）》第二条将"不具有合理商业目的"与"实质重于形式原则"作为避税行为的两个特征，可见我国立法是"双要件模式"，以不具有合理商业目的为启动前提，进而再验证实质与形式一致与否。纳税人的税收筹划行为只有在同时满足主、客观要件时才构成越界筹划的避税行为。

　　综上所述，我国已通过立法将实质课税原则普遍转化于税收法律规则中，这些规则认定了构成避税的多种情形，在划定避税此岸界限的同时也就形成了纳税人税收筹划权行使的彼岸边界。其中，特别反避税条款相对来说对征纳双方的行为具有清晰的指引，税务机关的税收核定权与纳税人的税收筹划权易于达成衡

① 熊伟. 一般反避税立法思辨 [J]. 国际税收，2013（4）：8.
② 汤洁茵.《企业所得税法》一般反避税条款适用要件的审思与确立——基于国外的经验与借鉴 [J]. 现代法学，2012（9）：165.

平。而由实质课税原则抽象理念直接转化而来的一般反避税条款的关键术语几乎都是模糊性语汇，其内涵、外延难以确定，大大削弱了税法的安定性和可预测性，授予税务机关宽大的税收自由裁量权，造成纳税人在行使税收筹划权时较难以把握自己权利的边界，而我国一般反避税条款是从经济实质、经济分析视角来评价纳税人的涉税行为，这进一步模糊了税收筹划与避税边界的可预测性。这种高度抽象与概括的条款应有配套的法规将其尽可能地具体化、细化，以防止税务机关在反避税执法过程中侵犯纳税人税收筹划权行使的基本领域。

第三节　税收筹划权与诚实信用原则

由于信息偏在，税务机关在税收执法时对纳税人经济交易的实质并不易识别，其商业目的漂浮不易抓取、把握，纳税人在筹划过程中对经济事项、营业交易模式的创设、选择与优化免不了具有一定的隐蔽性。诚实信用原则要求纳税人的筹划行为不具有欺诈性，纳税人依法依规履行信息披露义务；要求纳税人行使税收筹划权谋求税负从轻的程度保持在合理限度，不超越权利边界过激筹划，具有不触犯反避税法律底线的良善动机，自己内心确信其选择的法律形式具有合理商业目的。当然，诚信税收筹划并不是倡导依道德纳税，而是指纳税人通过税收筹划寻求自身利益最大化时不以繁复、异常、毫无商业目的的手段，恶意规避应税义务。

一、诚实信用原则适用于税收筹划的妥当性

诚实信用原则与个体利益合理最大化主张之间并不矛盾，该原则最初即起源于民商事领域，民商法功能之一即促进经济效益，实现私人财富保值增值。诚实信用原则要求行为人在行使权利谋求自身利益时不恶意损害他方利益，信守承诺，兼顾各方利益平衡。

（一）诚实信用原则的含义

诚实信用原则是道德的法律化，是社会道德在私法中的体现。诚实信用原则起源于古罗马法的"诚信诉讼"，是罗马社会经济结构、合同制度和诉讼制度变迁的产物。罗马经济从牧业经济向农业经济，并向简单商品经济发展的过程中，

罗马人与外邦人的市场交易日益频繁，"合意"契约为裁判所承认，由于其权利义务不像要式契约那样确定，"依诚信"便成为当事人合理的不确定义务①。这一义务意味着，债务人不仅要依照契约条款履行义务，还需以内心善意的诚实信用观念完成给付。诚信来源于道德，又转化为法律规范上的诚信要求，成为商品交易行为必不可少的调整机制。诚信被大量使用于《法学阶梯》《法典》《学说汇纂》等法律文献，并最终成为法律规范。中世纪时期，诚信原则进一步发展出主观诚信和客观诚信的区分理论。在近现代民法中，诚信原则被各国法典所确认。《法国民法典》在第1134条、第1135条分别确认了客观诚信和主观诚信，"契约应依诚信履行之"，"依法成立的契约，对缔结该契约的人，有相当于法律之效力。该契约应善意履行之"。《德国民法典》第242条规定："债务人有义务依诚实和信用，并参照交易习惯，履行给付。"《瑞士民法典》（1907）以一般条款的形式正式确立了诚实信用原则，其第2条规定："任何人行使权利履行义务，均应依诚实信用为之。"诚实信用原则不仅适用于债务人也适用于债权人，并从合同及债的领域扩展到一切民事行为，标志着诚实信用成为民法的一项基本原则。

中国古典典籍虽早有"诚信"之语用，但诚信原则作为法律术语，却是来源于域外。"诚信"在拉丁文中为 bona Fide；在英文中为 good faith，直译为"善意"；在日文中为"信义诚实"②。诚实信用原则贯穿于我国整个市场经济的立法、守法、执法及司法环节，适用于全部的民事法律关系。简而言之，诚实信用指民商事法律行为主体在从事民商事活动时本着善良诚实、毋害他人之心态，不得为欺诈行为，要履行义务，信守承诺。诚实信用原则主张当事人在为法律行为时主观的心理状态符合"善意""诚实""信用"的要求。"善意"要求人们应当善意地行使其权利，不得有损人利己之心理；"诚实"要求人们在民事活动中实事求是，无欺诈之心；"信用"要求民事主体应当信守诺言，按约履行义务。诚实信用来源于道德、体现了道德的要求，但与道德要求的较高水准不同，诚实信用原则是"中人道德的体现"，不应超出普通法律规范中的经济人的标准。换言之，诚实信用原则要求人们诚实守信，不弄虚作假，不为欺诈行为，最终达到各方当事人之利益平衡。

---

① 徐国栋. 民法基本原则解释——以诚实信用原则的法理分析为中心 [M]. 北京：中国政法大学出版社，2004：63-79.

② 徐国栋. 民法基本原则解释——以诚实信用原则的法理分析为中心 [M]. 北京：中国政法大学出版社，2004：59-60.

（二）诚实信用原则在税法上适用的可行性

诚实信用原则作为私法的基本原则，被引入税法，是税法公法私法化进程中对民法资源的有益援用。如前文所述，法律部门的发展并非齐头并进，中国的各大法律部门，因多种原因发展速度并不一样，民法生长于市场经济的实践，欣欣向荣，早先的税法停留于旧有的制度和认识，发展相对滞后。起步较早的民法制度体系较为健全，理论研究较为深入。税法后发于民法，理论资源相对不足，时常借鉴并吸收民法的理论成果和法律制度，为其所用。这是税法领域的公法私法化现象。诚实信用原则适用于税法领域是可行的、妥当的。

其一，诚实信用原则适用于税法具有理论上的可行性。税收法律关系性质学说中，"权力关系说"和税收契约的"债务关系说"壁垒分明，此消彼长。随着社会、经济情势的变化，主流理论逐渐认可以"契约论"为理论基础发展起来的"债务关系说"。自税收法律关系契约论成为学界主流，税收债务关系研究不断深入，公、私法域之间的借鉴与融合日渐成为税法研究的重要论题①。从法理分析，诚实信用来源于最基本的社会道德——"善良""诚实""信用"，无论是民事主体参与民事活动，还是公法上的国家、政府及其部门进行社会管理，都应将其作为行为的一般准则。德国学者赫德曼指出，诚实信用原则之作用力，世罕其匹，为一般条款之首位②。为确保法律在实施中被切实和有效地执行，必然要求执法者、守法者具有良好的诚信观念③。因此，诚实信用原则并非仅适用于私法上，而是公法与私法需共同遵守的一项基本原则。正因如此，诚实信用原则同样可以适用于税收法律关系④。学者张守文认为，税法的原则包括税法的基本原则和适用原则，诚实信用原则作为基本的适用原则，适用并指导税法解释和税收征纳全过程⑤。依据诚实信用原则，税收法律关系的当事人要怀有善良动机，不得滥用权力（权利），认真履行义务。纳税人应当诚实纳税，不得恶意规避法律；而对于国家，则要求税务机关方便纳税人纳税，对纳税人怀有善良动机和诚信服务。就公共利益是否可以超越于诚实信用原则，拉伦茨旗帜鲜明地指出，并非所有的公共利益都应优越于诚实信用原则，只有涉及法律交易安全及司法的公

①　叶金育，熊伟. 民法规范进入税法的立法路径——公法与私法"接轨"的规范配置技术 [J]. 江西财经大学学报，2013（4）：111.

②　杨仁寿. 法学方法论 [M]. 北京：中国政法大学出版社，1999：171.

③　王利民. 民法总则研究 [M]. 北京：中国人民大学出版社，2003：125.

④　[日] 金子宏. 日本税法原理 [M]. 刘多田，等译. 北京：中国财经出版社，1989：4.

⑤　张守文. 税法原理 [M]. 北京：北京大学出版社，1999：44-48.

共利益时才可以不受诚实信用原则之修正①。从法律自身的抽象性、模糊性等缺陷而言，诚实信用作为一项原则可以弥补法律的漏洞，对于税法形式上的缺陷导致的不合理性仍有其适用的空间，被视为谋求的"具体的妥当性"实现法的正义的手段②。

其二，诚实信用原则适用于税法具有现实上的可行性。诚实信用原则不仅在理论上用于税法研究，从我国及域外的立法、执法及司法实践来看，还具有现实上的可行性。税法上征纳双方的地位以税收契约论观之，从实体法上反映出类似民法关系的平等性和对等性，税收之债与私法之债有诸多的相似性，私法上的私法自治原则、诚实信用原则、代位权制度、撤销权制度等水到渠成地被引入税法领域，影响或者调整着征纳双方的实际权利（力）义务关系。德国最高法院于1930年就其判例阐明道："诚实信用的原则，对于一切法律，包括公法，皆得适用之。"③ 日本有判例认为，"违背诚信法则这条法的最基本观念的违法赋课处分行为，应属无效"④。申言之，凡民法规定之内容，而与税法上及私法上具有共通的性质，即所谓一般法律思想者，即可视为税法上的原则而在税法上加以适用⑤。但是，私法一般原则的适用还应当结合公法的其他法律规则，作为法律解释方针或法律漏洞的填补依据，尚不能在争端案件中直接适用。"在公法中未明定之一般法律原则，如适用私法规定，作为一般法律原则，应视为解释方针或类推适用基准而有所不同，不论为解释方针或类推适用，但均为间接适用，作为法原则予以适用。"⑥

需要警惕的是，尽管民法之原则，可以补充税法规定的不足，但需视具体内容，分析其内涵及性质、适用的理论及实践基础，考察其是否属于一般法律上共通的原则，而判断其能否适用于税法。鉴于公法与私法的差别，税法对私法领域的制度借鉴不能简单地抄袭，否则税法可能沦为私法的附庸，违背其自身的特性。在税法领域，"税收法定"强调法律优位，为保证税法的安定性及可预测性，私法原则在税法中的类推适用受到严格限制。

---

① 徐国栋. 民法基本原则解释——以诚实信用原则的法理分析为中心 ［M］. 北京：中国政法大学出版社，2004：64.

② 转引自张守文. 论税收法定主义 ［J］. 法学研究，1996（11）：63.

③ 杨仁寿. 法学方法论 ［M］. 北京：中国政法大学出版社，1999：197.

④ ［日］北野弘久. 税法学原论 ［M］. 陈刚，等译. 北京：中国检察出版社，2001：115.

⑤ 杨小强. 税收债务关系及其变动研究 ［A］// 刘剑文. 财税法论丛（卷一）［M］. 北京：法律出版社，2002：164.

⑥ 葛克昌. 行政程序与纳税人基本权 ［M］. 北京：北京大学出版社，2005：129.

二、诚实信用原则适用于税收筹划的意义

国家拥有征税的权力，纳税人拥有税收筹划权。公权力与私权利的行使均不得滥用是诚实信用原则的内在要求。诚实信用原则适用于税法领域，对于规范政府及税务机关诚信执法、引导纳税人按照诚实信用原则的要求行使权利、履行义务具有现实的意义。

（一）诚实信用原则指导筹划方和反避税调查方的行为

意思表示真实，恪守信用，履行承诺，不隐瞒、不欺诈，是诚实信用原则的基本要求。诚实信用原则一旦被明确为税法的适用原则，就对税收法律关系主体的行为都具有约束力，对税收制度的制定、完善和实施具有指导意义。从法律规范意义分析，诚实信用原则体现于税收法律的具体条文之中。从行为引导意义分析，诚实信用原则是指导税收筹划的筹划方行使税收筹划权和反避税调查方防治税收筹划权滥用的指导性原则。具体而言，征纳双方在行使权利（力）和履行义务时都要怀有善良动机、诚实心态，不得规避法律，不得滥用权利和权力。一方面，税务机关在行使税收核定权时不得滥用权力，尊重纳税人正当的税收筹划权。另一方面，纳税人在税收筹划中也应诚实守信，不得以欺诈、隐瞒等手段，不正当地逃避或者减轻纳税义务，其税收筹划权利的行使应符合诚实信用的要求。

（二）诚实信用原则是对税法适用的补充与解释

抽象、机械的法律与复杂的现实生活总是存在着难以逾越的距离。社会生活复杂而多变，税收法律受法律自身的稳定性、抽象性和滞后性的限制，难以对所有的现实问题做出及时有效的调整。在税收法律对现实生活的税收筹划行为的调整无对应的相关条文，或相关规定模糊不清甚至悖离法律精神实质的时候，诚实信用原则虽非权利义务内容明确的具体法律规范，但作为抽象化的法律原则，具有同具体规则一样的规范效力，可以适用于对抽象模糊的税法法条文义的解释，填补税法的漏洞，实现税收法律制度的公平。就法律的解释而言，基于税收法定原则，对于属于税收法定的要素如国家机关税收权限、纳税人义务等内容，则不宜适用诚实信用原则进行漏洞补充，因其属于国家宪法制度的范畴，应由专门立法机关通过立法程序予以补充和规范。

（三）诚实信用原则有利于降低税收成本、优化征纳关系

税收作为私人享有国家公共产品和服务而支付的对价，其所有权原在纳税人，纳税人让渡的目的是增加社会福祉。然而，税收的收取需要付出必要的征税和纳税成本，如何尽可能减少成本，提高征税和纳税的效率，使双方从税款征缴程序的高效率上获益，是税收制度构建时必须考虑的问题。如果税务机关违背诚实信用原则超额征税，将会导致纳税人采取各种手段进行规避，甚或偷税、骗税。继而税务机关对于纳税人的不诚信行为将采取更为严厉的稽征手段，来遏制非法甚至合法的筹划节税行为，如此就可能侵犯纳税人合法的税收筹划权，激化征纳冲突，恶化征纳人与纳税人之间的关系。在此过程中，若征纳双方坚守诚实信用原则，则有利于双方缓和冲突、降低税收成本，促进良性征纳关系的形成。

由上可知，诚实信用原则的价值体现在税法运行的全过程，贯穿税收法律规范的制定和适用环节，发挥着重要的指引和规范功能。

三、诚实信用原则与税收筹划权边界的确定

（一）影响纳税人依法诚信筹划和纳税的因素

影响纳税人依法诚信筹划和纳税的因素是多方面的。

其一，对税收缺乏正确认知。在封建社会，税收被视为支撑统治人民的国家机器的工具，税收往往与横征暴敛的苛捐杂税相联系。计划经济时代，个人的主体地位淡化，依法征税和纳税意识都无从谈起。改革开放后商品经济日益发展，但受传统观念的影响，征纳双方身份地位不平等，治税理念上强调征税的强制性和纳税的义务性、无偿性，将"监督""打击""处罚"作为工作理念，纳税人对其权利义务不明晰，权利意识无法形成，更难以从法治层面维护其税收筹划的权利。

其二，税收立法缺乏稳定性和可预期性。我国税收法定原则尚未全面落实，《宪法》对于税收法定、纳税人权利等基本问题缺乏规定，而由立法机关制定的税收法律屈指可数，大多数税收制度由国务院或部门制定，层级较低，民众参与度较低，且缺乏稳定性。同时，我国由于缺乏法律明文对税收筹划权予以认可和保护，在税收实践中，存在税务机关滥用其自由裁量权，把纳税人合法的税收筹划行为认定为税收规避或偷税的现象，导致正当的税收筹划渠道不畅从而影响纳税人确立正面的纳税意识。

其三，统一的纳税信息采集制度不够完善。国家和私人作为税收契约的双方，诚实履约必然建立在信息对称的前提之下。国家依法而恰当地行使征税权，必须建立在对纳税人涉税经济行为相关信息充分了解的基础上。尽管"金税三期工程"实施以来，电子税务和纳税人征信系统大大方便了税务管理工作，但随着经济的繁荣，纳税人群体扩大，我国税务管理任务仍然繁重，相对来说我国税收征管水平还是较为滞后，与工商、金融、出入境部门及相关产权登记部门的信息共享平台建设还有很大的改善空间，目前税务机关还难以准确掌握纳税人相关信息，仅依靠纳税人单方面自觉纳税意识而缺乏足够的外在制度约束，诚信纳税难以为继。同时，政府未充分重视纳税人作为权利人的需求，一般纳税人难以了解税收反哺于民的财政开支信息，对税收没有直观的"取之于民，用之于民"的体验，也是合规纳税、诚信筹划意识弱的原因之一。总之，长期以来，征纳双方掌握的信息不对称，导致税收缺乏诚信的基础，妨碍了纳税人税收筹划权利的合理行使。

（二）诚实信用原则对税收筹划的要求

正如前文所述，以税收契约论观之，税收法律关系具有一定平等性，诚实信用原则适用于税收筹划，对纳税人的行为具有指导和规范作用，税收筹划行为不得逾越诚实信用原则所要求的边界。

1. 税收筹划需信守税收契约

税收法律关系的契约本质决定了纳税人在税收筹划过程中要具有基本的契约精神，不滥用权利、不实施欺诈性筹划行为，做到诚信筹划，合法节税。在市场经济环境下，作为个体的纳税人在利益驱动下合理安排自己的经济活动，尽可能节减税负，追求自身利益最大化无可厚非。但作为现代租税国家的社会成员，为享受政府公共服务和公共产品而承担支付"税收"形式的对价，是古老的契约精神应有之义，是最基本的道义，诚信纳税既是道德要求也是法律义务。"税收是文明的代价"，倡导诚信税收筹划，其逻辑起点就是这种"税收契约"关系。妇孺皆知"税收取之于民，用之于民"，纳税人在进行税收筹划的过程中内心应怀有善良动机，若是滥用权利，故意以异常、繁复，无合理商业目的的手段规避其本应承担的税负，无异于盗窃。"税收契约"理论有利于政府与纳税人之间形成协调、融洽的关系，"税收契约"的观念深入人心有利于确立政府与纳税人之间正确的权利义务意识，形成依法纳税、诚信筹划的税收文化。

2. 不恶意行使税收筹划权

权利须以善意的方式行使，即便权利人享有权利的外观，但权利行使背离了权利本质或超越权利的界限，这种行为则可能进入违法的范畴①。权利人在满足自身利益和自由时，须顾及他方利益。纳税人行使税收筹划权必须适度、不越界侵犯公共利益、不恶意逃避纳税义务、不损及国家税权。禁止权利滥用虽然被单列为民法的一项基本原则，但从法理上看禁止权利滥用也是诚实信用的组成内容。不少学者倾向于将禁止权利滥用视为违反诚实信用原则之效果，二者在具体的运用中有时候存在相互重复的关系。权利滥用表现为以非善意的方式行使权利，本质上是对诚实信用原则的违反，如故意选择对他人有害的方式行使权利等②。在税收法律关系中，税务机关和纳税人行使其权利，都应心怀善意，不得故意曲解法律，尤其是纳税人不得以获取税收利益为主要或者唯一目的而钻法律的漏洞。

3. 税收筹划具有良善的动机

在市场经济环境下，纳税人进行税收筹划保全自身财产权益、节减税负是一种受法律保护的正当的理财行为。纳税人在进行经济交易之初通过对多种潜在行为方式的税负进行预测，进而优选税负较轻的方式实施经济行为，获取税收节减利益。同一经济事项的不同处理行为方式的税负之所以不同，是因为税收法律体系上存在着大量的税收优惠政策、税制规则差异以及可选择性的会计政策，换言之，税收法律体系本身具有的多种差异化规定导致不同经济行为方式的税负是不同的，纳税人便有了筹划节税的广阔空间，因而税收筹划是一种税法遵从行为、合法行为。由纳税人筹划的过程可知，纳税人处理经济事项是最初的出发点，经济结果是行动的根本归属，而获得税负节减利益只是实施经济行为达到经济结果的附带收益。相反，如果纳税人将获取税收利益作为唯一或者主要目的，通过创设异常、繁复且与经济实质不一致的经济行为方式来达到该目的，纳税人的主观行为动机则失去了最基本的良善和诚信，因为此时纳税人的经济行为缺乏合理商业目的，除了获取国家的税收利益外别无经济意义，是一种虚假交易或者伪装交易，这种专门侵蚀国家税基的行为不但违背了基本的商业道德，也从根本上违背了税法目的，是一种与实质课税原则格格不入的规避行为，纳税人这种缺乏诚信的所谓筹划行为已经异化为避税行为，其获取的税收利益将会被税务机关取消。因此，纳税人行使税收筹划权时应以经济交易本身为出发点与归属，不能无合理商业目的而纯粹曲意谋求税收利益，其筹划的动机需符合诚实信用原则的要求。《企业所得税法》等税收法律法规也明确了纳税人在进行税收筹划时，筹划的交

①　汪渊智. 论禁止权利滥用原则 [J]. 法学研究，1995 (5).
②　徐国栋. 诚实信用原则研究 [M]. 北京：中国人民大学出版社，2002：148-151.

易形式应具有合理商业目的，这是诚实信用原则对于纳税人行使税收筹划权的基本要求。

4. 纳税人应履行信息披露义务

纳税人的纳税义务是以特定纳税人具体的生产经营活动或经济事项确定的，纳税义务成立于纳税人具体的各项经济信息之上。有限的税务机关执法人员面对众多的纳税人，难以准确掌握纳税人涉税相关信息，这就是税收征管过程中的信息不对称问题。纳税企业掌握着自己生产、购销、材料成本、费用扣除、收支盈亏等所有与纳税申报相关的会计核算、资金流转信息，而征管机关则很难以采集和一一核对这些信息，在税收征收实务中税务机关处于信息劣势，难以透彻了解纳税人的应税行为，而税务机关与纳税人处于利益对立的两端，这种形势下的信息不对称就可能带来"道德风险"问题，缺乏诚信意识的纳税人在利益诱导下容易滋生少缴甚至不缴税的潜意识，就可能进行"逆向选择"逃避承担纳税义务。为了解决这种因信息不对称带来的"道德风险"问题，税法引入诚实信用原则，要求纳税人主动、真实披露与纳税相关的经济信息。同时，税收法律法规要求纳税人在开展税收筹划活动时不得隐瞒、规避或以其他不诚信的方式逃避其纳税义务，在征税机关对纳税人进行反避税调查时，纳税人有义务提供表明其不属于避税行为的相关信息。

依据诚实信用原则，纳税人在税收筹划过程中不应存在欺诈，而且需就涉税筹划的重要信息主动进行披露。纳税人筹划信息披露义务也是大多数国家通行的做法。比如，美国政府规定，纳税人筹划涉案 1000 万美元的交易，必须履行披露义务，并要求纳税企业的管理人"签字"负责；英国财政部门规定，进行税收筹划的纳税人有义务将其税收筹划的细节①向国内收入局申报，以便于国内收入局的税收征管②。我国税收法律法规同样规定，在反避税调查中筹划方有保存、报备税收筹划资料的义务，如《特别纳税调整实施办法（试行）》第三章"同期资料管理"，以及第五章第二十八条③等规定，又如《一般反避税管理办法

---

① 披露的税收筹划细节包括如下内容：使用某一税收筹划方案将使纳税人得到的税收利益；得到或增加的税收优惠、减税或免税、税收返还、推迟纳税或加速税收返还、规避税收义务等方面的情况。

② 英国：税收筹划要向税务局申报［N］. 中国税务报，2005-05-18.

③ 《特别纳税调整实施办法（试行）》第二十八条规定：被调查企业必须据实报告其关联交易情况，并提供相关资料，不得拒绝或隐瞒。

（试行）》也对涉嫌避税企业规定了据实报告相关筹划信息、提供相关资料的义务①。

综上所述，纳税人在税收筹划过程中应遵守诚实信用原则，本着良善动机正当行使税收筹划权，税收筹划行为应以具有合理商业目的之真实经济活动展开，不逾越权利边界进行过度筹划，并就筹划过程中的相关信息履行诚实披露义务。

---

① 《一般反避税管理办法（试行）》第十一条规定：被调查企业认为其安排不属于本办法所称避税安排的，应当自收到《税务检查通知书》之日起 60 日内提供下列资料：（一）安排的背景资料；（二）安排的商业目的等说明文件；（三）安排的内部决策和管理资料，如董事会决议、备忘录、电子邮件等；（四）安排涉及的详细交易资料，如合同、补充协议、收付款凭证等；（五）与其他交易方的沟通信息；（六）可以证明其安排不属于避税安排的其他资料；（七）税务机关认为有必要提供的其他资料。第十三条规定：主管税务机关实施一般反避税调查时，可以要求为企业筹划安排的单位或者个人（以下简称筹划方）提供有关资料及证明材料。

第四章
我国税收筹划权的现状评析

在法律地位上，我国纳税人的税收筹划权是一种"隐含"于税收法律体系中的推定权利，与法定权利一样也是一种法律应予保护的正当权益。而在现实社会生活中，纳税人是否实际享有税收法律体系中的权利是一个客观性与客观实在性的问题，决定于税务机关事实上的认可程度，以及相关的经济、社会条件上的支撑与否。"现实权利可作为一种重要的尺度，用来衡量法治的水平、质量和规模，现实权利与法律体系中的权利之间的差距越小，说明法治的程度越高；反之，说明法治内部存在弊端。"①

前文主要从一般意义上探讨了税收筹划权的基本理论问题，本章主要关注的是我国税收筹划权的发展历程、在税收征纳实践中纳税人实际享有税收筹划权的状况，并重点剖析了妨碍我国纳税人税收筹划权有效行使的各种困境。

第一节　我国税收筹划权的发展历程及 行使的现实环境

一、我国税收筹划权的发展历程

我国纳税人推定性的税收筹划权转化成其实际享有的权利是一个非常复杂的过程，它交织着国家财税部门对纳税人合理诉求的认知、税收筹划理论的支撑、社会观念及税务专业服务机构的协助等各种因素，并带有社会环境的客观必然性和纳税人主观能动性双重特征。纳税人实际享有税收筹划权的程度是随着社会政

① 程燎原，王人博. 权利论［M］. 桂林：广西师范大学出版社，2014：350.

治、经济以及文化观念的进步而发展变化的。

我国税收筹划实务的出现，最早可以追溯到 1973 年的香港地区。当时，香港地区证券市场较为繁荣，为企业家带来了大量利润；同时，相关金融产品所涉税收越来越复杂，企业家为了实现自身利益最大化的价值目标，开始寻求最合理的纳税方案，税收筹划实务也就应运而生了。而我国内陆地区，税收筹划无论是在具体实践方面还是在理论研究方面都起步较晚，税收筹划作为纳税人权利的观念出现时间则更晚，是经过征纳税双方长期博弈才逐渐形成的。在改革开放之前，我国内陆地区对于税收筹划理论的研究几乎未予注意，对税收筹划权也缺乏关注。直到改革开放后，在市场经济体制逐步确立的环境下，税收筹划实务才在纳税人税负从轻本能的激励下逐渐萌芽。在中国加入 WTO 之后，税收筹划经验丰富的跨国公司大量涌入中国市场，其对于中国税制公开、透明的要求，助推了我国税收筹划法律环境的优化；同时，跨国公司专业化的税收筹划实践也大大拓展了国内纳税人的理财思路。此后，随着依法治税理念的提出与强化，税收行政执法愈加规范、公正，纳税人权益得到前所未有的尊重，税收筹划活动也开始逐渐由地下转为地上，其作为纳税人基本权利之一的地位也在一定程度上逐步被社会、政府所认可。

总而言之，如同所有新生事物一样，我国的税收筹划实务与理论也是经历了"实践—认识—再实践—再认识"的螺旋式上升过程，经过不断纠正自身错误、不断改进，税收筹划权才最终在我国税收征纳实务中得到一定的认同。因此，我国税收筹划权的发展历程可以大致划分为以下几个阶段。

（一）税收筹划权的启蒙期（1984—1993 年）

在中华人民共和国成立至改革开放前，我国实行的是以国家调控为主的计划经济体制，绝大多数的国家财政收入来源于国有企业的利润上缴，其他税收收入较少，税收功能也未得到充分发挥。直到改革开放以后，我国开始实行以公有制为主体、多种所有制并存的市场经济体制，外国资本和民营资本大量涌入市场，经济、社会环境发生了极大变化；1984 年我国政府完成全面的工商税制改革——"利改税"改革，国有企业由上缴利润改为依法纳税，理顺了国家与国有企业的关系，企业成为独立经济实体。在这期间我国确立了由企业所得税、个人所得税、增值税及营业税等 11 个税种组成的税制体系，境内的企业和个人，包括涉外企业及外国投资者被纳入征税范围。在这一阶段，偷税、漏税是纳税人实现税负节减的主要手段。但随着 1993 年《税收征收管理法》的颁行生效，我国税收征管工作开始进入法治化、规范化进程，偷税、漏税行为面临更为高昂的违法成本和更为严峻的处罚形势。由此，出于经济人自身利益最大化本能的驱使，同时为降低、规避极高的涉税法律风险，纳税人开始采取各种节税手段以期保全自身财产利益，税收筹划的诉求和理念初步形成，然而由于筹划理论和能力的缺乏，此时的节减税负手段实际上属于逆向避税行为。

（二）税收筹划权的确认期（1994—2000 年）

这一时期，我国分税制改革逐步完成，由于税收报缴的复杂性、专业性和企业确保税后利益最大化的本能驱使，纳税人需要专业性税收筹划中介服务来协助其制定最合理的纳税方案，税收筹划的潜在市场逐步形成。自然而然地，这种新生的需求催生出新兴税务代理行业，首批注册税务师和税务师事务所开始出现。然而，这一阶段的税务师事务所却并非真正独立的市场主体，其业务及行政隶属关系还是基本依附于税务机关，提供的主要服务就是代理纳税申报与缴纳，并不包括税收筹划。1994 年，唐腾翔与唐向所著的《税务筹划》一书问世，税收筹划这一概念在书中得到了明确的界定①，从此打开了我国税收筹划领域研究的大门，其为我国税收筹划理论研究奠定了基础。同年，国家税务总局基于税务代理实践发展的需要，制定了行业指导性规章《税务代理试行办法》②，并在其中明确了税务代理服务的合法性，为税务中介机构开展税收筹划服务提供了制度保障。这期间，北京大学、清华大学等著名高校也相继开设了税收筹划课程，专门讲解税收筹划理论、培养税收筹划技能，为未来税收筹划行业的发展培养了大量专业人才。还有部分高校开始尝试编写高质量税收筹划教材，"税收筹划"一词成为学术圈的热点并逐渐广为人知，也唤醒了纳税人积极进行节税筹划的权利意识。

紧接着，《财务与会计》《会计之友》《税务研究》《注册税务师》等众多财经、管理类权威杂志先后开辟了税收筹划理论与实务专栏，对税收筹划理念与方案进行探讨和宣传，受到了政府部门、纳税人及相关学者的普遍关注与一致好评。2000 年 1 月，国家税务总局主办的《中国税务报》以"分析税收政策、推介税务代理、筹划运营成本、襄助记账核算"为办刊宗旨创办了《筹划周刊》，并刊登了《为税收筹划的堂而皇之叫好》一文③。这是官方媒体明确支持、宣传

---

① 唐腾翔，唐向. 税收筹划［M］. 北京：中国财政经济出版社，1994.
② 1994 年 9 月 16 日国家税务总局发布《税务代理试行办法》，国税〔1994〕第 211 号文件。
③ 苗睿. 为税收筹划的堂而皇之叫好［N］. 中国税务报，2000-02-02（007）.

税收筹划的首次发声①，标志着我国税务主管部门在一定程度上认可纳税人享有合理节税的税收筹划权。

此外，中国税务报社在 2001 年初专门召开了"税收筹划"专项研讨会，参会者包括财税法专家、学者、税务主管部门工作人员及税收筹划从业人员等，会议对税收筹划理论的前沿问题进行了深入探讨。在该研讨会上，国家税务总局反避税处负责人也以"税收筹划应围绕税收优惠政策的研究和运用"为主题进行了发言，一定程度上表明税收筹划已经得到了中国税务高层管理部门的默认②。

我国税务主管部门在一定程度上认可纳税人享有合理节税的税收筹划权是一个现实层面的判断问题。我国税务主管部门事实上"一定程度"认可我国纳税人有税收筹划的自由和权利有如下表征：一是国家税务总局及各省级税务主管部门的机关刊物，如《中国税务报》《安徽税务》等政策性刊物十多年来连续刊发支持、引导纳税人开展税收筹划的文章，间接表明了税务主管机关认可纳税人税收筹划的自由；二是国家税务总局原规章《注册税务师管理暂行办法》第二十二条将税收筹划纳入税务师的执业范围，虽然不是国家立法机关制定的法律，但间接表明了国家税务总局认可税收筹划的合法性；三是在税收征收实务中相当一部分税务机关及其执法人员是接受纳税人有税收筹划行为自由的。

(三) 税收筹划权的发展期 (2001—2007 年)

2001 年 5 月 1 日，《税收征收管理法》的颁布和实施为纳税人税收筹划权的行使提供了更多保障。该法明确了纳税人依法享有多缴税款退税权、税收优惠权及延期缴纳税款权等权利，同时有力地提升了税务部门规范化执法的水平。在 2006—2017 年施行的《注册税务师管理暂行办法》（国家税务总局令第 14 号），其在第二十二条明将税收筹划纳入税务师的执业范围。这间接表明税收筹划是我国政府认可的合法行为，纳税人有权通过创设、优选经济交易模式，获取节减税负的税收利益。上述规章作为我国首个间接确认税收筹划行为合法性的规范性文件，是纳税人借力专业税务服务机构行使税收筹划权、开展阳光筹划的制度保障，标志着税收筹划进入了新的发展阶段。

在这一阶段，税收筹划业务日趋复杂化、专业化，既包括单一税种的节税筹

---

① 自 2000 年以来，作为中国税务主管部门的官方媒体，《中国税务报》每年发表多篇税收筹划理论探讨和实务指导性文章，至 2016 共刊发税收筹划类文章 180 多篇。

② 财经时报. 不是偷税是合法节税，税收筹划获默认 [EB/OL]. 2001-01-11. http：//finance. sina. com. cn/g/32203. html.

划，又包括与企业具体经营方式相结合的多税种综合节税筹划。解说税收优惠政策和介绍基于税制规律节减税负的成功案例汇编类书籍，成为理财领域的热门书籍。除此之外，税收筹划交流平台也日趋多样化，既有开辟"税收筹划"专栏的专业报纸、刊物，如《税务研究》《中国税务报》《涉外税务》等，也有专门为社会各界提供税收筹划理论和案例研讨平台的网站，如中国税收筹划网等，还包括电视台、广播电台等媒体所举办的税收筹划论坛等活动，极大地促进了税收筹划经验的交流。总而言之，随着"税收筹划"一词热度的上升，税收筹划业务渐渐广为人知，纳税人的税收筹划权利意识也在此过程中逐步确立，税收筹划实务进入普及阶段。

同时，丰富的税收筹划实践为理论研究提供了充足的研究素材。在此期间国内陆续涌现出大量该领域的理论研究成果，从 CNKI 网站上检索到当时的相关论文约有 13000 篇；在北京大学图书馆进行检索，能找到税收筹划领域的著作 170 余种。在这些资料中，学者分别从系统论、博弈论、契约论和比较利益学的角度，对税收筹划的理论渊源进行了剖析，还深刻分析了税收筹划权行使的必要性与可行性，同时对税收筹划权的行使边界进行了理论探讨。因此，我国的税收筹划权理论研究在此阶段可谓突飞猛进，发展十分迅速。

（四）税收筹划权的规范期（2008 年至今）

任何权利都不是绝对的。当一项权利逾越自身的基本边界，必然会侵蚀相对方的法益，从而丧失正当性基础，税收筹划权同样如此。为追逐税负节减利益而滥用税收筹划自由，甚至恶意规避纳税义务，就会使税收筹划走入误区，异化为避税行为。

2008 年以来，部分纳税人为获取税负节减利益而创设过激的税收筹划方案，实施违背税收立法意图和侵蚀国家税基的行为，面临这些现实状况，为确保国家征税权不被肆意侵犯，于 2008 年施行的《企业所得税法》设立了特别纳税调整专章，赋予税务机关宽泛的税收调整权，意在遏止某些纳税人滥用税收筹划权进行避税的不正当行为。2009 年，同样出于防治纳税人滥用税收筹划权、恶意规避纳税义务行为的目的，税务主管机关又颁布了《特别纳税调整实施办法（试行）》，在其中设置了灵活的反制措施。此外，从 2014 年至今，国务院及国家税务总局不断出台规章和其他规范性文件①，着眼打击税收规避行为，尤其是跨国交易中滥用税收筹划策略进行避税的行为。在国家反避税工作不断强化的背景下，税收筹划实务的法律风险加大，作为行业协会的中国注册税务师协会在2017年专门制定了税收筹划业务指南性文件《税收筹划业务规则（试行）》，旨在指导、规范税收筹划行业实务，促进纳税人诚信行使税收筹划权，降低反避税法律风险。

随着防治税收筹划权滥用行为的一系列文件的出台，理论界和实务界对税收筹划的盲目狂热开始降温，理论界学者和税务行业人士开始对现状进行反思，税收筹划权的行使也进入了一个新的发展阶段——规范反思期。但是，理论界对于税收筹划权行使误区的研究尚处于初始阶段，从法学角度研究税收筹划权的理论成果整体上较少，与大量有关税收筹划理论与技巧方面的成果形成了鲜明对比。

二、我国税收筹划权行使的现实环境

随着我国市场经济体制的确立，市场主体财产权及其独立利益的保护观念普及，纳税人节减税负的理性要求一定程度上逐渐得到我国税收征管机关的认可。此外，自"建设社会主义法治国家"被写入《宪法》后，我国税收法治建设就成为法治国家建设的重要突破口之一。税务主管机关依法征税的执法理念得到巩固，"有法可依、有法必依、执法必严、违法必究"成为共识；立法机关也相继颁布一系列税收法律法规，逐步落实税收法定原则。这些进步初步奠定了我国纳税人税收筹划权行使的法律基础。

（一）税收法定原则的初步确立一定程度上奠定了税收筹划权行使的基础

遵守法律法规是纳税人进行税收筹划的前提条件。换言之，纳税人必须在法律所允许的界限内，通过对自身经营等活动进行合理设计和安排的方式，从事相关税收筹划活动。是故，一国税收法律法规的发展程度和完善程度对该国税收筹划的整体水平有很大影响。

---

① 这些文件主要有：2015年2月实施的《一般反避税管理办法（试行）》、2016年6月的《关于完善关联申报和同期资料管理有关事项的公告》、2016年10月实施的《关于完善预约定价安排管理有关事项的公告》、2017年3月实施的《特别纳税调查调整及相互协商程序管理办法》、2017年实施的《关于为纳税人提供企业所得税税收政策风险提示服务有关问题的公告》等。

从体系上看，我国目前的税收法律体系主要由五个层次组成：一是《宪法》，其在第五十六条直接规定我国公民有依法纳税的义务①；二是全国人民代表大会及其常务委员会制定的税收法律，如《税收征收管理法》《企业所得税法》《中华人民共和国个人所得税法》等，现行开征的 18 个税种中已有 12 个制定了法律；三是国务院或国务院获全国人民代表大会及其常务委员会授权制定的税收行政法规，如《增值税暂行条例》等；四是财政部、国家税务总局、省、直辖市、经济特区制定的部门规章和地方性法规；五是财政部、国家税务总局以通知、批复、解释等形式制定的规范性文件。由是观之，我国已经初步建立了较为完善且适应当前市场经济体制的税法体系。税收制度法律化具有增强其稳定性与可预测性的优点，纳税人在进行经济事项安排时评估、测算未来税负就成为可能，并且可以利用私法自由形成权优化经济事项方案，达到节减税负的目的。我国税收相关法律法规的逐渐完善和稳定使税收筹划实务的开展成为可能。

（二）税法在地区、行业之间的差别为税收筹划权的行使提供了空间

为推进国民经济、社会发展，我国税法发挥着重要的宏观调控作用，国家通过颁布各项税收优惠措施来支持相对落后地区发展或者激励资金引进、技术开发及扩大出口，因此，税法体系内存在着不同地区与行业间的诸多差异，为纳税人提供了税收筹划的广阔空间。纳税人运用税收优惠政策行使税收筹划权，一方面获取了税负节减利益，另一方面是适应国家政策导向的顺法行为，达成了征纳双方共赢效果，没有任何法律风险。处于发展中的中国，为实现社会与经济目标，势必在相当长的一段时期重视发挥税收杠杆的宏观调控作用，对目标产业和区域予以税收优惠待遇，鼓励纳税人在准确理解税收优惠政策的前提下，积极创设既适合自身特定情形又满足税收优惠适用条件的经营模式或交易方式，在纳税人获取税收利益的同时确保最大化地实现综合经济效益。

（三）税收观念的更新为税收筹划扫清了思想障碍

"权利观念是现实权利形成过程的前提条件。它对现实权利有着一种政治、经济因素无法替代的'内驱力'。"② 在计划经济时期，人们秉持纳税是企业对国家应尽的义务这种观念，对税收的研究也多是从国家角度出发，尤其重视在征纳

---

① 《中华人民共和国宪法》第五十六条规定：中华人民共和国公民有依照法律纳税的义务。
② 程燎原，王人博. 权利论 [M]. 桂林：广西师范大学出版社，2014：354.

税收筹划权研究

关系中国家的权威性，从而忽略了企业作为重要的纳税主体，其在纳税过程中应享有的合法权利，甚至将企业的税收筹划行为视为偷税、避税。随着市场经济体制的确立，我国经济发展的知识化、信息化和国际化程度逐渐加深，此前税收筹划领域存在的一些理论和宣传禁区也被消除，税收筹划活动开始真正地走到阳光下。国家税务主管部门从税法与刑法两个角度对偷税行为的内涵和外延进行了明确界定，企业管理者和投资者也开始意识到税收成本节减的益处，这些观念的更新为税收筹划提供了行动的可能性。

(四) 税务中介服务机构的兴起增强了税收筹划的专业性

我国的税收优惠政策较为繁杂，税收筹划作为一项较为烦琐、复杂的工作，会涉及税收政策法规、企业管理和财务管理等诸多方面，对于专业性的要求很高；此外，税收筹划一般都要考虑具体企业的经营范围、方式等，具有较强的针对性。这就导致企业在没有专业人才帮助的情况下，很难通过自身的力量来制定筹划方案。随着市场经济和税制改革的发展，专业性的税收筹划事务所开始出现，一些传统中介机构也将税收筹划纳入服务范围。以北京、上海、广州等开放度较高的城市为例，这些城市外资企业较为集中，甚至已经催生出一批专门为外资企业进行税收筹划的涉外税务中介机构。可以说，自我国深化改革开放后，国内企业与外资企业处于同一个平台上进行竞争，为了在这种国际化竞争中站稳脚跟，原本筹划意识淡薄的国内企业也开始对税收筹划逐渐重视，而大量税务中介机构的出现也为国内纳税人进行税收筹划提供了专业保障。

(五) 经济全球化为国内企业跨国税收筹划提供了条件

由于当前世界经济趋向全球化，为应对来自国际市场的挑战，国内企业必须努力提升自身的国际竞争力。特别是自我国加入 WTO 后，国内经济与世界经济的融合程度加深，国内市场的企业投资、经营、理财等活动也受到国外市场的较大影响，甚至很多企业逐渐走上国际市场。由于世界各国之间的政治体制、发展战略、经济水平等不尽相同，因此各个国家的税制之间也存在一定差异，这就为国际市场上纳税人的纳税方案优化选择提供了空间，也为国内企业的跨国税收筹划提供了基础条件。不同于税收筹划经验丰富的域外企业，我国"走出去"的跨国企业接触税收筹划时间较短，在国际竞争中若是不能有效行使自身的税收筹划权，则会损害企业自身利益，处于劣势地位。

综上所述，我国立法机关的法律虽未明文规定纳税人的税收筹划权，但在现有法律体系下是可以通过法律解释进行权利推定的，进而推导出我国纳税人享有税收筹划自由。因此，我国纳税人税收筹划权无论从实定法上还是法理上都是有迹可循的，属于一种受法律保护的纳税人权益。现实中，作为我国税务主管机关，国家税务总局在规章中间接认可了税收筹划的合法性，并在官方媒体上连续刊文支持、引导纳税人的税收筹划行为，可以认为我国税务主管机关一定程度上是认可纳税人的税收筹划权的；同时，我国税收法律体系的逐步确立、税务服务机构的兴起及税收观念的更新等表明，在现实社会生活中我国已初步具备纳税人行使税收筹划权的法律和社会环境，事实上纳税人也积极行使税收筹划权获取一定的节税利益，税收筹划在我国纳税人特别是企业纳税人中成为客观存在的普遍现象。因此，税收筹划权在一定程度上已成为我国纳税人的实有权利。

第二节　我国税收筹划权面临的困境

税收筹划引入我国较晚，纳税人税收筹划权也是历经曲折才在一定程度上为我国政府所认可，但除纳税人自身筹划技能不高、对税收筹划的内涵与外延把握不准、筹划过程存在一定法律风险之外，我国纳税人税收筹划权的有效行使还存在立法、执法及司法环境上的困境。

一、税收筹划权的立法困境：税法体系有待完善

只有在税法构成要素法定而且明确的基础上，纳税人行使税收筹划权进行节税筹划时才能够对其未来经济活动的税负予以预测，提高筹划活动的准确性与有效性。税法体系缺乏明确性和安定性，导致税收筹划的操作性不强，税收筹划活动也就难以开展。

（一）税收法定原则有待充分落实

1. 税收法定原则尚未在税法体系彻底贯彻

由于税法具有"合法剥夺私人财产"的"侵权性"特征，因此，为确保纳税人财产不被肆意剥夺，税收法定原则要求税收基本要素只能通过法律来确定，若无法律依据，则国家无权征税，人民也可以拒绝纳税。具体来说，税收法定原则中的"法"是指由国民通过选举组成议会所制定的法律，是人民意志的体现，

在我国则是指全国人民代表大会及其常务委员会制定的法律；税收法定原则的实质在于防止征税权的滥用和保护私人财产利益。因此，确立税收法定原则是我国法治建设中极为重要的一环，对保障我国纳税人税收筹划权的行使也有重大现实意义。改革开放40多年以来，我国已初步建立税收法律体系，税收法定原则作为基本原则在立法中也得到一定程度的体现：一是1982年的《宪法》第五十六条规定了公民纳税以法律为据①；二是宪法性文件，即有"诸法之法"之称的《立法法》第十一条规定了税收的基本制度只能制定法律②；三是《税收征收管理法》第三条中也要求税收依法进行开、停、减、免、退、补③。这一系列法律条文表明，我国税收法定原则是有章可循的，各税收要素直接关涉到纳税人与税务机关之间具体的权利与义务，其更改权限专属于全国人民代表大会及其常务委员会④。

然而，由于当前我国税收立法任务繁重，在短期内难以较好贯彻税收法定原则，部分主要税种甚至尚未纳入立法计划。并且鉴于立法的滞后性，我国税法总体上的法律层级难以及时提升。比如，我国现行18个税种中还有6个税种尚未立法，仅以法规形式开征。换言之，我国一些主要税种是凭借政府条例甚至暂行条例的形式在征收，而不是全国人民代表大会及其常务委员会立法开征的，即使已经制定法律开征的税种，其税制要素的规则相对粗疏，需要制定法规、规章及规范性文件予以明确。因此，税收法定原则的贯彻还不够充分。

2. 税收法定原则未彻底贯彻对税收筹划权的不利影响

税收法定原则在中国税法体系上未得到应有的体现和充分贯彻，必然使税法课税要素法定性、明确性及稳定性受到影响，而税收筹划权有效行使的基本前提就是课税构成要素的可预测性和安定性，否则纳税人的税收策划就缺乏可操作性，或者说税收筹划的法律风险就难以控制，税收筹划权在事实上难以有效行使。

我国税收方面的立法，为了保证语言表达的周全性或法条的全面性，通常采用一些抽象性或概括性较强的词句，如"价格明显偏低""合理""实质"等词语，其含义非常宽广。然而，这种做法却忽视了结构上的严谨性，导致对某些具体法律条文的表述过于简略。另外，抽象性的语言虽然能更全面地表达问题，却

---

① 《中华人民共和国宪法》（1982年）第五十六条规定：中华人民共和国公民有依照法律纳税的义务。
② 《中华人民共和国立法法》（2023年修订）第十一条第六项规定了税种的设立、税率的确定和税收征收管理等税收基本制度，只能制定法律。
③ 《中华人民共和国税收征收管理法》第三条规定：税收的开征、征停以及减税、免税、退税、补税，依照法律的规定执行。
④ 张守文. 税法原理 [M]. 北京：北京大学出版社，2009：113.

极易造成法律概念的模糊，进而导致征纳双方对法条的理解产生分歧。例如，《税收征收管理法》第三十六条规定，税务机关有权对某些纳税人的应纳税所得额进行合理调整[①]，但规定中并未明确合理调整的具体标准和程序。再如，该法第六十三条规定，罚款的幅度为50%以上5倍以下[②]，其上下限之间高达十倍的差距，具体应该处罚多少在很大程度上由办案机关的自由裁量予以确定。因此，在税法缺乏稳定性和明确性的环境下，进行税收筹划时涉税经济事项的税负结果就难以评估、优化。

税收法定原则未在税法体系中彻底落实存在负面效应。例如，立法机关的正式税收立法不足，大量税收行政规章及内部规范性答复、批复在事实上发挥着重要作用，但是，这些规范性文件缺乏法律的严肃性、权威性和稳定性，缺乏作为税收筹划依据的正当性、合理性。同时，税收法定原则未能充分贯彻致使税收筹划所需的大量行政性税收规范信息难以获取。当前我国的税收信息极不透明，一些涉及纳税人实质利益的规定是以内部批复、通知、解释等税收通告作出的，公开性与稳定性较差，不利于纳税人及时有效获取税务信息从而进行税收筹划。

综上所述，我国虽已初步建立了适应社会主义市场经济体制的税法体系，但仍有待完善，并且我国税法体系法定性、安定性需要进一步加强，纳税人行使税收筹划权所依赖的相关法律法规也存在过于抽象概括、模糊易变等问题，削弱了税法的明确性、稳定性和可预期性，导致税收筹划的可操作性降低、法律风险增加。

(二) 现有税收法律体系构成有待优化

1. 税收基本法阙如，各税种单行法缺乏内在一致性

所谓税收基本法，是指居于各单行税收法律、法规、规章之上，并对这些税收规范起统领、指导和协调作用的法律。其具备衔接宪法与各具体税收法律的功能，是各具体税收法律的母法，在整个税收法律体系中具有最高法律地位和法律效力[③]。我国一直未出台税收基本法，缺乏以税收基本法的形式系统地规定和宣示纳税人权利，关于征税的主要规则都规定于各税种的单行法规中，税收征

---

① 《中华人民共和国税收征管法》第三十六条规定：企业或者外国企业在中国境内设立的从事生产、经营的机构、场所与其关联企业之间的业务往来……而减少其应纳税的收入或者所得额的，税务机关有权进行合理调整。

② 《中华人民共和国税收征管法》第六十三条规定：纳税人伪造、变造、隐匿……对纳税人偷税的，由税务机关追缴其不缴或者少缴的税款、滞纳金，并处不缴或者少缴的税款百分之五十以上五倍以下的罚款。

③ 郝如玉. 税收理论研究 [M]. 北京：经济科学出版社，2002：224.

收的法律依据效力层级较低。也正是由于我国未制定专门的税收基本法，作为根本大法的宪法同各单行税收法律间的衔接并不紧密，税收法律体系也因此产生了一些漏洞。这不利于税收法定原则的实现，也忽视了税收法律体系的客观需求。

2. 税收立法行政化，征税依据层级过低

税收行政部门僭越税收立法权，立法明显行政化。长期以来，"法律保留原则"在我国税收立法过程中未能得到严格遵守，导致实践中存在税收授权立法的滥用现象，造成行政机关集立法与执法权力、"运动员"与"裁判员"的身份于一身，立法行政化倾向明显。例如，在接受了两次税收立法授权后①，国务院颁布的税收行政法规已有 30 余部，一度涉及我国 18 个税种中的大多数，如《增值税暂行条例》和《消费税暂行条例》等。而国务院职能部门或者地方政府、地方行政机关等行政主体，还会对税收征管实践中的某些具体问题进行针对性解释或制定相关行政规章。据统计，其发布的税收规范性文件中仅税收通告就多达 5500 部②；就税收规范性文件的名称而言，则有"通知""办法""说明""解释""答复""复函""规定""函""标准""批复""意见""通告"等十余种形式③。在我国的实际税收征管过程中，这些税收通告发挥了主要作用。

大量行政规章成为税收征缴的重要依据，表明我国财税主管部门事实上享有广泛的税收行政立法权。这种税收执法兼立法现象的存在，严重破坏了国家机构之间的权力分置原则，违背了税收法定精神，侵蚀了人民代表大会的专属立法权，损害了国家机构之间的职能分工与制约。同时，上述做法也导致税法体系呈现非法律化倾向④，从根本上动摇了税收立法权的严肃性，极易出现"朝令夕改、法出多门、互不统一"的问题，使纳税人税收筹划权事实上难以行使。

---

① 历史上，全国人民代表大会及其常务委员会对国务院的税收立法授权有两次：1984 年的《关于授权国务院改革工商税制发布有关税收条例草案施行的决定》和 1985 年的《关于授权国务院在经济体制改革和对外开放方面可以制定暂行的规定或者条例的决定》，其中 1984 年的授权在 2009 年十一届全国人民代表大会常务委员会通过的《关于废止部分法律的决定》中被废止，而 1985 年的授权仍有效力。

② 刘剑文. 落实税收法定原则的现实路径 [J]. 政法论坛，2015 (3)：14-25.

③ 伍劲松. 我国税法行政解释制度之反思 [J]. 税务研究，2010 (3)：69-72.

④ 非法律化倾向集中表现于税法解释方面，涉税国家行政机关在遇到执法中的问题时，往往需要对税收法律规范作出一定的解释，以更好地加以适用。但是在我国，涉税国家行政机关解释的权限过大，涉税国家行政机关不仅能对行政法规、部门规章、地方性法规进行解释，有时还能对全国人大及其常委会制定的法律进行解释；不仅能对税收法律规范作字面解释，还能进行扩张解释或缩小解释；不仅可以直接影响税收执法权的行使，还可以间接影响税收立法权。涉税机关作出的各种解释往往成为随后出台的税收法律规范的重要参考蓝本，税收司法权涉税机关作出的解释可能会成为法院审理税务案件时裁判的依据。

（三）税收立法对纳税人权利保障不足

1. 纳税人权利缺乏宪法层面上的应有保障

纳税人权利保障是税收实质法治的核心。然而，由于我国法治传统的缺失，长期以来并未对纳税人的权利保障予以充分关注。我国法律规定中关于纳税人权利的内容模糊不清，保护的范围也极为有限。近些年来，随着民主法治的进步，我国纳税人权利的保护得到一定程度的改善，比如，在《税收征收管理法》① 及国税总局发布的《关于纳税人权利与义务的公告》② 中都对纳税人权利作了相应规定，但是依然存在较大不足。主要体现在这二者都未涉及我国宪法层面上的纳税人基本权利，其对于纳税人权利的规定大部分属于程序方面的，少有纳税人实体性权利的内容，这与西方国家普遍确认税收筹划权、诚实推定权、公平合理征收与用税监督权为纳税人最基本权利的做法存在差距。

美国、加拿大等税收制度较为发达的国家，都很注重宪法对纳税人权利的保障功能，为保护纳税人的权利，宪法经常会被司法化以适用于税收领域的争议裁判。比如，美国的《纳税人权利法案》、加拿大的《纳税人权利宣言》和《情报自由查询和隐私权》，以及新西兰的《纳税人权利宣言》等，均以宪法性文件专门立法来保障纳税人的基本权利。而目前我国的纳税人权利尚未被置于宪法与人权的高度予以重视，宪法未能发挥其在纳税人权利保护体系中应有的作用，没有将纳税人在税收程序方面的权利作为法定权利加以原则性规定。可以说，纳税人税收程序上的基本权利若不能在宪法层面加以体现，就难以切实保障该权利的有效实现，税收筹划权这一纳税人基本权利也就难以深入人心，难以在税收行政机关征税执法过程中得到普遍的应有尊重和认同。

2. 税收筹划权尚未由法律明确认可

英国哲学家约翰·洛克在《政府论》中指出："法律按照其真正含义而言，与其说是限制，不如说是指导一个自由而有智慧之人去追求他的正当利益。"③从形式上及微观层面来看，征纳双方的利益是直接对立的，自有税收以来双方

---

① 《中华人民共和国税收征收管理法》规定的纳税人权利主要有知情权、保密权、申请税赋减免权、陈述申辩权、控告检举权、请求回避权、举报权、拒绝非法检查权、申请复议权、提起诉讼权、请求国家赔偿权。

② 《关于纳税人权利与义务的公告》规定的纳税人权利主要包括知情权、保密权、税收监督权、纳税申报方式选择权、申请延期申报权、申请延期缴纳税款权、申请退还多缴税款权、依法享受税收优惠权、委托税务代理权、陈述与申辩权、对未出示税务检查证和税务检查通知书的拒绝检查权、税收法律救济权、依法要求听证的权利、索取有关税收凭证的权利等十余项权利。

③ ［英］约翰·洛克. 政府论（下篇）［M］. 北京：商务印书馆，1983：56.

的博弈就没有停止过。但是"禁不如疏",在法律制度史上,国家对民间盛行行为的禁止往往并不能成功,更为合理的态度应当是疏导,为各方主体提供合理的利益安排方式与纠纷解决机制。如果可以合理、合法地安排自己的经济事项从而达到适度节减税负之目的,纳税人就不必冒着巨大的法律风险实施偷税行为。

目前,我国纳税人的税收筹划权在权利的法律地位上仅是一种"隐含"在法律体系下的推定权利,在现实中虽然税务主管部门在报纸、杂志上刊文宣传、引导税收筹划实务的健康发展,国家税务总局的规章将税收筹划纳入税务师执业范围也间接表明税收筹划实务的合法性,表明国家税务主管机关一定程度上认可纳税人的税收筹划权,但是规章的层级太低,在我国最高人民法院的司法解释中明确了案件的审理不得引用规章,只可参照适用,仅为"裁判说理依据"。另外,推定权利毕竟没有国家立法机关制定的明文条款确认的权利那样具体、明确,那样具有普遍性、规范性和确定性,那样有力的支持①。因此,我国纳税人的税收筹划权一定程度上仍然属于一个敏感话题,在基层税收实践中部分管务机关仍然质疑税收筹划的合法性、正当性,难以接受税收筹划权是纳税人一种基本权利的事实,在部分地区税收筹划实务甚至仍然停留于私下操作、模棱两可难以定性的状态②。因此,在权利意识薄弱、以成文法条文为行为指南的国家,若没有法律法规对税收筹划权予以认可、为其提供制度上的保障,会极大地妨碍税收筹划行业的健康、有序发展,损害纳税人的合理节税利益。

二、税收筹划权的行使困境:税收执法的规范性有待加强

(一) 税务机关的执法自由裁量权过于宽泛

在税收行政执法程序中的自由裁量权,主要是指税务机关及其工作人员遵循立法精神和立法目的,以合理、公平、公开、效率为原则,在税收法律法规允许的幅度和范围内,对具体涉税事项进行认定并作出行政执法行为的权力。法律之所以赋予税务机关自由裁量权,是因为受立法技术和法律本身滞后性的限制,在税收立法时不可能对全部税务行政活动都作出详尽无遗的规范,因此必须给予税

---

① 程燎原,王人博. 权利论 [M]. 桂林:广西师范大学出版社,2014:328.
② 邹胜. 税务筹划之:不可说 [EB/OL]. 2017 - 05 - 25. http://mp. weixin. qq. com/s? _ biz = MzA5NjEwOTY1OA%3D%3D&idx = 1&mid = 2649195 437&sn = 217c6ace359a2f12624de758b6d1a0ad.

务机关一定程度上的行为选择自由；同时，赋予税务机关自由裁量权也有助于提高税务执法效率。也就是说，赋予税收执法机构一定自由裁量权是正当、合理的。然而，我国税收在赋予税务机关及其执法人员税收执法自由裁量权的同时，忽视了对纳税人正当权益的保护。事实上，在国家审计署对全国 16 个省级区域国税税款征收管理工作的审计报告中，也提出了税务机关执法自由裁量权过大的问题，并建议有关部门加强管理，而且认为其中涉及税收筹划权的反避税规则过于抽象、概括，税务机关的行政权力需要控制①。尤其是以下几个方面涉及纳税人税收筹划权的自由裁量权过于宽泛，需要适度控制。

1. 税收核定权

税收核定权是税收执法权的一种，指税务机关为确保国家财政收入，在符合税法规定的情形时依照法定程序对纳税人的应纳税额或者计税依据进行合理核定或者调整的权力。税收核定权，即通常所说的税额核定权与纳税调整权。前者一般指增值税、消费税、前营业税及其他财产税征收过程中征税机关以核定的课税为依据计税的权力，在立法中多采用类似"……税务机关有权核定……"予以表述。后者又称特别纳税调整权，多指《企业所得税法》第六章"特别纳税调整"及其相关法规规章中税务机关防治滥用税收筹划权进行避税的权力，在立法中多采用类似"……税务机关有权调整……"予以表达。在我国税法体系中，这种自由裁量规定十分常见。

（1）在法律与行政法规层面上，税收核定权在《税收征收管理法》及其实施细则和其他单行税法中都有规定。比如，《税收征收管理法》第二十七条、第三十五条、第三十六条、第三十七条及第八十八条中，明确了税收核定权的行使界限、争议解决、救济程序等问题，还列举了税务机关有权核定纳税人应纳税额的六种情形②，对于调整关联企业之间有关业务的纳税额的适用条件也有涉及。《税收征收管理法实施细则》第四十七条规定了税务机关核定课税的四种方法，还在其他条款中规定了调整关联企业应纳税额的五种适用情形，明确了税收核定方法、程序及回避制度。《企业所得税法》则在第四十一条、第四十二条、第四十四条及第四十七条中明确了在无正当理由的情况下，企业若是减少了应税收入

---

① 鲍灵光. 反避税过程中举证责任问题探析 [J]. 税务经济研究，2012（4）：26.

② 《中华人民共和国税收征收管理法》第三十五条规定：纳税人有下列情形之一的，税务机关有权核定其应纳税额：（一）依照法律、行政法规的规定可以不设置账簿的；（二）依照法律、行政法规的规定应当设置账簿但未设置的；（三）擅自销毁账簿或者拒不提供纳税资料的；（四）虽设置账簿，但账目混乱或者成本资料、收入凭证、费用凭证残缺不全，难以查账的；（五）发生纳税义务，未按照规定的期限办理纳税申报，经税务机关责令限期申报，逾期仍不申报的；（六）纳税人申报的计税依据明显偏低，又无正当理由的。税务机关核定应纳税额的具体程序和方法由国务院税务主管部门规定。

或所得，税务机关有权对其进行调整。《企业所得税法实施条例》对企业所得税应纳税额的预约定价、调整方法和程序等都进行了规定。《增值税暂行条例》《中华人民共和国个人所得税法实施条例》等单行税种条例也对相应税种的核定权作出了规定。

（2）从国家级行政机关发文层面来看，鉴于税收核定工作具有工作量大、程序烦琐、涉及面广等特点，因此，国务院和国家税务总局大量下发规范性文件，以期尽可能全面地对税收核定工作进行规范和指导①。近年来，为了防治税收筹划权滥用进而损害国家税收利益的行为，国务院与国家税务总局更是专门制定了一些防治规则，在文件中以抽象的一般反避税条款赋予税务机关宽泛的自由裁量权，如2014年印发的《一般反避税管理办法（试行）》、2017年3月印发的《特别纳税调查调整及相互协商程序管理办法》等。

2. 税务行政处罚的种类与幅度的自由裁量权

税务行政处罚的种类与幅度的自由裁量权，主要是指在纳税人违反税收征收管理秩序，但尚未构成刑法上的犯罪，因此只承担行政法上相应责任的情况下，税务机关依法享有的对采取哪些制裁措施进行选择的权力。税务行政处罚的类型主要包括警告、罚款、没收违法所得及非法财物、停止办理出口退税、收缴或停售发票等，而其具体适用则由税务机关决定，并且税务机关还掌握着罚或不罚、罚多罚少的权力，因此，我国税务机关的税务行政处罚自由裁量权的范围十分广泛②。

---

① 按照年份罗列如下：《关于调整核定征收企业所得税应税所得率的通知》，《国家税务总局关于发票核定和最高开票限额审批有关问题的批复》（国税函〔2007〕868号），《国家税务总局关于调整核定征收企业所得税应税所得率的通知》（国税发〔2007〕104号），《财政部国家税务总局关于核定中国人寿资产管理有限公司2006年度计税工资税前扣除问题的通知》（财税〔2007〕110号），《国家税务总局关于全面推广个体工商户计算机定额核定系统的通知》（国税函〔2007〕1084号），2009年《特别纳税调整实施办法（试行）》（国税发〔2009〕2号），《国家税务总局关于应用评税技术核定房地产交易计税价格的意见》，《国家税务总局关于印发〈企业所得税核定征收办法〉（试行）的通知》，《国家税务总局关于企业所得税核定征收若干问题的通知》，《国家税务总局关于印发〈非居民企业所得税核定征收管理办法〉的通知》，《国家税务总局关于核定车辆购置税最低计税价格的通知》，《卷烟消费税计税价格信息采集和核定管理办法》（国家税务总局令〔2011〕第26号），2014年印发的《一般反避税管理办法（试行）》，2017年3月印发的《特别纳税调查调整及相互协商程序管理办法》，等等。

② 具体体现在：《中华人民共和国税收征收管理法》第六十条至第七十三条，《中华人民共和国税收征收管理法实施细则》第九十条至第九十八条，《发票管理办法》第三十六条至第三十九条，《税务登记证管理办法》第四十四条和第四十五条，上述条款都明确规定了税务行政处罚的幅度。这种幅度可分为两类：一类是纳税人违反规定，除了由税务机关责令限期改正，可以处罚一定的数额标准，也可以不处罚。自由裁量空间相当大。另一类是纳税人违反规定，除了由税务机关责令限期改正，一并处罚一定幅度的数额标准。可见，对纳税人违反规定是否处罚以及具体处罚的幅度标准，是由税务机关自由裁量决定的。

3. 税务违法事实与情节认定的自由裁量权

该权力是指在税务行政机关行使自身职权的过程中，根据自己的主观认识并结合客观情况，对税务行政相对人某一行为的违法性质或者违法情节轻重进行认定的权力。而对于此类违法事实情节的认定，《税收征收管理法》规定了两类自由裁量权：一是对税收事实方面的自由裁量，如第三十八条和第五十五条之规定，若税务机关有一定的事实依据认为纳税人存在逃避税收的行为，就可以采取责令限期缴纳等措施；二是衡量具体情节的轻重，一方面在《税收征收管理法》中涉及"情节严重"的法律条款有很多，另一方面对于"情节严重"的具体认定，《税收征收管理法实施细则》中除个别的有说明之外，大部分税务违法行为情节轻重的认定标准尚未规定，而只能依靠税务机关自由裁量。

4. 税务行政行为与期限选择自由裁量权

税务行政机关按照税收相关法律法规之规定，对税务行政相对人某一违法行为选择作出不同行政行为的权力，被称为税务行政行为选择自由裁量权。税务行政行为期限裁量权，则是指由税务机关依据税收法律法规，在法定期限内选择作出某一行政行为之具体时间的权力[①]。它主要包括两个方面，即在税收保全和强制方面的自由裁量权，具体是指在实施税收保全、税务强制的过程中，对是否采取强制执行措施、是否适用税收保全，以及采取上述措施的期限、方式等进行裁量[②]。我国税收法律规范赋予了税收机关在行政行为与期限选择方面较大的自由裁量空间。

据统计，在涉及税收的法律之中，含有"可以"一词的法条大概占据了全部税收法条数的 70%，而相比之下采用"必须"一词的法条数量则较少，仅占全部税务法律条款的 17% 左右[③]。《税收征收管理法》共包含 97 个法律条文，其有 63 条涉及裁量问题，比例高达 65% 以上。从上述数据可以看出，我国税务部

① 例如，《中华人民共和国税收征收管理法》第十五条规定：税务机关收到纳税人的税务登记申报后，应在三十日之内进行审核并下发税务登记证件。三十天之内，既可以是一天，也可以是二十九天，税务机关在时限选择上享有一定程度的自由裁量权。又如，增值税、消费税条例规定纳税人的纳税期限可以是 1 日、3 日、5 日、10 日、15 日，按月或者按季度确定，具体期限则由纳税人主管税务机关确定。

② 例如，《中华人民共和国税收征收管理法》第三十八条规定：在税务机关进行保全操作时，可参照具体状况，在相当于应纳税款的范围内选择冻结纳税人存款或扣押、查封纳税人应税的货物、商品与其他财产，或者二者并举。第四十条第一款第二项规定：在进行强制执行工作时，能够在法律范围内选择拍卖或者变卖所查封、扣押的货物、商品以及出售拍卖所得抵缴税款。第五十四条规定：在税务机关检查税务工作时，可根据具体情况，自行选择决定是否检查纳税人账簿，到纳税人生产、销售的场所或者货物存放地检查应税商品、货物或者其他财产，或者可强制纳税人出示纳税有关资料等。

③ 王晓琨. 完善税收自由裁量权控制制度研究［D］. 云南财经大学硕士学位论文，2015.

门享有相当广泛、灵活的自由裁量权。在税务工作的全部过程和各个方面，税务机关都可以在法律允许的范围内自行决策、行使自由裁量权，而这种太过宽泛的税收自由裁量权，导致纳税人的利益处于极不确定的状态，经济交易的涉税法律效果也一直被置于税务机关主观掌控之下，这从根本上动摇了税收筹划的预见、优选的前提。

（二）征管实务中存在税收核定权滥用风险

在所有税收自由裁量权中，税收核定权对于税收筹划权的影响最大，直接制约了纳税人顺利行使税收筹划权。宽泛的税收核定权赋予了税收执法主体很大的选择空间，虽然具有明显的任意、灵活之主观自由性，但在行使过程中所作出的行政行为与羁束性税收行政行为一样具有强制性、效力先定性。换言之，即使纳税人对税务机关重新定性或者调整税基的决定不服，也必须先履行该决定或者提供纳税担保，才有资格启动其救济措施①，这是因为税额的核定行为属于征税行为，不同于纳税人与税务机关就处罚决定、强制执行措施或者税收保全措施方面的争议，既可以依法申请行政复议，也可直接向人民法院起诉②。税额核定权及纳税调整权在本质上是依据实质课税原则赋予税务机关及其执法人员的税收自由裁量权，因此一般笼统地将二者称为税收核定权。税收执法人员在行使税收核定权时依据主观判断，启动调查程序进而重新定性课税要素、对税基进行核定或者调整，这直接否定了纳税人通过税收筹划方案所表现出来的课税要素，纳税人欲就税额争议进行救济需要履行前置程序，因而这种设定过宽、缺乏制约的税额核定权与纳税调整权，不利于税收筹划权的行使。

我国税法对税收核定权的行使缺乏有效的规制，税收核定权存在滥用风险。

---

① 《中华人民共和国税收征收管理法》第八十八条规定：纳税人、扣缴义务人、纳税担保人同税务机关在纳税上发生争议时，必须先依照税务机关的纳税决定缴纳或者解缴税款及滞纳金或者提供相应的担保，然后可以依法申请行政复议；对行政复议决定不服的，可以依法向人民法院起诉。

② 例如，《中华人民共和国企业所得税法》第四十一条规定：企业与其关联方之间的业务往来，不符合独立交易原则而减少企业或者其关联方应纳税收入或者所得额的，税务机关有权按照合理方法调整。《特别纳税调整实施办法（试行）》第二十八条规定：税务机关有权依据税收征管法及其实施细则有关税务检查的规定，确定调查企业，进行转让定价调查、调整。被调查企业必须据实报告其关联交易情况，并提供相关资料，不得拒绝或隐瞒。第四十三条规定：经调查，企业关联交易不符合独立交易原则而减少其应纳税收入或者所得额的，税务机关应按以下程序实施转让定价纳税调整。

1. 对核定课税的适用条件缺乏必要限定

只有存在"推算的必要性"时，核定课税行为才被允许。例如，根据日本学者北野弘久的观点，只有在纳税人无账簿文件、虽有账簿文件但真实性存疑、拒绝提供账簿文件，并且不具备其他进行实质课税的资料时，才可以进行推计课税。我国台湾学者陈敏则认为，"惟有依事件之性质，无法正确调查或计算所得额，而纳税义务人在说明时又未尽协力义务，始得依推计课税之补充证据方法为之"①。两人都强调了只有在无法正确计算应纳税额的情况下，税务行政机关才可以行使税收核定权。

实行核定课税制度具有一定的必要性，一是可以在纳税人不建立会计账簿或者不履行协助义务、不出示相关涉税单据时，进行核定征税以避免税收流失；二是为体现税负公平原则，在计税依据不合理或明显偏低时，税务机关可以依据税收核定权调整税基。但是核定征税同时也存在诸多弊端，因而从理论上说，其只能作为一种辅助性征税手段，必须加以限制，而不应广泛运用。但在我国税收征收的实际操作过程中，存在税务机关税收核定权的扩大化运用现象，加大了纳税人进行税收筹划的法律风险，严重阻碍了公平、有序税收征管秩序的建立。例如，本书引言中提到的"广州德发税案"是否受到纳税人、税收专业中介行业及学界广泛质疑，认为其不具备税收核定权的适用条件。学者杨小强指出，该案涉及税收核定权的边界问题②，如何防止税务机关税收核定权滥用、降低纳税人税收筹划的法律风险，成为公权与私利衡平的重要考量。可见，应对税务机关适用税收核定的条件进行必要的明确与限制。

2. 对核定税额的指标量化不够科学

现行税法规定了大量核定征税办法，却缺乏具体配套制度对核定的各项指标进行细化、量化。依据《税收征收管理法实施细则》，征税人员一般参照当地同行业、相关行业、相近经营规模等办法，结合纳税人所耗用的水、电、气及原材料进行核定，这种核定办法比较粗放、主观，由不同执法人员所进行核定的结果差异较大，即采取这种指标量化标准得出的结果可信赖度低、科学性不高。

3. 对核定课税办法的规制过于简单

实际上，大部分税务征收基层机关在实践中存在将核定课税制度简化的倾向。现实生活中税务机关在进行税额核定时，一般是以相同行业、相同规模纳税人的纳税状况作为参考，从而增强核定结果的可靠性。税务机关核定课税时依据

---

① 陈敏. 租税稽征程序之协力义务 [J]. 政大法学评论, 1988: 74.

② 严丽梅. 创最高法审理案件"仨第一""广州德发税案"判决结果出炉 [EB/OL]. 2017-04-19. http: //news. 21cn. com/guangdong/a/2017/0418/18/32180262. shtml.

相关的规定，以原料、燃料、成本加合理费用为标准来确定最终数额，但大多数纳税人提供上述费用的相关凭证存在一定困难，导致这种核定方法的可操作性不足。此外，由于各个地区、不同级别的税务机关之间在核定标准上存在差异，地处交叉管理地带且情况类似的纳税人很可能因标准不同而利益受损，即类似情形却需要缴纳不同数额的税款，导致纳税人之间的实质不公平，还会损害税务机关的公信力，极易招致纳税人的不满，造成征纳双方关系紧张。

（三）我国税收执法环境下税收筹划权虚化

我国税法体系中存在诸多由实质课税原则转化而来的规则，这些规则赋予了税务机关宽泛的税收执法自由裁量权，突破了税收法定原则。与其他国家相比，我国在防治滥用税收筹划权进行避税的行政立法方面，较早地适用了抽象性较高的一般性条款模式，这一定程度上导致法律的不确定性增加①。一般反避税性条款在反击避税行为的同时，由于缺乏配套的细化标准，执法者宽泛的税收自由裁量权缺乏有效制约，权力存在扩张的趋势，有冲击税收法定原则的风险，将导致诸多法律问题。具体表现为：为达到财政效果或者完成税收任务，无论纳税人的相关交易行为的法律形式如何，执法者可能会借由"价格明显偏低""无正当理由""无经济实质"等极度抽象、模糊的语词所设定的税收核定权行使条件，决定依据实质课税原则适用自由裁量权对相关纳税人的应税行为予以重新定性、"合理"调整。这有悖于税法的安定性要求，必然导致实质课税原则与税收法定原则的脱节。我国税务机关在适用实质课税原则时考虑的因素往往过于单一，主观自由裁量的空间较大。

2012 年印度最高法院审结的"沃达丰税案"是有关纳税人税收筹划权争议影响很大的知名案例，印度最高法院最终裁定，纳税人沃达丰公司系正当行使税收筹划权，其筹划行为合法有效。国内"重庆渝中税案"与印度"沃达丰税案"在事实和情节上基本类似，发生和处理基本处于同一时间阶段，而"重庆渝中税案"中纳税人被认定为避税，两案结论截然不同。关于两案处理上的差异，除了法律依据不同，与两国税务机关在进行避税判断的考量因素上的差异也有很大关系。在"重庆渝中税案"中，我国税务机关因中间公司无实质性经营业务事实而认定其为空壳公司，认为股权转让交易不具有合理的商业目的，故适用"实质课税原则"予以征税；而在"沃达丰税案"中，印度最

---

① Jinyan Li. Tax Transplants and Local Culture：A Comparative Study of the Chinese and Canadian ［J］. GAAR Theoretical Inquiries in Law, 2010 (11)：666.

高法院认为，对纳税人交易行为的性质判定，原则上不应质疑纳税人所选择的外在法律形式，仅在有足够证据显示其交易缺乏合理商业目的，依据事实和整个交易过程都表明该交易实际上是虚假交易或者避税安排时，税务机关才可适用"实质课税原则"，否定纳税人所创设的外在交易形式，对其重新定性。进行判定时税务机关应综合考虑如下相关因素：中间公司设立时间，企业在境内经营的具体时间、所得，外资是否为短期行为，不宜仅因为中间公司无实质业务就认为其无合理商业目的。跨境公司设立控股子公司而无实质营业，有可能是出于跨境审批监管方便、投资资金易于退出等需要，不能简单地认为外国投资者的行为缺乏合理商业目的。对于概括性语汇"商业目的"的理解，印度最高法院是持开明宽泛的解释态度的。印度最高法院在判定纳税人的涉税策划是正当的税收筹划还是避税时既考虑了有无经济实质的客观要件，也顾及了纳税人设立"导管公司"是否具有其他合理商业目的之主观要件，任一要件不存立则排除避税的认定。而我国"重庆渝中税案"等相关案例，就披露的信息分析，税务机关未综合考量其他合理商业目的这一主观要件，仅凭"无经济实质"这一客观要件即认定纳税人的安排系避税行为。可见，一些税务机关在税案处理中行使自由裁量权，有可能会因适用"实质课税原则"而压缩纳税人正当的税收筹划空间。

总而言之，任何权力都具有自我扩张的本能，作为行政性权力的税收执法裁量权也不例外。税收执法自由裁量权的运用虽然可以提高征收效率，但这种宽泛的自由裁量权也给税收执法权力的滥用和寻租打开了方便之门，破坏了税收筹划活动对于经济事项税负的可预见性，打乱了纳税人对自身生产经营等活动的安排，违背了税收法定主义的精神与要旨，纳税人的税收筹划权也就成为镜花水月。

三、税收筹划权的维权困境：救济渠道不畅

"没有救济就没有权利"。对纳税人进行税收筹划所创设的交易模式是否构成避税的争议，有税务行政复议、税务行政诉讼两种救济方式。在实现救济和维护纳税人税收筹划权的过程中，两种救济方式既有各自的缺点及不足，也有其不可替代之优势。因而，既要不断地改革和完善两种救济方式的不足之处，也要处理好两者的关系，这对税收筹划维权保障具有重要意义。税收筹划是否构成避税的争议属于"纳税争议"，不同于一般的税收争议而有其救济上的特殊性——"双前置条件"困难，即一旦税收筹划的方案被认定为避税，则税务机关将对交

易形式重新定性、调高税基、要求纳税人补税,若纳税人认为己方是合理行使税收筹划权、不接受税务机关对其避税定性处理,则形成征纳双方"纳税争议",纳税人若想救济自己的权利必须先补税再经过税务复议才能进入诉讼程序。"双前置条件"导致当前我国税收筹划权救济门槛高,同时也存在法院裁决独立性、专业性不强及地方保护主义等问题,这些问题增加了纳税人税收筹划争议维权的成本和败诉风险,使其维权活动陷入困境。我国纳税人极少将税收争议诉诸诉讼,背后隐藏的原因是我国税纳税人权利的救济渠道不畅通。

(一) 纳税人权利救济程序存在缺陷

1. 行政救济制度上的缺陷

我国纳税人税务争议行政救济制度方面的缺陷主要体现在复议机构设置与复议前置规定两个方面。

首先,我国税务系统具有纵向垂直管理特征,纳税人对做出具体税务行政行为不服申请复议时,受理复议的机关为做出具体行政行为的上一级税务机关,两级税务机关存在内部隶属关系,行政上的隶属关系强化了上下级税务机关之间的利益关系,在这种类似于"既当裁判员,又当运动员"的复议架构之下产生的裁决,即便结果实质上是客观、公正的,但因缺乏公正的外在形式而难以让人信服。

其次,我国纳税人税收争议的救济路径当前有复议前置与或议或诉自选两种,前者适用于纳税及滞纳金争议,后者为其他税务争议所适用。复议前置制度要求纳税人必须先执行缴纳义务或者提供相应的担保,方可提起复议;经复议裁决后,若不服裁决的结果,可向人民法院起诉①。与或议或诉自选的救济方式相比,复议前置的救济方式无疑增加了纳税人维权的成本与难度。正如威廉·格拉德斯通所言的"迟到的正义是非正义",在纳税争议救济程序中强制规定行政复议前置延长了救济过程,不仅拖延了纳税人获得救济的时间,层层递进的救济程序也将不断消耗纳税人的人力、物力。更为现实的问题是,纳税人可能缺乏资金或可供担保的资产而无法履行补税责任,因此被复议前置程序拒之门外,进而丧失获得救济的权利,这在实务中并不鲜见,无异于直接剥夺了纳税人的救济权利。

---

① 《中华人民共和国税收征收管理法》第八十八条规定 (见第142页下注)。《中华人民共和国海关法》第六十四条规定:"纳税义务人同海关纳税争议时,应当缴纳税款,并可以依法申请行政复议;对复议决定仍不服的,可以依法向人民法院提起诉讼。"

2. 司法救济制度上的缺陷

（1）"双前置条件"阻碍纳税争议的司法救济程序启动。尽管我国有着全球最庞大的市场、最大的纳税群体，但我国纳税人将税收争议诉诸司法救济程序的非常少，近年全国年税收行政诉讼案件总数仅几百件或一千件左右（见图4-1）。

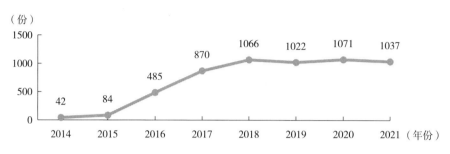

（份）

图 4-1 近年税务行政诉讼裁判文书数量

这一情况很难被理解为纳税人权利已经得到有效保障、征纳双方争议少或在前置程序中矛盾已真正消解，而基本可以被解读为纳税人因司法救济实际效果不佳而放弃诉权，加之持续经营的纳税人需要长期接受拥有宽泛自由裁量权的主管税务机关的管理，故而更不愿意因一次不确定的判决结果而与其对簿公堂。

纳税人通过司法救济的途径设置了"纳税前置"与"复议前置"双重前提条件。换言之，当纳税人无力补缴税款或者提供担保时会被剥夺申请复议和向法院提起诉讼的权利，不能对税务机关做出的决定进行抗辩。这无疑违背了现代民主法治精神，使纳税人的权利不能公平地获得救济，甚至于相当一部分纳税人因财力不足而直接被隔离在任何有效救济途径之外。

（2）法院的裁判难以保持独立性。我国宪法规定人民法院依法独立行使审判权，不受任何行政机关、单位、团体和个人的干涉。为防止行政机关在征税工作中滥用自由裁量权，保持司法机关的独立性以发挥其监督执法、制约行政权力滥用的职能显得尤为重要。虽然在现行推进的司法改革下，司法机关人、财、物实施省级统管，但地方人民法院层级较低，在以地方税务部门为被告的地方人民法院在税务行政诉讼的审理过程中，不可避免地会受到当地行政机关的干涉，此时案件审理结果的公正性便无法保证。

（3）缺乏专门的税务法院。涉税案件的审理具有极强的专业性和复杂性。税务是专业概念复杂、运行机制丰富、计算要求极高的专业领域，涉及会计、财务、法律和经营等行业知识，对从事税务工作的人员提出了极高的专业性要求，这就要求法官审理涉税案件时也应具有同等的税收专业知识。然而，我国当前法院的大多数法官缺乏相应的税收专业知识，在审理复杂的涉税案件时，往往需要咨询或者求助于税务机关的认定证据和事实，案件的审判权于无形中受到同为案件当事人的税务机关的影响，同时，税法具有保证税收收入、协调其与私法秩序的双重定位，要求法官对涉税案件的判决应当平衡税收与私法秩序之间的关系。在实践中，税收执法与税收司法存在衔接不当的问题。各级人民法院的审判人员对我国税收政策了解不清，面对大量复杂的税务纠纷案件不能及时受理、裁判。因而，如何在税收司法中实现公正、及时的审判迫在眉睫①。

正是基于税收案件的专业性与复杂性，许多国家专门设立审理涉税案件的税务法院，任命同时具有专业税务知识和法律知识的人担任法官。另外，税务法院的管辖不以行政区划划分，而是以经济区为界的，这样的管辖权划分规则也有利于保持税务法院的独立性。但我国目前并未设有专门的税务法院，一定程度上不利于涉税争议得到及时、高效、公正的解决。

(二) 税收筹划是否构成避税的判定程序于纳税人不利

1. 税收筹划争议中纳税人举证义务大、遵从成本太高

由于税务机关与纳税人在信息收集方面的不对称，在税务征管过程中，法律法规都强制要求纳税人就其涉税筹划行为提供交易相关的信息。例如，《企业所得税法》要求纳税人进行关联申报，就关联交易提供相关信息以证明符合独立交易原则；国家税务总局颁发的《特别纳税调整实施办法（试行）》明确了关联关系、关联交易范围，详细列举了纳税人进行关联申报需提交的大量系列资料②，并要求纳税人按纳税年度准备、保存、按税务机关的要求提供其关联交易的同期资料，包括纳税人组织结构、生产经营情况、关联交易情况、可比性分析、转让定价方法的选择和使用等大量繁复的相关资料③。纳税人不予报送或者

---

① 新华网. 尽快成立跨行政区域税务法院［EB/OL］. 2015-06-30. http://news.xinhuanet.com/legal/2015-06/30/c_127968143.htm.

② 《特别纳税调整实施办法（试行）》第十一条规定：实行查账征收的居民企业和在中国境内设立机构、场所并据实申报缴纳企业所得税的非居民企业向税务机关报送年度企业所得税纳税申报表时，应附送《中华人民共和国企业年度关联业务往来报告表》，包括《关联关系表》《关联交易汇总表》《购销表》《劳务表》《无形资产表》《固定资产表》《融通资金表》《对外投资情况表》《对外支付款项情况表》。

③ 《特别纳税调整实施办法（试行）》第二十八条规定：税务机关有权依据税收征管法及其实施细则有关税务检查的规定，确定调查企业，进行转让定价调查、调整。被调查企业必须据实报告其关联交易情况，并提供相关资料，不得拒绝或隐瞒。第三十三条规定：根据所得税法第四十三条第二款及所得税法实施条例第一百一十四条的规定，税务机关在实施转让定价调查时，有权要求企业及其关联方，以及与关联业务调查有关的其他企业（以下简称可比企业）提供相关资料……

提交资料的，按照《税收征收管理法》第六十二条及第六十三条处以罚款，被认为隐匿不交的则构成偷税，承担所涉税额可高达五倍的罚款，并且有可能还要承担刑事责任。由此可见，纳税人税务遵从成本和风险大大增加。

2. 权利滥用形成避税的认定标准过于宽泛、模糊

税收筹划与避税行为的根本不同点在于前者符合税法的立法意图而后者是逆法规避，然而税法意图与目的隐含在条文之后难以把握，避税行为又总是游走于法律边缘地带，因此在防治税收筹划权滥用形成避税的程序中如何准确对二者做出识别和区分就成了一大难题。一方面，我国防治税收筹划权滥用进行避税的立法规则基本上是行政法规和部门规章，税务部门一边行使征税权一边制定反制纳税人的征税规则，这种"既当运动员，又当裁判"模式下确定的反避税规则本身的合理性、适度性就难以得到保证。另一方面，税收条例与规章采用一般性概括语言的立法技术，为税务机关及其执法人员在涉税筹划行为是否构成避税的判断上确定了一系列宽泛、灵活的认定标准，并规定了筹划方负有自身交易行为"具有合理商业目的"的证明义务①。这种立法上的特征导致税务机关拥有宽泛的税额核定权、特别纳税调整权，而税收筹划权利人则需要"自证清白"，即证明自身交易行为的合理商业目的。

在我国，增值税、消费税等税种法律、法规授权税务机关行使税收核定权进行避税反制的规则过于简单化，缺乏具体配套办法对税务机关的执法行为进行规范。即使较为完备的企业所得税法及其配套条例、规章，为了便利税务机关对避税行为的查处也仍然采用一般反避税条款的立法模式授予税务机关以宽泛的执法自由裁量权。一般反避税规则在制定时使用较抽象性与概括性的语言，如"滥用""合理商业目的""实质重于形式""经济实质""经济分析"等，虽然维持了规则的普遍适用性与稳定性，但在实践过程中为反避税工作留下较多可操作的余地。一般反避税条款模糊的认定标准使正当的税收筹划行为处于很大的法律风险中，极易被认定避税而难以自证具有"合理商业目的"。

---

① 《特别纳税调整实施办法（试行）》第九十五条规定：税务机关启动一般反避税调查时，应按照征管法及其实施细则的有关规定向企业送达《税务检查通知书》。企业应自收到通知书之日起60日内提供资料证明其安排具有合理的商业目的。第九十六条规定：税务机关实施一般反避税调查，可按照征管法第五十七条的规定要求避税安排的筹划方如实提供有关资料及证明材料。《一般反避税管理办法（试行）》第十三条规定：主管税务机关实施一般反避税调查时，可以要求为企业筹划安排的单位或者个人（以下简称筹划方）提供有关资料及证明材料。

3. 相关司法解释空白，司法实践严重依赖税收行政规范性文件

由于一般反避税规则过于抽象、概括，内涵不明晰，外延不确定，因而在适用过程中就需要结合个案的具体事实进行解释才能适用。鉴于行政机关是反避税工作的执法者，其对一般反避税规则所做出的理解出于本位主义难免失之偏颇，因而应尽量不适用行政解释。出于维护法律稳定性与权威性角度考虑，立法者不宜对税收法律做出频繁修订，故司法机关作为相对独立的部门做出的中立的解释对于保护纳税人税收筹划权益是最佳选择。以司法解释弥补一般性条款的不足具有合理性。学者梁慧星认为，一般条款具有不确定的内涵和开放的外延，"立法者没有为一般条款确定明确的概念，以使法官可据以进行逻辑操作。它只为法官指出，一个方向，至于在这个方向上法官可以走多远，则让法官自己判断"[1]。我国台湾学者葛克昌指出，一般条款不以法律条文为界限，可做漏洞补充。针对反避税一般条款，法官就需要参酌税法的立法目的和税法精神[2]。可见，以司法解释监督税务机关是否合理适用一般反避税规则，确保税收筹划是否构成避税的认定符合个案实质公平，是维护纳税人权利的合理路径。

在域外反避税进程中，法律解释是法官的专属领域，无论是确立了税法严格字面解释原则的 Westminster 案（英国），抑或是突破字面意思原则转而依据法律目的对避税行为进行认定的 Stubart Investments Ltd v. The Queen 案（加拿大）[3]。在普通法系国家，反避税原则大多是在反避税司法实践之中孕育而生的，其转折与创新一般也是最先在法院产生的，诸如分步交易原则、虚假交易原则、实质重于形式原则、商业目的原则和经济实质原则，都是在法院审理反避税案件时逐渐发展起来的，从而成为指导反避税工作的普遍原则。在大陆法系国家，法院对反避税实践工作的作用也不可小觑，如德国法院针对《德国租税通则》第 42 条中"滥用"一词所做出的具体解释，极大地帮助了税收执法者与税收筹划者对一般反避税规则的理解，指导着德国反避税工作的开展。由此可见，域外法院在反避税工作领域具有极大的权威，法院的司法解释及在个案中形成的反避税理论是反避税制度的重要组成部分，特别是在一般反避税规则的适用中，其具有不可替代的作用。

在我国目前的税法解释实践中，财税主管部门颁布的行政解释反而成为主体，税收行政解释数量远远超过税收法律的总数，这些税收行政解释有的不再局限于文义解释的范畴，而是超越自身的解释权限，甚至对税收要件事项作出了规

---

① 梁慧星. 民法解释学 [M]. 北京：法律出版社，2009：294.
② 葛克昌. 税法基本问题（财政宪法篇）[M]. 北京：北京大学出版社，2004：12-13.
③ 薛中文. 加拿大一般反避税条款研究 [J]. 法制与社会，2012（7）：95-118.

定和修改。税务机关事实上变相地拥有了税收立法权。另外，在审理此类案件时，我国普通法院审判人员因缺乏专业知识会向行政机关寻求解释，这严重违背了法院独立审判的原则。审判人员在税务案件审判中有时直接援引税务行政机关的规范性文件，难以按照税收法定原则等税法原理进行专业的法律推理并深入分析、审查税务具体行为的合法性①。

---

① 儿童投资主基金与中华人民共和国杭州市西湖区国家税务局行政征收二审行政判决书（浙江省高级人民法院行政判决书（2015）浙行终字第 441 号）。中国法律文书网：http：//wenshu. court. gov. cn/list/list/？ sorttype＝1&conditions＝searchWord+QWJS+++全文检索：（2015）浙行终字第 441 号。

第五章
税收筹划权的实现保障

新型权利由一般利益、法益、法定权利再到实有权利的升华过程往往涉及多方博弈。"现代法治国家是以保护权利的完备法律为其特征的⋯⋯国家必须承担起保障和促进权利得以实现的任务。这是国家的'积极'义务或者责任。"① 我国纳税人税收筹划权从推定权利成为法定权利、圆满的实有权利，其权利形态的转换是一个曲折、漫长的过程，需要国家强制力的实际保障，以及法治环境和相关社会资源的促成。当前法律环境下我国纳税人仅在一定程度上实际享有税收筹划权，面对纳税人有效行使税收筹划权的种种困境，尚需从立法、执法及司法多个路径进行规划和保障。

第一节　税收筹划权立法环节的实现保障

一、税收筹划权的立法确认

我国纳税人在纳税过程中的权利在法律制度中还未得到全面体现，宪法层面仅强调纳税人依法纳税的义务，缺乏对纳税人权利的总体性保护规定。我国纳税人现有权利主要规定于《税收征收管理法》及其实施细则，国家税务总局通过对现有税收法律、法规进行梳理，于《纳税人权利与义务公告》中概括出我国纳税人享有的 14 项权利。虽然国家税务总局的规章中对税收筹划行为的合法性间接予以认可，但规章的层级太低，在我国最高人民法院的司法解释中明确了案件的审理不得引用规章，只可参照适用，仅为"裁判说理依据"。在现有法律体

---

① 程燎原，王人博. 权利论 [M]. 桂林：广西师范大学出版社，2014：341.

系下尚无国家立法机关制定的法律条文对纳税人在纳税过程中最重要的权利——税不多交的税收筹划权进行明确认可和保护，税收筹划权保护问题更多停留在学术探讨之中。综观域外国家税收立法实践现状，肯定纳税人税负从轻诉求、保障纳税人税收筹划权乃税收实践发展的大趋势。为切实保障纳税人权利，我国也应通过立法方式确认纳税人的税收筹划权。

（一）我国税收筹划权类型化保护的必要性

由纳税人财产权、私法自治原则、税收法定原则，以及相关的纳税人权利保护立法，可以推导出我国现行法律体系下纳税人享有税收筹划权。我国税务主管部门的规章也认可税收筹划属于税务师执业范围，间接表明在经济事项的多种可能模式中，纳税人有选择税负较轻的经济交易方式的自由，佐证了税收筹划权是我国纳税人的一项权利，并且在近年的税收征纳法律实践中，税收筹划权也获得我国国家税务主管机关一定程度上的认可。但从权利地位分析，我国纳税人的税收筹划权尚"隐含""潜藏"在现行法律体系之中，是一种推定权利，从法理学角度看，还只是一种法益——未经法定化的、法律应予保护的利益，一种概括的、不十分确定的利益，受法律保护的力度相对于国家立法机关明确立法保护的权利还较弱。在以成文法为传统的中国，推定权利的法律地位没有法律明确保护的权利的认可度高，其似乎是介于法定权利与自然权利之间的一种法益①，加之在我国长期强调纳税人的义务，因此极易忽视纳税人的税收筹划权。学界对纳税人权利保障研究的时间也还不长，税收筹划权作为近年来才发现的、揭示的新型权利，在税收征纳实务中尚未获得税务机关的普遍、一致认可，相当一部分纳税人进行节税筹划时对其行为的正当性、合法性认知也信心不足。在习惯于寻求权利的法律明文依据的大环境下，我国有必要通过立法机关制定的法律条文来明确认可纳税人"一个也不多交"的税收筹划权。

1. 新型权利类型形成路径分析

英美法系的权利体系具有开放性，法官具有"造法"的权力，可以凭借其法律经验、自身理解和"衡平"原则，将现实生活中需要法律保护的利益认定为新的法律权利并加以保护。此种由法官来确定新权利类型的模式，与现实生活中权利类型的相对无限性以及富于变化的特点能够很好地契合。与英美法系不一样的是，大陆法系的法学家面对法定权利不足以满足社会现实需要的情况时，依

---

① 很长一段时间内，税法理论界和实务界称纳税人为"纳税义务人"，近年来才改称为"纳税人"，以表明其是税收法律关系的权利主体，既有纳税的义务，更享有纳税人广泛的权利。

靠"权利推定原则"来解决。随着社会经济的不断发展，需要法律保护的权利与利益日益多元化，即使立法体系非常完善的成文法国家也难以将所有权利都以明确的法律条文规定出来，对于绝大多数立法未予明确规定但是需要公权保护的利益，在个案中可以通过对法律原则和既有权利体系的推理、解释等技术具化为下位权益从而得到保护。这样可以暂时解决大陆法系权利体系封闭性而带来的不足，待条件成熟后，再将推定权利中那些重要的、必须保护的利益进行立法，从而塑造新的独立权利类型。马克思曾指出，社会不是以法律为基础的，那永远是法学家的幻想。反之，法律应该以社会为基础①，社会为法律提供土壤与源泉。现实的社会生活不是静止不变的，其真实的情况是一直处在流变之中，而且，从利益的视角来看，其形态也处于不断消亡、涌现的过程。与之相适应，权利种类也应随着社会的变迁和利益的变迁而不断发展、健全和丰富。出于人类的有限理性，一些被法学家认为完善的法律条文也具有局限性，无法将现实生活中所有的利益形态进行权利类型化，因此，现实生活中必然会存在一些虽然没有被立法明确认可的，但是符合经济社会发展需要、应当由法律确认的权利。

从权利生成理论分析，一般利益、法益、法定权利三者的法律保护力度渐次强化，某种利益在利益保护顺序中的地位不是静止不变的，社会、经济及文化观念的发展变化都可能推动三者变化，或者原有权利不被重视而实际衰退，或者法益转而为法律明确认可，形成新的法律权利类型。权利类型化就是一个随着社会、经济及文化等的发展，法律未予明确保护的部分合法利益、权益越来越重要，由立法者进行识别、选取，并在法律中将该利益明确列举予以保护的过程。权利的类型化是制定法的产物，立法者将公民、法人等主要的权利在法律上予以明确规定，有利于相关各方正确理解权利并保障权利。此外，法律文本上明确的类型化的权利易于得到权利相对方的尊重，在执法、司法实践上获得保护的确定性强于通过法律体系推导出来的权利。因此，立法者应该加强立法工作，提高立法技术，完整地、科学地将重要的利益纳入"法定权利"②。目前，我国税收总收入连年攀升，纳税人群体不断扩大，合理节税成为一种普遍的诉求，税收筹划权作为广大纳税人的重要权利已经具备由推定权利转化为法定权利的经济、社会条件。

2. 税收筹划权具备明确立法保护之重要性与紧迫性

在制定法国家，某种权利要在成文法中得到类型化的确认，并非一蹴而就

---

① 马克思恩格斯全集（第6卷）[M]. 北京：人民出版社，1961：291-292.
② 文正邦. 有关权利问题的法哲学思考 [J]. 中国法学，1991（2）.

的，需要经历一个循序渐进的过程。通常认为，权利本身并没有主观意志，新型权利得以类型化，并非权利本身要求成为类型化的权利，而是该种权利非常重要且容易受到侵犯，故社会现实要求立法对这种权利予以类型化保护。作为社会调整工具的法律，有必要随着特定社会、经济环境的发展将具有重要价值的利益加以类型化，并以法律条文的形式明确列举出来，从而赋予其"法定权利"的外壳而加以保护。

税收筹划权是纳税人在税收征管程序中最重要的实体性权利。税收在微观上具有无偿性、强制性，纳税人存在税不多缴的正当诉求，税收筹划是充分保护纳税人自身财产权内在需求的自然反映。税收筹划行为只要在法律的许可范围之内，税务机关及其执法人员都应对其予以认可。我国当前税法中明确规定的纳税人权利多为程序性权利，实体性权利没有受到应有重视。正如学者所言，税收筹划权是纳税人的基本权利①，纳税人经济交易、经济事项的处理极可能涉及多种税负的支出，而"合理节税""一个不多交"是纳税人的人性本能，税收筹划权是否得到立法认可及应有保护，直接关系到广大纳税人的利益。由于税收筹划权涉及的权利主体——纳税人群体众多，税收筹划行为将会影响市场主体交易行为方式的创设与优化，影响国家税收激励调控政策的有效性，对税收筹划权予以专门类型化立法保护具有重要的制度构建价值，且现有财产权、税收优惠权及退税权的内容，难以涵盖税收筹划权，因此，税收筹划权是纳税人在税收征收全过程中十分重要的权利。税收筹划权作为新型权利，予以立法保护的必要性与其重要性是相当的。

税收筹划权作为一种新型权利，目前社会公众对其认识还不够清晰，即使是纳税人自己，虽有节税本能，但也容易将合理节税、避税与偷税相混淆。如果没有立法澄清税收筹划、避税与偷税的认识误区，一些纳税人就会不敢积极进行税收筹划、保护自身财产权益；同时，在税收征缴实务中，税收筹划权若未通过立法明确予以保护，纳税人策划节减税负的利益存在被侵犯的可能：在不同税负的多种交易、营业模式中，纳税人税负从轻的优选方案可能不为税务机关所认可，税务机关就可能强行行使宽泛的税收核定权、纳税调整权，按照税负较高的交易、营业模式征税。在税收争议中，纳税人与税务机关博弈，纳税人为弱势一方，其税收筹划谋求的合理免除、少缴或缓缴税的利益如若得不到立法认可，在救济程序中就可能得不到应有保护。由于立法未明确认可税收筹划权，因此纳税人的税收筹划行为处于很大的不确定风险之中。目前，纳税人的税收筹划权与税

---

① 蔡昌. 论税收筹划的法律规制与伦理判断 [J]. 财会学习，2015 (4)：45.

155

务机关宽泛灵活的税收自由裁量权难以形成有效制衡，国家在进行系列立法严密防治纳税人滥用私法形成自由进行避税的同时，相应地应该正面立法明确认可、支持正当的税收筹划权。

在英、美、德等税制发达的国家，税收筹划权已成为纳税人的基本权利，税收筹划业务已经十分成熟，并发展起庞大的税务中介服务机构，纳税人已习惯行使税收筹划权，通过合法途径节减税负，铤而走险的偷税行为相对较少。在中国，税收筹划还未得到充分发展，有些公众甚至常常将其与偷税相混淆，或者误认为避税，广大纳税人税收筹划实践经验不足。此外，国家宏观调控职能也需要借助税收激励政策来实现，税收激励政策的利益诱导通过纳税人的税收筹划可以得到积极回应，因而税收筹划权的法律认可是利国利民的制度构建。然而，在中国，税法立法指导思想以维护国家利益为主，严防偷税、漏税成为税收征管立法的重点，防治纳税人滥用私法形成自由避税的法律法规较多，而且反避税立法采取的是特别条款加兜底性一般条款的严格模式，是一种比世界其他大多数国家更周密、更强力的避税反制的立法体制，其赋予税务机关宽泛的执法自由裁量权。笔者以为，任何事物都具有两面性，纳税人财产权与国家征税权之间应保持相对衡平，尽管税收筹划权有滥用的可能，对权利滥用通过立法予以反制是必要的，但也应理性正视税收筹划业务的积极作用。国家在出台系列反制避税措施，赋予税务机关宽泛、灵活的税收核定权、纳税调整权的同时，也应顾及纳税人税负从轻的正当诉求，防止税务机关因行使自由裁量权而对税收筹划利益造成侵害。

"市场主体的基本经济权利不清或者缺位，行政权必然会无限扩张。"[①] 因此，立法明确认可税收筹划权，并制定配套系列规范，指引税收筹划实务健康发展，是保障纳税人正当权益、平衡私权利与公权力必要的制度构建，是走向"税收法治"的进步之举。法治水平越高的社会，权利保护的类型越具体、丰富。税收筹划权衍生于传统财产权，是一种具备自身特定内涵的经济自由权，作为纳税人重要的权利之一，体现了国家对纳税人私人财产权的周密保护，基于其重要性及易于被侵犯的考虑，在法律条文中予以明确认可、将其转换成一种新型法定权利具有紧迫性和必要性。

(二) 税收筹划权的法定化方式

1. 税收筹划权的法律层面认可与保护

根据权利法力说的观点，"权利是能够在法律中得以强制实现的要求权"[②]。

---

① 王克稳. 论市场主体的基本经济权利及其行政法安排 [J]. 中国法学，2001 (3)：5.

② 余广俊. 论道德权利与法律权利 [J]. 山东社会科学，2009 (10)：125.

权利所包含的利益经由法律的强制力而具备实现的可能性。正因如此，为了保护纳税人的利益，有必要在法律层面明确税收筹划权是我国纳税人的一项基本权利，可以考虑在我国未来制定的《税收基本法》中以专门条文明示，规定纳税人享有在法律许可的范围内选择节减税负的营业或者经济行为的自由，税务机关不得以有利于国家税收收入的目的无根据地重新定性纳税人所选择的交易形式而调整税基，纳税人税收筹划所谋求的合理免除、减少或者缓缴税款的利益受法律保护。《税收基本法》位阶较高，上衔接宪法、下统领各个税收单行法，在《税收基本法》中明确规定纳税人的税收筹划权，能够与我国税务机关既有的强税收执法自由裁量权形成衡平之势，使纳税人不多缴税负的诉求得到尊重。当然，若是我国将来制定《纳税人权利法》，在该法集中归纳、明确纳税人各项权利的同时，对税收筹划权予以明确，也是一项比较理想的制度安排。

鉴于我国税收立法任务重，18 个税种中尚有 6 个税种未完成法律层面的立法，加之《税收基本法》与《纳税人权利法》目前还难以提上日程，而税收筹划权又亟须得到法律明确认定，本书认为比较现实的路径是，在近年来拟议修订的《税收征收管理法》中镶入税收筹划权条款，这一路径较为得体、可行，既能救急也可节约立法成本。

2. 税收筹划权相关主要内容的法规或规章制定

限于立法技术，法律层面不可能对税收筹划权行使的相关实务规则做出详细具体的规定，可以考虑制定《税收筹划准则》或者《税收筹划实务管理办法》等单行法规或规章对税收筹划实务进行指导、规范。在对税收筹划权进行在制度设计时，应遵循一些基本要求：首先，纳税人应该依法进行税收筹划。其次，纳税人的税收筹划必须遵循规范、公开、真实的要求，不应进行欺诈性筹划，不应进行毫无商业目的的筹划。最后，纳税人应将所有的税收筹划资料保管、留存，以为将来的税务稽查及纠纷解决提供凭据。关于税收筹划权行使规则的制定，可参考和借鉴中国注册税务师协会于 2017 年 2 月 7 号发布的《税收筹划业务规则（试行）》[①]。

二、税收法定原则在立法领域的落实

贯彻税收法定原则，既是税收筹划权实现的法律基础，也是纳税人进行税收筹划的可预见性基本保障。

---

① http://www.cctaa.cn/zczd/zygz/ssfwl/2017-02-07/CCON17900000016035.html.

（一）税收法定原则入宪

税收法定原则界定的是现代租税国家中纳税人与国家的基本关系，确保国家向纳税人征税具有实体和程序的正当性，其根本要义在于限定国家征税权、保障纳税人财产权。该原则应纳入宪法从而成为统领一国税法体系构建的基本原则。正如学者所言，影响我国税收法治的因素虽然纷繁复杂，但最重要的因素却是税收"法定"方面的缺失，中国首先应以税收"法定"作为推进税收法治的先导①。税收法治作为我国建设法治国家的突破口，其重点任务是落实税收法定原则②。日本税法学者金子宏也强调，税收法定原则是现代法治思想在课税、征税上的重要体现③。宪法是一国之根本大法，是公民权利的宣言书和保障书，只有在宪法中对税收法定原则予以明确具体的规定，才能够使其在法律制定中被真正贯彻，从而使纳税人的权利获得强有力的保障。

英国、美国、法国、日本、意大利等国家的宪法都非常注重财税制度的构建，在有关国家机构及其权力分配、公民基本权利和义务的规定中都体现了税收法定原则，明确规定了没有法律规定政府不可以征税④。从历史来看，税收法定原则从其产生伊始，就是为了控制政府的征税权。对于政府征税权的限制唯有上升到宪法的高度，才能真正得以落实。基于税收法定原则的重要性，我国宪法应借鉴其他发达国家的经验，对税收法定原则予以明文规定，并在我国税法体系中体现其要求，具体而言：明确《宪法》第五十六条公民依法纳税义务条款中的"法"仅指狭义的"法律"；各个税种基本课税要素的立法权专属全国人民代表大会及其常务委员会；清晰界定全国人民代表大会、国务院、地方立法机关及政府等不同层级的税收立法权限；规定税务机关必须依法征税，政府无权变动法定课税要素。

因此，为保障纳税人的税收筹划权，当前财税法治建设的重点任务是落实税收法定原则。只有税收法定原则入宪，才能保证其在税收立法、执法及司法全过程的基本原则地位，从而督促公权机关牢固树立私人财产权保护意识，控制征税

---

① 张守文. 税收法治当以"法定"为先 [J]. 环球法律评论，2014（1）：55.

② 刘剑文. 论国家治理的财税法基石 [J]. 中国高校社会科学，2014（3）：145.

③ ［日］金子宏. 日本税法 [M]. 战宪斌，郑林根，等译. 北京：法律出版社，2004：57.

④ 日本1946年宪法第84条规定了国家开征新税或变更现行税种，必须依照法律的规定进行。法国现行宪法第33条规定了各种税收的基准、税率和征收方式，货币发行制度由法律予以规定。本条有关事项由组织法予以细化和补充。意大利宪法第23条规定了没有法律的依据，不得向个人征税。西班牙宪法第122条第1款规定：国家按照法律的规定行使税收立法权。秘鲁宪法第129条规定：对于税收的设立、修改、取消或制定其他优惠措施，必须有专门的法律予以规定。

的权力在法律划定的范围内行使，确保不侵犯纳税人包括税收筹划权在内的正当权利。

（二）税收立法不再空白授权立法

税收法定原则与民主、法治原则相伴而生，并且相互作用。坚持税收法定原则，必将对国家征税权进行限制。首先，要限制税收执行权和司法权，此乃税收法定原则诞生的第一动机；其次，随着税收法定原则的发展，又产生了约束税收立法权的机能[①]。税收法定原则一方面通过消除税收行政及司法裁判过程中的权利滥用现象来保护纳税者的权利，另一方面要求制约立法过程中的滥用权力现象，以保护纳税人的基本权利。根据税收法定原则，各个税种的开立征收、课税基本要素必须以法律为依据，即各税种单行法的制定必须坚持法律保留原则。税收法定原则要求涉及税种的基本课税要素及征税程序的规范性文件只能由全国人民代表大会及其常务委员会制定，与税收相关的其他事项要逐步缩小授权立法的范围，在进行必要的授权立法时必须对授权立法的目的、事项、范围、期限和基本要求予以明确。全国人民代表大会及其常务委员会作为我国最高权力机关和立法机关，其立法效力等级高、权威性强，但立法程序相对复杂、立法周期较长。而授权立法虽然效力等级较低、权威性相对较弱、稳定性较差，但其立法周期较短、针对性较强，具有较大的灵活性。很长一段时间内我国绝大多数税种的征收依据为改革开放初期全国人民代表大会两次授权政府自行制定的条例或暂行条例，后来全国人民代表大会收回授权，制定了多数税种征收依据的单行法[②]。根据《立法法》的规定，税收基本性问题均应以法律形式规定，只有尚未制定法律的，全国人民代表大会才可以授权国务院制定行政法规。2015 年党中央审议通过《贯彻落实税收法定原则的实施意见》，其中明确规定，开征新税应当通过全国人民代表大会及其常务委员会制定相应的税收法律。2017 年新开征的税种——环境保护税即以法律形式开征。是故，该意见的出台和实施将有力推动税收法定原则的落实。

税收法定原则要求税收制度的规定具有稳定性、明确性、可预测性，税制通过法律形式固定下来不得任意更改、解释，使纳税人在实施经济行为之前就能准确预测行为的税负效果，为纳税人税收筹划权的顺利行使提供了法律参照依据。

---

① 易有禄，李婷. 税收法定原则视野下的税收立法权回归 [J]. 江西财经大学学报，2014（1）：121-129.

② 2015 年党中央审议发布通过《贯彻落实税收法定原则的实施意见》[EB/OL]. 2017-03-18. http://news.xinhuanet.com/2015-03/25/c_1114763794.htm.

(三) 实质课税原则应与税收法定原则相协调

税收征收不仅要求坚持税法的形式正义，还要求体现税法的实质正义，课税要件的确定要体现实质课税原则，但实质课税原则的适用须受税收法定原则制约，体现实质课税原则的反避税规则需要尽量明确化、具体化，以防止宽泛的税收核定权妨碍纳税人税收筹划权的行使，以保护税收筹划基本的核心领域不受侵犯。

我国对于滥用税收筹划权进行避税的防治规则——一般反避税条款，缺乏配套政策，这造成税务机关及其执法者拥有宽泛的税收核定权与纳税调整权，因此，有必要对反避税规则进行约束。体现实质课税原则的一般反避税条款需要与税收法定原则相协调，不受税收法定原则制约的一般反避税条款对于纳税人来说是极为危险的，其经济行为的税负效果处于完全不确定状态，也会影响市场主体交易的可预见性和积极性，不利于经济的活跃。因此，实质课税原则必须与税收法定原则相协调，尽可能法定化、规范化、具化为相应的制度。为明确一般反避税条款中部分专业术语及模糊性词语的定义，立法者应当及时制定配套解释以完善一般反避税规则。我国相关的立法机关应当针对现有一般反避税条款中"经济实质""合理商业目的""合理调整"等合理性判断问题制定相关解释。立法解释是最具权威性的法律解释，一些容易在反避税工作中出现争议的问题应当由立法者进行厘定，而非由税收执法者即行政机关进行界定。同时，立法者应当制定一套反避税程序规则，当税收执法者在援引反避税规则拟对涉税策划行为进行重新定性、调整时，可以严格遵循法定程序，以确保调查、调整行为的程序合法性。我国法律规定的相关法律责任主要集中于纳税者，有关税收执法者在反避税工作中需承担的法律责任的内容较少，不利于纳税者权益保护与维护反避税工作的公正性，故其相关法律责任内容也应尽快完善。因此，分别确定纳税者与税收执法者的相应法律责任，也成为一般反避税立法框架中的重要内容。至此，本书认为，较为完善与理想的反避税立法框架应当在税收法定原则的指引下，由一般反避税条款与相关解释、相应程序规则与法律责任构成。

三、税法体系的合理构建

(一) 税法体系整体上保持国家征税权和国民财产权的衡平

保持国家征税权和国民财产权的衡平是税收立法指导思想之一。财税法的根本任务，就是要依靠法治来统摄财政收入，通过对权利和权力、义务和责任在不同主体间的合理配置，来实现财政权与财产权的平衡与协调①。税法是调整税收法律关系之法，其基本要旨是在满足国家财政收入的同时保障纳税人的财产权不被公权机关肆意侵犯，确保国家征税保持合理的"度"，不因过度征税而导致经济凋敝，还要确保国家获得必要的财政收入以克服市场失灵，为社会提供公共产品和公共服务。

欲完善税法体系，保障纳税人行使税收筹划权，需要平衡国家财政权和国民财产权的关系。具体要求如下：首先，在理念上承认国家征税权与国民财产权的相对独立性。其次，应尽可能明确区分正当的税收筹划行为与越界滥用税收筹划权进行避税的行为，给纳税人开展税收筹划行为和税务机关反制避税的执法行为以明确的预期。再次，国家征税权与国民财产权"衡平的度"处于动态调适变化中，纳税人总体税负应控制在合理的范围内，以防纳税人过激筹划甚至产生逃避纳税的意识。最后，立法机关必须协调好国家税务机关税收核定权与纳税人税收筹划权之间的关系。

（二）适时制定《税收基本法》与《纳税人权利法》

如前所述，在税收领域，《税收基本法》是统领税法体系，规定税法指导思想、基本原则、基本税收体制、税收立法权限、征税基本程序、纳税人的权利和义务、税收救济程序等基本问题的根本大法。我国加入世界贸易组织时承诺将逐步实现法律制度的充分公开、透明与统一，而税法是影响投资、贸易决策的重要法律，在我国属于新兴法律部门，其体系尚不健全，存在着立法位阶不高、空白授权立法等问题。在税收实践中，财税主管部门颁布了大量内部税收通告发挥了重要的征管作用，同时反映出当前我国税收立法缺乏明确性、稳定性和可预见性，这与入世承诺还存在差距，我国应尽快制定《税收基本法》，以保护纳税人权益，确保税收筹划权的顺利行使。同时，我国也应适时制定《纳税人权利法》，明确纳税人享有税收筹划权等权利。美国、澳大利亚等税制发达国家均制定了专门保护纳税人权利的法案，如澳大利亚的《纳税人宪章》、美国的《纳税人权利法案》，集中规定有关纳税人权利的条款，以专门法案的形式明确了纳税人权利的地位，起到了良好的效果。我国纳税人权利散见于《税收征收管理法》，比较粗疏，详细的解释较少。而国家税务总局发布的《纳税人权利与义务公告》及其相应的解读，仅仅是一个行政层面的文件，类似于普法宣传材料，不

具有法律效力①。我国在从"企业国家"向"租税国家"转换的过程中，应积极借鉴域外立法，结合我国实际，在专门的法律、法案中明确纳税人享有税负从轻的税收筹划权、诚实推定权、监督权、知情权、获得公平合理对待权（不受歧视的权利）、保密权等权利。

（三）具体税收法律制度的完善

税收法律制度的完善与规则的明确是有效行使税收筹划权、获取税收利益的前提条件。但凡法律规则均应具有稳定性、明确性、可预测性等基本特性，以实现其指引功能。相比一般法律而言，税法对明确性、稳定性有更高的要求。这一方面是因为对纳税人财富的无偿征收既是定性过程又是定量过程，为确保私人财产不被肆意侵犯，对征税标准予以明确规定是理所当然的；另一方面是因为纳税人行使税收筹划权所涉及多种交易形式负载了不同税负，税法的稳定性能够确保税收筹划权的行使不会改变当事人之间的经济结果，不会对经济活动产生不确定的影响，这是税收法定原则的下位原则——税收要素明确原则的要求。

税收要素明确原则所包含的税收法律的稳定性、明确性、可预测性要求，一方面可以防止税务机关及其执法者滥用宽泛的自由裁量权，另一方面可以为税收筹划提供合理预期，是税收筹划权得以有效行使的必备条件。税法的稳定性有助于纳税人形成合理预期，从而选择最适合自己的交易模式，确保经济自由及经济效果稳定。从立法角度来看，基于法律的稳定性与权威性，税收制度若能以法律形式固定下来，能让纳税人在做出行为选择之前就比较准确地预期法律后果。

第二节　税收筹划权执法环节的实现保障

权利存在的价值在于现实地满足权利主体的需要。税务机关作为税收筹划权的义务主体尊重纳税人的税收筹划权、认可纳税人通过税收筹划获取的税收利益，是税收筹划权得到有效保障的关键环节，税收筹划权便从法律体系中的权利转化为纳税人实际享有的权利。

---

① 朱大旗，张牧君. 美国纳税人权利保护制度及启示［J］. 税务研究，2016（3）：84.

一、税收法定原则在税收执法程序中的贯彻

税收法定原则作为税法的最高原则，在现代文明国家受到广泛认同并被普遍奉行①。2013 年 11 月党的十八届三中全会通过《中共中央关于全面深化改革若干重大问题的决定》，文件强调我国要坚决落实税收法定原则，全面推进依法治税。2023 年十四届全国人民代表大会第一次会议修订《立法法》时，进一步重申与强化了税收法定原则。② 可见，税收法定原则在立法环节落实的路线图已然明确。相应地，税务机关及其工作人员在税收执法程序中落实税收法定原则也势在必行。

就税收执法程序而言，税收法定原则旨在控制征税权，保障纳税人权利。其要求税务机关及其工作人员在税收征纳过程中保障纳税人的税收知情权、诚实推定权、税收筹划权等权利，在羁束性行为中依法行政，在裁量性行为中依税法目的合理行使税收执法自由裁量权。

（一）强化税务机关工作人员依法征税的意识

推进税收法治、充分保障纳税人合法权益，必然要求税务机关工作人员树立税收法定、依法治税的观念。税务机关工作人员一方面在工作中规范自身行为，不逾越法律规定违法违规征缴税款；另一方面充分保障纳税人的合法权益，坚持纳税人权利与义务并重的原则。税务机关工作人员对纳税人的税收筹划行为秉持客观、公正的态度，尊重纳税人的税收筹划权，充分理解纳税人行使税收筹划权获取税收利益的合理诉求。税务机关工作人员应该提升执法能力，实事求是地鉴别正当的税收筹划行为和其他税收违法行为，防止税收违法行为的惩处妨碍纳税人正当行使税收筹划权。

（二）税务机关应坚持依法行政原则

目前我国法律尚未明确规定纳税人的税收筹划权，因此，税务机关在确认税收筹划的合法性时，可能会对法律进行超出字面范围的解释，以致错误地将税收筹划混同于偷税、避税等行为，侵犯了纳税人的税收筹划权益。另外，税收法律具有专业性、抽象性等特征，普通纳税人在进行税收筹划时，往往更为信赖税务机关在先例中所表明的法律态度，并以此指导自身行为，预测行为后果。由于税

---

① 杨志强. 依法治税是做好税收工作的根本保障 [J]. 中国税务, 2015 (1)：16.
② 《中华人民共和国立法法》第十一条　下列事项只能制定法律：……（六）税种的设立、税率的确定和税收征收管理等税收基本制度……

务机关的非理性释法，纳税人税收筹划权的实现实际上已经受到了妨碍。为推动纳税人税收筹划权的实现，征税机关必须坚持依法行政原则。

具体而言，依法行政原则要求征税机关在防治税收筹划权滥用时，应运用法律标准而不是道德标准对纳税人的涉税策划行为进行评价。依据税收法定原则，纳税人除依法缴纳税收之外并无其他纳税义务。只要不违背税收法律法规，这种看似"不道德"的税收筹划行为，当属法律许可范围内的行为。

二、税收执法自由裁量权的适度控制

税收执法自由裁量权是"法治"授权的"人治"，本身即具有一定的"自由性"和"专断性"，存在被滥用的可能，因此法律与民意对其的监督与控制从未停止。当前我国税制尚未完善，税收立法层级不高，全国人民代表大会空白授权所制定的行政法规、规章及税务主管部门的规范性文件实质上构成了我国税收执法的主要依据。换言之，税收行政部门自己制定的行政性规范文件是我国税收行政行为的主要依据。那么，可以想到，我国税收执法自由权是相当宽泛的，进而致使纳税人税收筹划的结果存在极大的不确定性。此外，为防治税收筹划权滥用进行避税，我国在实质课税原则的指导下颁布了《一般反避税管理办法（试行）》，赋予税务机关灵活的税收核定权、纳税调整权，更加剧了税务机关与纳税人间权力（权利）和义务的失衡，容易导致税务机关滥用执法权侵害纳税人税收筹划权益的行为。因而，有必要构建具体制度适度控制税收执法的自由裁量权，防止部分执法人员滥用税收核定权剥夺纳税人合理的税收筹划利益，确保税收筹划的基本领域不受侵犯。

（一）税收执法自由裁量权行使应遵循的原则

1. 合法性原则

合法性是税务机关行使自由裁量权的首要要求。合法性原则是指税务机关在行使自由裁量权时，必须依据法律法规的授权来实施具体行为，并对其行为后果承担法律责任。凡超越授权范围的自由裁量都是无效且违法的行为。针对税收执法自由裁量权，合法性原则的具体要求包括以下几点：一是权利主体应当是各级税务机关及其工作者。权利主体有权进行税务执法自由裁量，并承担相应后果。二是具体内容必须合法，必须依据法定流程、方式等进行，凡超越税法范围的自由裁量行为均属于无效行为。三是自由裁量幅度合法。税务机关必须遵循相关法律法规，在法定限度内行使权力，否则承担相应法律后果。

2. 合理性原则

合理性原则要求税务机关及其工作人员在行使自由裁量权时，契合法治精神，追求实质正义，确保手段与目标之间的平衡。具体而言，合理性原则包含以下几点要求：一是税务机关行使自由裁量权要契合立法精神。也就是说，税务机关行使自由裁量权时应充分考量立法目的，确保行为有利于实现立法目标。二是税务机关行使自由裁量权应基于合理性目的。三是税务机关行使自由裁量权时应综合考虑相关因素。一方面，税务机关行使自由裁量权时只能考虑相关因素，而不能考虑不必要因素。另一方面，税务机关行使自由裁量权时应全面考查各方面影响，特别是事物的内在规律与联系。四是税务机关行使自由裁量权时应遵守比例原则。

3. 公开原则

公开原则主要要求税务机关在实施自由裁量权时做到执法公开。

税收执法行为公开便于纳税人和社会公众监督，有利于避免和减少税收执法自由裁量权滥用的行为。建立和完善税务公开制度的核心在于进一步促进税务信息公开化。就控制税收执法自由裁量权而言，公开的内容具体包括：税收执法自由裁量权行使的法律依据、裁量标准、程序、裁量结果等。特别是对于涉及相对人重大权益的裁量事项，税务机关一方面应当提供公开渠道，如旁听等，另一方面应当允许相对人参与行政程序并享有举证辩驳的权利[1]。税务机关应加强税务信息公开的网络化，在相关网站公布税收法律规范、征收管理制度等资讯，实现税务信息公开的及时性、便捷性与全面性，对于纳税人的信息公开要求，税务机关也应当及时依据法律规定作出回应。

（二）构建事前控制制度

1. 明确税收行政执法的具体规则与基准

目前，我国国家税务总局在对全国各地税收工作进行调研的基础上，就典型的税收执法自由权滥用等行为制定了针对性的应对措施，并就规范税务行政自由裁量权发布了指导意见，同时要求各省级税务机关积极建立裁量基准制度，确保税务行政裁量权的公正、合理行使。国家税务总局这一措施为规范税收执法自由裁量权提供了方向。不过要确保税收筹划权的实现，仍需进一步明确税收行政执法的具体规则与基准。特别是 2014 年国家税务总局颁布多个反避税规章，其中一般反避税规则赋予税务机关宽泛的自由裁量权，存在滥用风险。国家税务总局

---

① 周俊芝. 税收行政执法中的自由裁量权研究［D］. 安徽财经大学硕士学位论文，2015.

有必要就 2014 年一般反避税规章生效后、新形势下反避税过程中可能侵犯纳税人合理税收筹划利益的执法裁量行为进行规范，并制定全国层面的具体指导意见。

例如，可在《税收征收管理法》的修订过程中逐步解决税收执法自由裁量权宽泛的问题。第一，应适度缩小税务自由裁量的幅度范围。以税务行政处罚中的裁量行为为例，现行《税收征收管理法》第六十三条规定，对纳税人逃避缴纳税款行为处以逃避税款的 50% 以上至 5 倍以下的罚款，处罚幅度相差高达 10 倍，任意性太大明显不利于税务裁量权的合理运用。第二，应当细化税务行政的裁量基准，为税务机关提供更为明确的行为规则。同时有必要增加责令限改环节，尽量避免税务机关直接向纳税人追缴税款。第三，税务机关权力行使的制度性控制应予以适当加强。《税收征收管理法》第八十五条规定了税务人员在行政执法过程中的回避制度，但仅限于税款征收与查处税收违法案件的情形，为推进回避制度的进一步落实，应增加税务人员的回避情形，将回避制度扩大适用于整个税收执法程序中，杜绝"人情税"和"关系税"的发生。第四，应充分保证纳税人的立法参与权，包括纳税人在税收法律规范制订、修改过程中的知情权、话语权与参与权。如此，通过多方面措施对税收执法自由裁量权的限制与规范，便可增强税收筹划的预见性和确定性，从而更好地保护纳税人的合法权益。

2. 引进事先裁定制度，增加税收筹划的确定性

事先裁定制度是国际上一项较为先进的制度，是减少税收政策适用的不确定性给企业带来的税务风险的一项重要制度创新。目前大多数国家已经确立了事先裁定制度。随着风险防范意识的觉醒，我国更多企业也期待着引入事先裁定制度。加拿大等国实施事先裁定制度几十年来，对增强税法确定性、融合征纳关系起到了重要作用，我国可以考虑在拟议修订《税收征收管理法》时引入该制度。

事先裁定制度是税务机关对纳税人申请的有关未来的某项经济活动的税法适用解释之程序的总称。事先裁定制度的基本特征在于其事先性，即针对纳税人未来的可预期行为作出事前解释，有助于纳税人在安排某项经济活动时预先知悉其税收待遇。事先裁定是税务机关应纳税人申请主动向纳税人提供的一种个性化服务，类似于专业机构的咨询服务，但因其解释属于可以合理信赖、具有权威性的有权解释，故又不同于一般税务专业中介的咨询服务。因事先裁定制度旨在克服一般性条款立法上难以绕过的过于抽象、概括的技术性瓶颈，减少税法适用的不确定性，故而可以说该制度有利于促进纳税人税负节减筹划的稳定展开，同时也

有利于税收征管，提高行政效率。引进事先裁定制度，无疑有利于保障纳税人税收筹划权的实现。

（三）完善事中控制制度

1. 完善说明理由制度

说明理由制度是指税务机关工作人员在税收征管过程中作出税务处理、处罚等对于纳税人权益产生不利影响的行为时，税务机关工作人员应向其告知做出行政行为的法律依据、确认的事实和所考虑的相关因素。说明理由制度在某种程度上可以防止行政行为的主观专断、偏私以及任性裁量，完善说明理由制度有利于避免税收执法自由裁量权的滥用。

2. 完善税务系统的内部制约机制

完善税务系统的内部制约机制，一方面要求实行上下级之间的职能分级隔离管理，发挥相互之间的监督制约机制；另一方面要求税务机关明确内部工作程序及各部门的职责权限。通过明确划分税收执法环节，确认各环节相关人员的职责及税收执法程序，并做好各部门的稽核审查工作，形成税务机关内部各部门之间的权力制约与平衡机制，进而督促税务机关工作人员合理行使自由裁量权，确保税收执法工作依法有序进行。此外，对于复杂的税收案件，可采用集体审议机制，以最大限度减少个人主观判断的偏差。

3. 建立和完善听证、申辩制度

在认定纳税人是否滥用税收筹划权进行避税的查处程序中，纳税人可能对税务机关所采信的证据和事实存在异议，此时，税务机关应当充分听取纳税人的辩解与理由，以确保下一步执法措施的适当和必要。建立和完善听证、申辩制度，有助于纳税人更好地理解税务机关的税收行政行为，推动税收行政行为的具体落实。通常情况下，申辩程序可单独进行，也可在税收听证程序中体现。建立和完善税收执法过程中的听证制度，应主要健全听证程序，保证听证过程的公开透明，确保听证具有实际可操作性，以切实维护纳税人的合法权益，并为纳税人进一步寻求救济提供依据。

（四）确立事后控制制度

1. 推行税务行政裁量问责制度

推行税务行政裁量问责制度的核心在于落实行政裁量责任。税务机关及其执法人员不当行使税收执法自由裁量权给纳税人造成损害的，应当依法承担法律责任，包括内部行政处分、国家赔偿责任甚至刑事责任等。落实责任追究机制，严

格遵循"谁主管，谁负责"的原则，确保责任到位。不但要追究直接责任人的责任，还应连带追究相关人员的责任。通过明确划分直接责任与间接责任，税务机关责任与税务机关工作人员责任，领导者责任与执行者责任，形成税务机关内部的良性监督与制约机制，以减少税收执法自由裁量权的滥用行为。此外，为确保税务行政裁量问责制度的具体落实，可建立税务行政执法方面的评议考核制度，将评议考核结果作为税务机关及其执法人员是否存在责任过失的依据。

2. 加强审计监督

审计监督是督促税收执法行为依法进行的一个重要手段。根据《中华人民共和国审计法》的相关规定，国家财政审计部门具有监督税务机关征收、查补税款行为的职能。通过加强审计监督，一方面能够督促税务机关依法行政，促使税务机关贯彻税收法定原则，不主观行事，从而确保纳税人开展税收筹划的积极性，并推动其税收筹划方案的落实；另一方面有助于解决税收执法过程中存在的问题，为纳税人进行税收筹划创造良好的政策空间。

此外，就实践情况来看，目前我国的税收筹划行为主要为企业自主筹划行为。各企业通常结合自身的生产经营状况，采取不同的税收筹划方式。但由于不同地区税务机关对税收政策的理解不同，实践中往往出现同一筹划方案在不同地区得到不同的法律认定结果的情况。加强审计监督，无疑有利于促进征税纳税行为的统一化，从而有利于落实税收筹划方案。

三、以服务型税务体系引导税收筹划健康发展

在法定范围内，以收益最大化为目的进行事前的税收筹划，已经逐渐成为企业经济决策的重要内容。对税务机关而言，税收筹划是一个新课题。如何正确、合理地引导企业进行税收筹划行为，并通过税收筹划推动实现依法征税、加强征税管理以及完善税制，成为税务机关需要考虑的重要问题。总体而言，国家对纳税人税收筹划行为的评价，宜向有利于人民之方向调整，如果税务执法人员在征管实践中发现税收法律体系存在法律空白、瑕疵与不足的，需要适用反避税条款时，不应将法律不完善的风险责任一味转嫁由纳税人承担，应积极建议赋税机关推动立法程序予以修补，而不是无根据地否认人民之租税规划权①。

---

① ［日］北野弘久. 实质课税原则［J］. 许志雄，译. 财税研究，1985（5）.

（一）认可并尊重纳税人的税收筹划权

我国税务工作长期以来基本依循计划收入模式进行。计划收入模式有利于保障国家财政收入，但受制于社会发展水平，我国税收计划通常只以满足国家财政需要为目的，科学程度相对较低。同时，在计划收入模式下，收入任务的完成情况是税收工作的主要评价指标[①]。这导致我国形成了过度强调国家税权，忽视纳税人权利保护的现状。有的税务机关工作人员出于完成税收任务的职责本能，不愿意正视纳税人税负从轻的正当诉求，容易滥用税收执法自由裁量权，否定纳税人税收筹划所获取的节税利益，即使当下国家税务总局等官方媒体已经顺应国际潮流接受税收筹划权、发布文件对税收筹划业务进行指导、规范，但仍然有人认为税收筹划是一个不道德的"规避"行为，没有认识到税收筹划权制度确立的正面价值。

因此，要推动纳税人税收筹划权的实现，必须转变税务机关的执法理念，促进税务机关认可并尊重纳税人的税收筹划权。具体而言，在倡导纳税人权利保障的新时代下，税务机关应因势利导组织广大工作人员学习税收筹划权的理论基础、典型税收筹划架构，以及税收筹划权的制度价值等内容，促使其明确认识税收筹划权是纳税人的一项基本权利。税务机关工作人员应正确区分合法且合理的税收筹划行为与脱法避税行为，既要加强反避税识别能力，减少国家税收流失，也要充分保障纳税人的合法节税利益，对纳税人正当的税收筹划行为给予支持和肯定。

（二）引导纳税人合法开展税收筹划实务

基于主客观两个方面的原因，合法的税收筹划行为往往易于与违法的避税行为相混淆，稍有不慎便可能被认定为避税行为，甚至是偷税行为，换言之，税收筹划行为本身具有一定的潜在法律风险。同时，税收筹划行为、避税行为、偷税行为三者间又可能相互转化。因此，充分把握这三种行为的基本内涵及基本手段，并在此基础上加以正确区分，是作为专业征管部门的税务机关采取有效措施引导、规范纳税人进行税收筹划行为的前提。简单来讲，税收筹划行为实际上反映了纳税人依法纳税意识的提高，只要其符合法定要求便属于合法行为，税务机关应当予以支持和保护。而同税收筹划行为相比，避税行为这种利用税法漏洞或滥用税收优惠谋取私利的行为，则属于税务机关坚决反对并予以禁止的行为。在

---

① 邝志刚. 纳税人权利保障与税收法治 [J]. 涉外税务, 2003 (2)：19.

实践中，避税行为往往具有一定的隐蔽性，尽管其表面合法，但实际有悖于法律规定。

要引导纳税人合法进行税收筹划，税务机关还应当采取以下措施：首先，税务机关应当加强税务管理，充分掌握纳税人的税务信息，包括生产经营情况、业务往来情况、税收筹划情况及纳税情况等，以便于税务机关及时发现纳税人的违法倾向并进行处理。其次，税务机关应当结合税收法律规范中的反避税规定，有针对性地实施积极有效的反避税措施，以便于及时、有效地制止避税行为、偷税行为。通过及时发现避税、偷税行为或过激的税收筹划行为，并予以规制，能够真正实现保护纳税人税收筹划权的目的，引导税收筹划实务的健康发展。最后，税务机关应当结合税收工作的实践情况，认真研究纳税人税收筹划行为规范过程中存在的问题，并提出有针对性的解决对策，以及时加强税收管理，规范纳税人的税收筹划行为。

第三节　税收筹划权救济程序的制度完善

权利救济是评判法律体系是否健全的重要标志①。权利的充分实现离不开救济机制的相应保障。针对税收争议，我国提供的法律解决途径主要包括税收行政复议和税收行政诉讼两种。纳税人如对税务机关做出的征税行为②有异议，必须经过行政复议前置程序才可以提起行政诉讼。而对于是否滥用税收筹划权进行避税引起的"纳税争议"，将使纳税人面临救济的双重前置问题。也就是说，纳税人必须先向税务机关申请行政复议，对复议决定不服才可以提起行政诉讼。由于维权救济门槛高，纳税人不愿意启动行政诉讼程序，近年来全国税收行政诉讼案件总数不过千余件，其中纳税争议案件更少。如果正当的税收筹划权得不到保障，就可能引起铤而走险的避税、偷税行为，致使法院面临涉税违法犯罪刑事案件远多于行政案件的反常现象。正所谓"堵不如疏"，司法是正义的最后防线，切实完善纳税人的权利救济程序，引导税收筹划争议通过便捷、经济的司法途径解决，既是税收筹划权保障所需，也是国家税收调控与税收法治所需。

---

① 柳经纬. 从权利救济看我国法律体系的缺陷［J］. 比较法研究，2014（5）：185.
② 具体包括税务机关的征收税款、加收滞纳金行为，以及扣缴义务人、受税务机关委托征收的单位做出的代扣代缴、代收代缴行为。

一、税收筹划权行政救济程序的构建

（一）设置独立复议机构，确保程序公正

设置独立的税务行政复议机构，是完善税收筹划权行政救济程序，确保救济程序公正的重要路径。《中华人民共和国行政复议法》规定由行政复议机构独立行使行政复议权，但鉴于我国行政复议机构仍属于行政系统内部的职能机构，其独立性较低，行政复议活动的公正性和客观性难以得到充分保证。税务行政复议制度实际上变成了税务机关自我审查的制度，违反了"任何人不得做自己的法官"的自然正义法则，"即便其复议结果符合客观事实，也容易让人产生不公正的感觉"①。因此，我国应当借鉴美国等国家设置独立复议机构的经验，加快步伐设立独立于税务机关的税务行政复议机构，并推动相关人员的专业化、独立化发展，使税务行政复议机构的人事、财政等关系独立于税务机关，以真正确保税务复议机构及其人员在税务行政复议过程中的公正性与客观性。

针对这一问题，有学者提出，我国可考虑单独设置直接隶属国务院或各级人民政府的税收复议委员会，或考虑将此任务赋予中立的仲裁机构，形成类似于英国的行政裁判所。同时，税务行政复议机构的组成人员应具有税法专业知识②。该观点具有较高参考价值，在此基础上，本书认为我国可按如下思路建立独立的税务行政复议机构，即撤销现行按层级设置的行政复议机构，改设税务复议委员会。具体而言，与各级政府层级相对应设置税务复议委员会，各委员会负责受理辖区内的税务复议案件，国务院下设税务复议委员会负责处理全国性的重大税务复议案件。同时，税务复议委员会独立于各级税务机关，独立作出税务复议决定而不受税务机关干涉。对其作出的税务复议决定，税务机关必须依法执行或依法向上级税务复议机关提出申诉。此外，税务行政复议人员的队伍建设应该以专业化和精英化为目标。税务行政复议人员应由税务专业人士和法律工作人员组成，并独立于税务机关。选拔税务行政复议人员时可从优秀的法学学者、检察官、法官等群体中严格筛选，并淘汰既有的不合格人员，以确保税务行政复议人员队伍的专业化，保证税务行政复议活动的质量和效果。

（二）取消双重前置规定，降低维权成本

纳税人税收筹划引发的纳税争议的救济存在"解缴前置"和"复议前置"

---

①②　刘剑文. 税法学［M］. 北京：北京大学出版社，2010：474.

双重前置规定，这在一定程度上不利于纳税人获得救济，有必要考虑取消这种双重前置规定。

一是建议将纳税争议中行政复议前置的强制性规定改为选择性规定，允许纳税人自主选择提起复议或诉讼。目前我国的税务复议机关缺乏独立性，其客观性和公正性难以得到充分保障。此外，税收复议前置的强制性规定也明显侵犯了纳税人选择救济途径的自主权，并容易导致"行政权侵犯司法权"的后果[①]。而将这一强制性规定修改为选择性规定，不仅保障了纳税人自由选择争议解决途径的权利，契合了程序正义中选择参与的价值理念，便于纳税人结合自身实际选择恰当的救济方式，而且能够避免同一案件受到多次审理，提高复议资源和诉讼资源的有效利用率。

二是建议取消强制解缴或担保前置规定。根据我国的强制解缴或担保前置规定，纳税人如无正当事由不缴纳税款或提供担保便无法提起行政复议或行政诉讼。这一规定增加了纳税人的维权成本，显然不利于纳税人寻求救济，一定程度上也剥夺了纳税人的诉权。一方面，解缴前置并不是保证税款及时入库的必需手段。依我国法律规定，在纳税争议解决期间，税收行政决定并不停止执行，税收保全、强制执行等措施基本可以保证国家财政税收不受纳税争议解决程序的影响。另一方面，从法经济学角度来看，救济成本过高也不利于社会有效利用救济资源，往往容易造成部分人轻易放弃维权的后果，累积潜在矛盾，同时致使救济资源闲置，不利于救济目的的实现，也有违设置救济途径的初衷。因此，取消强制解缴或担保前置规定具有合理性，同时也有利于促进纳税人主动维权，解决纳税争议。

二、税收筹划权司法救济体系的优化

涉及税收筹划行为合法性争议的诉讼属于税务行政诉讼，其本质上是一种司法复审活动。换言之，司法机关在税务行政诉讼中的审查对象并不是原始事实，而是税务机关所作行政决定的合法性。鉴于司法机关对税务机关征税行为的定性将直接影响税收执法行为的效力，并间接影响地方政府的财税收入，因此必须保障司法救济的公平公正，这要求税务行政案件的审理人员既具有财税法专业知识，又居于独立地位，其个人利益不受地方政府可能的潜在干扰。

---

① 蔡小雪. 行政复议与行政诉讼的衔接［M］. 北京：中国法制出版社，2003：101.

（一）设立税务法院，专司税务诉讼

税收筹划权的保障与反避税规制互为表里，税务机关滥用税收核定权、纳税调整权必定损害纳税人筹划利益，因此，对征税执法进行事前立法监督与事后司法监督是必不可少的。随着全球反避税形势的发展，为应对滥用税收筹划权避税的行为，两大法系国家都有加强反制措施的趋势，但同时均强调保护纳税人基本的节税筹划利益[①]。如英国财政部在 2013 年引入一般反避税规则时，特别设置了一系列税收筹划权保障条款，以确保纳税人节税筹划活动的正常开展。英国司法部门在避税反制实践中通过经典判例形成多个适用规则，明确反避税执法的尺度和边界，充分保障纳税人合理筹划节税的利益。不同于英美法系国家的司法主导型反避税模式，我国目前采取的是行政主导型反避税模式。在这一模式下，国家税务总局自己制定的规章及其规范性文件成为税务机关主要的反避税规则，难免有"一边当裁判员一边当运动员"的嫌疑。因此，在立法规制缺失的情况下，反避税判定的标准需要独立第三方的司法系统予以监督，以保障税收行政执法的公正性。然而，实践中我国司法机关对于税收工作的监督制约作用发挥得不够充分，主要原因在于税务案件往往较为专业、复杂，但司法机关审理人员缺乏相应的专业知识和技能。税法规定往往具有很强的技术性和专业性，这种特征充分表现在税法构成要素的设计与税法实施方面。因此，非专业人士通常难以胜任审理税务案件的任务。这就造成了司法环节税务争议案件处理难的困境。一是随着时代发展，潜在税务争议案件数量会逐渐增多，司法机关没有充足的人力、物力保证案件的审理。二是由于税务专业知识的缺乏，审判人员在审理税务争议案件时，往往需要求助于税务机关，这就存在税务机关影响司法裁判的可能性，进而可能致使司法救济失去其本身的独立性与客观性。因此，如何改良税务行政诉讼成为税收司法中的一个重要问题。

对此，在中国财税法前沿问题高端论坛上，诸多专家学者一致呼吁我国应该尽快成立跨行政区域的税务法院。"从美、德等国家的经验来看，单独设立税务行政法院的主要理由在于税收计算的复杂专业化致使一般法官无法介入税务争议案件。"[②] 事实上，鉴于税收司法的特殊性，对于我国应否单独设立税务法院一直存有争议。例如，有学者认为，"税务案件具有极强的专业性，为实现依法治

---

① 参见域外典型案例司法观点。王宗涛. 反避税法律规制研究 ［D］. 武汉大学博士学位论文，2013.

② 新华网. 尽快成立跨行政区域税务法院 ［EB/OL］. 2015 - 06 - 30. http：//news. xinhuanet. com/legal/2015-06/30/c_127968143. htm.

税、充分保护纳税人合法权利，应当设立税务法庭"①。但也有学者认为，在实践中，我国税务争议案件采取司法途径解决的仅占少数，单独设立税务法院或税务法庭存在经济不合理性。更为合适的选择是充分利用现有的制度资源，优化司法体系以保证税务争议案件的解决。等时机成熟时，则可先设立税务法庭，当税务法庭无力承担解决税务争议案件的职能时，再考虑设立税务法院②。当然，也有学者反对说："由于我国的纳税环境、纳税服务尚不完善，纳税人对于税务机关的满意度有限，同时，税务行政复议的质量也并不高，因此，税务行政诉讼的发生的概率相应会增大。"③ 本书认为，在应然层面，随着经济发展，涉税事务数量激增，潜在的税收争议也必然相应增加。实践中税务争议诉讼案件未随之快速增长实为司法救济渠道不畅通所致。考虑到修正后的《中华人民共和国行政诉讼法》（以下简称《行政诉讼法》）为保障当事人的诉讼权利，解决了立案难、审理难、执行难等"三难"问题④，涉税行政诉讼案件的数量有增加的趋势。因此，设置专门的税务法院是顺应经济发展趋势的必然选择。同时，从大陆法系国家的司法实践经验来看，德国为处理税务案件专门成立了财税法院，法院基于专业人员及大量的反避税案件审理经验，保障了其所做判决与司法解释的合理性。这对于我国设置专门的税务法院具有极大的借鉴意义。

综上所述，兼顾税务司法的近期需要和远期发展，结合税务司法的特殊性，我国可以借鉴发达国家的司法实践经验，考虑设立专门的税务法院，这样既能满足税务行政案件对司法活动专业性和技术性的要求，也能避免在各个法院普遍设置税务法庭带来的资源浪费。

（二）专门税务法院的制度设计

关于设立专门税务法院的制度设计，本书拟提出以下设想。

1. 专门税务法院的性质定位

通观世界各国的实践情况可以发现，税务裁判机关的性质定位大致可分为两种模式。一种模式下，税务法院隶属行政系统，本质为行政机关，如丹麦和韩国即采取此种模式。另一种模式下，税务法院隶属司法系统，属于司法机关，这是

---

① 翟继光. 试论税务法庭在我国的设立 [J]. 黑龙江省政法管理干部学院学报，2003（4）：98.
② 熊伟. 中国大陆有必要建立税务法院吗 [J]. 月旦财经法杂志，2006（5）：13.
③ 刘剑文. 纳税人权利保护：机遇与挑战 [J]. 涉外税务，2010（5）：6.
④ 《中华人民共和国行政诉讼法》第五十一条、第五十二条明确规定，人民法院在行政案件立案过程中，即使不立案，也应当出具不予立案的裁定，而原告可以据此向上一级法院上诉。该条款的设立无疑增加了涉税行政诉讼案件的立案成功率，从根本上解决了涉税行政诉讼立案难的问题。

当前大多数国家采取的模式，也是全球税收司法改革的趋势。因此，我国如设立专门的税务法院，应当将其划归司法系统管辖，这同时也符合我国现行的司法体制。

2. 专门税务法院的审查范围

根据我国现行《行政诉讼法》，我国法院在审理税务行政诉讼案件时，可以对具体行政行为所依据的规章以下的规范性文件进行一并审查，认为其不合法的，不作为具体行政行为合法的依据①。但不可否认，出于对行政权的尊重，当前我国法院在审理税务行政诉讼案件时，通常只审查具体行政行为的合法性，而不审查其合理性。而基于税务争议案件的复杂性，若多数情况下法院"仅审查税务机关具体行政行为的合法性，而不对其专业技术性内容进行合理性审查（诸如税款计算方式选择、弹性政策优惠等），则难以充分保障纳税人合理节减税负等权利的实现，也不利于税收司法充分发挥其作用"②。因此，我国在设立专门的税务法院时，应在审查范围上体现其在税务诉讼案件审理方面的特殊性，即通过立法赋予其一定特权，扩大其审查的权利范围，使其能够全面审查税务具体行政行为的合法性与合理性。另外，扩大专门税务法院司法审查的范围和权力，有助于推动税收司法制度与行政复议制度的衔接与协调③。

3. 专门税务法院的具体设置

税务法院的专业司法审查不仅能够减少税收争议案件的误判率，而且有利于提高税收争议案件的解决效率，降低社会成本，还易于为当事人所接纳、服判息讼从而节约司法成本。在专门税务法院的具体设置方面，鉴于我国目前的税务争议诉讼案件较少，专门税务法院的级别设置可不采取传统四级法院的级别设置方式。从经济角度出发，仿照我国现行知识产权法院、互联网法院④的级别设置方式设置专门税务法院反而更为合理。即采取三级两审制，只在全国设置相当于中级及以上人民法院的税务法院。同时，为确保专门税务法院的独立性，可规定税

---

① 《中华人民共和国行政诉讼法》第五十三条规定：公民、法人或者其他组织认为行政行为所依据的国务院部门和地方人民政府及其部门制定的规范性文件不合法，在对行政行为提起诉讼时，可以一并请求对该规范性文件进行审查。前款规定的规范性文件不含规章。第六十四条规定：人民法院在审理行政案件中，经审查认为本法第五十三条规定的规范性文件不合法的，不作为认定行政行为合法的依据，并向制定机关提出处理建议。

② 朱大旗，何遐祥. 论我国税务法院的设立［J］. 当代法学，2007（3）：20.

③ 朱大旗，何遐祥. 中国大陆应该设立税务法院——对熊伟博士观点的回应［J］. 月旦财经法杂志，2006（7）.

④ 人民网. 中国首家互联网法院揭牌 实现"网上纠纷网上了"［EB/OL］. 2017-08-18. http：//legal. people. com. cn/n1/2017/0818/c42510-29479650. html.

务法院独立于普通高级人民法院直接接受最高法院监督①。而专门税务法院的地域设置方式也需有别于传统以行政区划为依据的地域设置方式。结合税务案件的自身特性，我国可依据经济区域划定税务法院，并可依据地区间涉税案件的多少灵活决定税务法院的数量。

此外，为便于纳税人提起诉讼，我国还可借鉴美国、加拿大等国家的巡回审判制度，就税务争议案件实行巡回审判方式。

4. 优化税务法院人员配置

当前，我国司法机关在反避税工作中之所以势单力薄，主要原因之一在于具备专业税务知识的司法审判人员较为匮乏。在普通法系国家，法官的任职条件十分苛刻。法院在选聘法官时，通常较为注意考量法官专业知识的全面性。许多法官的专业素养高、法律涵养深厚，其所提出的理论对学界和实务界均具有较大意义。因此，普通法系国家反避税过程中的大量基本概念与法律解释由法官提出，后整理成册视为与成文法具有同等效力的法律文件，用以指导反避税工作，故征纳双方就反避税事项也较为关注司法机关的解释与建议。有鉴于此，我国司法机关应当加强对现有审判人员财税专业知识的培训及税收筹划和反避税技术的培训，促使审判人员尽快熟悉国际中常见的税收筹划和反避税规则，以及判定两种行为的具体方法。在该种方式下所进行的税务案件审判，可有效提高税务案件中司法判决的专业程度与公信力。

（三）发挥司法监督职能，拓展税收筹划权保护方式

1. 强化司法对税收抽象行政行为的审查功能

除建立税务法院，提升司法人员应对纳税人税收筹划权保障与避税防治的专业能力之外，还需完善司法审查制度，夯实司法监督税务机关反避税合法性、保障纳税人税收筹划权益的制度基础。司法监督的意义除对税务诉讼个案进行审查以外，还表现为通过审查各级税收行政机关制定的规范性文件，对税务活动进行总体性监督。后者在中国特色的反避税机制下显得尤为必要：一是由实质课税原则转化的一般反避税条款赋予税务机关灵活的自由裁量权有滥用的风险；二是在我国行政主导型反避税模式下，行政机关享有宽泛的行政立法权，而基于本位主义动机，行政机关有可能侵犯纳税人税收筹划的基本领域，压缩纳税人进行合理筹划的空间。由于立法具有严肃性、稳定性，也就体现出滞后性，这就需要司法审查进行必要的事后监督，对行政行为予以限制和制约。通过事后司法审查构建

---

① 王秀丰. 论纳税人依法请求救济的权利［D］. 华南理工大学硕士学位论文，2007.

起独立的司法反避税审查机制，有利于从源头上防治税务机关滥用税收核定权、纳税调整权，进而保障纳税人的税收筹划权不受侵犯。

回应能动司法的呼声，我国修订《行政诉讼法》时，拓展了司法机关的审查范围，规定法院对行政规范性文件享有一定的司法审查权与选择适用权。也就是说，我国法院在司法活动中享有对税收抽象行政行为的审查权力。依据我国《行政诉讼法》第六十三条的规定①，人民法院在审理涉及税务机关不当行使执法权侵犯纳税人税收筹划权益的诉讼时，对于税收行政主管机关所制定的规章以下的规范性文件，可以不予适用，并以其对法律的理解予以法律解释或漏洞补充。此规定一改法院在涉税案件中的消极被动形象，重塑了司法机关制约行政权力、维护纳税人正当权益的积极形象，不仅促进了司法反避税监督模式的建立，也有利于发挥司法保障纳税人正当税收筹划权益的应有功能。

2. 发布税务司法解释，拓宽税收筹划权的保护渠道

综览世界反避税规则的形成路径，诸如实质重于形式、分步交易、虚假交易以及商业目的等具有法律约束力的原则，均是从司法判例中总结提炼出来的。换言之，在域外司法实践中，法院的司法解释在认定是否滥用税收筹划权进行避税时发挥着重要作用。就我国而言，依据《中华人民共和国人民法院组织法》规定，我国最高法院对于审判过程中如何具体适用法律、法令的问题进行解释。这表明，我国最高人民法院享有法律解释权，有权就税收行政争议中所涉及的具有抽象性的、不确定性的反避税条款发布司法解释，释明立法意图和立法目的，从而将一般性条款明确化、具体化，指导司法系统正确、统一适用法律规定，确保征税权所保障的公利与税收筹划权所蕴含的私利之间的衡平。

在我国司法实践中，最高人民法院出台的司法解释是制约、监督行政机关的重要依据之一。我国税收法律颁布实施后，最高人民法院可以就如何适用税收法律的问题发布解释性文件，澄清税收法律概念的含义、法律原则的适用和法律规范的构成，以便法律规定的正确、统一适用。由于最高人民法院的司法解释具有普遍约束力，同时，各级法院拥有行政案件的最终决定权，行政机关在进行税务执法时必定会考虑这些税收司法解释所蕴含的标准和原则。因此，税法司法解释是制约和规范税收行政机关执法行为的一种重要方式，也是司法机关发挥反避税监督作用的一种重要路径，有利于平衡国家征税权与国民财产权，从而保障纳税人正当税收筹划权利不受肆意侵犯。

---

① 《中华人民共和国行政诉讼法》第六十三条规定：人民法院审理行政案件时，以法律、行政法规及地方性法规作为依据。其中，地方性法规仅适用于本行政区域内的行政案件。同时，人民法院审理行政案件时，参照规章规定。

　　从实践中看，最高人民法院的司法解释主要针对的是民事、刑事领域存在的问题，不仅数量众多、内容广泛，而且大多属于不针对具体个案的抽象性司法解释。但是到目前为止，我国最高人民法院尚未出台专门针对税收法律规范的司法解释。这一方面是因为出于对税收行政权力的尊重，司法机关未过多干涉行政事宜，而由行政解释发挥更大作用；另一方面是因为纳税人不愿将争议诉诸司法程序，因而税务行政诉讼案件不多，税法解释的重大意义尚未引起最高人民法院的重视。未来，随着税收行政诉讼案件的增多，最高人民法院应当就如何解释和适用税法，特别是反避税规则的合法性、合理性审查问题，颁布一般性的司法解释，以监督税收行政执法行为，指导司法系统正确、统一适用税法，保障纳税人合理的税收筹划权益。

第六章
研究结论

市场主体的基本经济权利无疑是市场经济法律制度的核心内容，是一个国家法治化水平、市场自由程度的指针。在税收筹划已经成为一种普遍经济现象的背景下，在纳税人权利体系中确立税收筹划权的独立权利地位是极为必要的。我国税收实践中客观存在的税收筹划实务催生了对税收筹划权理论探讨的需求，本书在对税收筹划权基本理论及现状进行分析和总结的基础上，归纳出以下几点理论认识：

第一，对于纳税人税收筹划权利资格的确认具有重要的实践意义。税收筹划是纳税人在税法允许的范围内对投资、经营活动或者其他经济事务事先预测、谋划，并进行相应的安排，达到不缴、少缴或者缓缴税款的目的，以期实现价值最大化的活动。税收筹划权是纳税人享有的实体性权利，是兼有私法与税法性质的混合权利，是一种新型经济自由权。

第二，从法哲学视角分析，税收法律关系的本质是税收契约，以此为研究的逻辑起点，论证了税收筹划权的正当性权利本源：税收法律关系契约论是税收筹划权的思想基础；税收法定原则和私法自治原则是税收筹划权法律基础。确认税收筹划权不仅可以维护纳税人的正当权益，而且可以推进税收法治，有助于实现国家经济与社会调控目标。

第三，权利有"行"有"禁"，任何权利的行使都有条件、范围的限制。对税收筹划权滥用的限制从"禁"的角度划出了税收筹划权的边界，逾越边界则构成权利滥用。税收筹划权行使失度的规制难点主要在于，纳税人滥用私法形成自由权异化为脱法避税行为的判定标准难以公正确立。税收筹划与脱法避税的区分是世界公认的难题，也是本书探讨的重点问题之一。税收筹划权行使边界的确定可以从实质课税原则与诚实信用原则两个方面着手。实质课税原则是对税收法定原则的突破，要求穿透纳税人滥用私法形成自由所创设的交易形式，对经济行为重新定性，按照其实质予以课税。实质课税原则赋予税务机关税收核定权，取消过激税收筹划所获取的税收利益，以制衡税收筹划权。诚实信用原则要求纳税人诚信筹划，信守税收契约不恶意行使税收筹划权、逃避基本的纳税义务，税收筹划方案具备良善动机，具有合理商业目的，并就税收信息履行诚实披露义务。

第四，在税收立法、执法及司法环节落实税收法定原则是实现税收法治的必由之路，也是税收筹划权实现的重要保障。在执法环节确保有法必依，对税收自由裁量权进行适度控制；引进事先裁定制度，增加税收筹划的确定性；建立服务型税务体系，引导税收筹划健康发展。通过设置独立复议机关、取消复议和税款解缴双重前置、设立税务法院以及促进司法审判独立性、专业性和合理分配举证责任等举措以提高税收筹划权的行政及司法救济水平。

由于笔者学识及掌握的文献资料限制，本书主要通过探讨税收筹划权的正当性依据、权利形态、构成、性质、边界、行使困境及其实现保障等一系列基本问题来建构全书的结构体系。在税收筹划权的主体、客体、内容等方面研究不足，对税收筹划权的权利生成与构造论证较少，使文章的理论深度不足；关于税收筹划权的主要行使方式——基于税收优惠政策、税制差异规律、税收陷阱回避及可选择性会计政策的税收筹划基本策略，因篇幅所限，未进行实践操作层面的阐述；由于资料的限制，本书对税收筹划权的域内外比较研究不够充足，希冀在后续的学习研究中，开拓思维和视野，收集域内外相关的典型案例，对税收筹划权理论研究作进一步的探索。

参考文献

一、中文文献（含译著）

（一）中文著作

［1］［美］B. 盖伊·彼得斯. 税收政治学——一种比较的视角［M］. 郭为桂，黄宁莺，译. 南京：江苏人民出版社，2008.

［2］［美］L. 亨金. 权利的时代［M］. 信春鹰，等译. 北京：知识出版社，1997.

［3］艾华. 税收筹划研究［M］. 武汉：武汉大学出版社，2006.

［4］［日］北野弘久. 纳税者基本权论［M］. 陈刚，等译. 重庆：重庆大学出版社，1996.

［5］［日］北野弘久. 税法学原论［M］. 陈刚，等译. 北京：中国检察出版社，2001.

［6］［美］博登海默. 法理学：法律哲学与法律方法［M］. 邓正来，译. 北京：中国政法大学出版社，1999.

［7］［澳］布伦南，［美］布坎南. 宪政经济学［M］. 冯克利，等译. 北京：中国社会科学出版社，2004.

［8］［美］查尔斯·A. 比尔德. 美国宪法的经济观［M］. 何希齐，译. 北京：商务印书馆，1984.

［9］陈清秀. 税法之一般原理［M］. 台北：三民书局，1997.

［10］陈清秀. 税法总论［M］. 6 版. 台北：元照出版有限公司，2010.

［11］陈清秀. 税务诉讼之诉讼标的［M］. 台北：三民书局，1992.

［12］陈少英. 税法基本理论专题研究［M］. 北京：北京大学出版社，2009.

［13］陈少英. 中国税法问题研究［M］. 北京：中国物价出版社，2000.

［14］陈新民. 宪法基本权利之基本理论（上）［M］. 台北：元照出版公

司，2002.

[15] 陈志勇，薛刚. 税收筹划理论与实践——国际研讨会论文集 [M]. 北京：经济科学出版社，2010.

[16] 程燎原，王人博. 权利论 [M]. 桂林：广西师范大学出版社，2014.

[17] [日] 村井正. 现代租税法之课题 [M]. 陈清秀，译. 台北："财政部" 财税人员训练所，1989.

[18] [日] 大须贺明. 生存权论 [M]. 林浩，译，北京：法律出版社，2001.

[19] [英] 戴雪. 英宪精义 [M]. 雷宾南，译. 北京：中国法制出版社，2001.

[20] 樊丽明，等. 税收法治研究 [M]. 北京：经济科学出版社，2004.

[21] [美] 范伯格. 自由、权利和社会正义——现代社会哲学 [M]. 王守昌，戴栩，译. 贵阳：贵州人民出版社，1998.

[22] [美] 菲利浦·T. 霍夫曼，凯瑟琳·诺伯格. 财政危机、自由和代议制政府（1450—1789）[M]. 储建国，译. 上海：格致出版社、上海人民出版社，2008.

[23] [英] 弗里德里希·冯·哈耶克. 法律、立法与自由 [M]. 邓正来，等译. 北京：中国大百科全书出版社，2000.

[24] [英] 弗里德里希·冯·哈耶克. 哈耶克文选 [M]. 冯克利，译. 南京：江苏人民出版社，2007.

[25] [英] 弗里德里希·冯·哈耶克. 通往奴役之路 [M]. 王明毅，冯兴元，等译. 北京：中国社会科学出版社，1997.

[26] 盖地，等. 税务筹划理论研究——多角度透视 [M]. 北京：中国人民大学出版社，2013.

[27] 甘功仁. 纳税人权利专论 [M]. 北京：中国广播电视出版社，2003.

[28] 高金平. 税收筹划谋略百篇 [M]. 北京：中国财政经济出版社，2002.

[29] 葛克昌，陈清秀. 税务代理与纳税人权利 [M]. 北京：北京大学出版社，2005.

[30] 葛克昌. 税法基本问题（财政宪法篇）[M]. 北京：北京大学出版社，2004.

[31] 葛克昌. 所得税与宪法 [M]. 北京：北京大学出版社，2004.

[32] 葛克昌. 行政程序与纳税人基本权 [M]. 北京：北京大学出版社，2005.

[33] [德] 哈特穆特·毛雷尔. 行政法总论 [M]. 高家伟，译. 北京：法

律出版社，2000.

［34］郝如玉. 税收理论研究［M］. 北京：经济科学出版社，2002.

［35］何晓蓉. 基于新《企业所得税法》的反避税问题研究［M］. 长沙：湖南大学出版社，2010.

［36］黄俊杰. 纳税人权利之保护［M］. 北京：北京大学出版社，2004.

［37］黄俊杰. 税捐基本权［M］. 台北：元照出版有限公司，2006.

［38］黄俊杰. 税捐正义［M］. 北京：北京大学出版社，2004.

［39］黄茂荣. 税法总论：法学方法与现代税法［M］. 北京：北京大学出版社，2011.

［40］黄士洲. 税务诉讼的举证责任［M］. 北京：北京大学出版社，2004.

［41］［英］霍布斯. 利维坦［M］. 黎思复，黎廷弼，译. 北京：商务印书馆，1985.

［42］季卫东. 法律程序的意义［M］. 北京：中国法制出版社，2004.

［43］季卫东. 法治秩序的建构［M］. 北京：中国政法大学出版社，1999.

［44］［日］金子宏. 日本税法［M］. 战宪斌，郑林根，等译. 北京：法律出版社，2004.

［45］［日］金子宏. 日本税法原理［M］. 刘多田，等译. 北京：中国财政经济出版社，1989.

［46］凯尔森. 法与国家的一般理论［M］. 北京：中国大百科全书出版社，1996.

［47］李步云. 走向法治［M］. 长沙：湖南人民出版社，1998.

［48］李震山. 人性尊严与人权保障［M］. 台北：元照出版有限公司，2001.

［49］［美］理查德·派普斯. 财产论［M］. 蒋琳琦，译. 北京：经济科学出版社，2003.

［50］梁慧星. 民法解释学［M］. 北京：法律出版社，2009.

［51］梁启超. 饮冰室合集［M］. 北京：中华书局，1989.

［52］梁云凤. 战略性税收筹划研究［M］. 北京：中国财政经济出版社，2006.

［53］林进富. 租税法新论（增订二版）［M］. 台北：三民书局，2002.

［54］刘剑文. 国际所得税法研究［M］. 北京：中国政法大学出版社，2000.

［55］刘剑文. 税法专题研究［M］. 北京：北京大学出版社，2002.

［56］刘剑文，熊伟. 税法基础理论［M］. 北京：北京大学出版社，2004.

［57］刘李胜，刘隽亭. 纳税、避税与反避税［M］. 成都：西南财经大学出

版社，2012.

  [58] 刘丽. 税权的宪法控制 3 ［M］. 北京：法律出版社，2006.

  [59] ［法］卢梭. 论人类不平等的起源和基础 ［M］. 李常山，译. 北京：商务印书馆，1962.

  [60] ［法］卢梭. 社会契约论 ［M］. 何光武，译. 北京：商务印书馆，1998.

  [61] ［美］路易斯·亨金，阿尔伯特·J. 罗森塔尔. 宪政与权利 ［M］. 郑戈，赵晓力，强世功，译. 上海：三联书店，1996.

  [62] ［美］路易斯·亨金，阿尔伯特·J. 罗森塔尔. 宪政与权利 ［M］. 郑戈，等译. 上海：三联书店，1996.

  [63] ［美］罗伯特·诺齐克. 无政府、国家和乌托邦 ［M］. 姚大志，译. 北京：中国社会科学出版社，2008.

  [64] ［美］罗尔斯. 正义论 ［M］. 何怀宏，等译. 北京：中国社会科学出版社，1988.

  [65] ［美］罗纳德·德沃金. 认真对待权利 ［M］. 信春鹰，吴玉章，译. 北京：中国大百科全书出版社，1998.

  [66] ［美］罗·庞德. 通过法律的社会控制·法律的任务 ［M］. 沈宗灵，董世忠，译. 北京：商务印书馆，1984.

  [67] ［英］洛克. 政府论（下篇）［M］. 叶启芳，瞿菊农，译. 北京：商务印书馆，1964.

  [68] ［美］玛丽·安·格伦顿. 权利话语——穷途末路的政治言辞 ［M］. 周威，译. 北京：北京大学出版社，2006.

  [69] ［英］迈克尔·莱斯诺夫，等. 社会契约论 ［M］. 刘训练，等译. 南京：江苏人民出版社，2010.

  [70] ［英］迈克尔·莱斯诺夫. 社会契约论 ［M］. 刘训练，等译. 南京：江苏人民出版社，2010.

  [71] ［法］孟德斯鸠. 论法的精神（上）［M］. 北京：商务印书馆，1997.

  [72] 莫纪宏. 纳税人的权利 ［M］. 北京：群众出版社，2006.

  [73] 钱俊文. 国家征税权的合宪性控制 ［M］. 北京：法律出版社，2007.

  [74] 施正文. 税收程序法论 ［M］. 北京：北京大学出版社，2003.

  [75] ［美］史蒂芬·霍尔姆斯，凯斯·R. 桑斯坦. 权利的成本——为什么自由依赖于税 ［M］. 毕竞悦，译. 北京：北京大学出版社，2004.

  [76] ［美］斯蒂芬·L. 埃尔金，等. 新宪政论 ［M］. 周叶谦，译. 上海：三联书店，1997.

［77］［美］斯科特·戈登. 控制国家——西方宪政的历史［M］. 应奇，等译. 南京：江苏人民出版社，2001.

［78］孙健波. 税法解释研究——以利益平衡为中心［M］. 北京：法律出版社，2007.

［79］唐腾翔，唐向. 税收筹划［M］. 北京：中国财政经济出版社，1994.

［80］涂龙力，王鸿貌. 税收基本法研究［M］. 大连：东北财经大学出版社，1998.

［81］王鸿貌，陈寿灿. 税法问题研究［M］. 杭州：浙江大学出版社，2004.

［82］吴从周，等. 论权利保护之理论与实践——曾华松大法官古稀祝寿论文集［C］. 台北：元照出版有限公司，2006.

［83］肖太寿. 中国国际避税治理问题研究［M］. 北京：中国市场出版社，2012.

［84］辛国仁. 纳税人权利及其保护研究［M］. 长春：吉林大学出版社，2008.

［85］徐国栋. 诚实信用原则研究［M］. 北京：中国人民大学出版社，2002.

［86］徐国栋. 民法基本原则解释——以诚实信用原则的法理分析为中心［M］. 北京：中国政法大学出版社，2004.

［87］许章润，翟志勇. 国家理性（历史法学第4卷）［M］. 北京：法律出版社，2010.

［88］［英］亚当·斯密. 国富论［M］. 唐日松，等译. 北京：华夏出版社，2005.

［89］杨仁寿. 法学方法论［M］. 北京：中国政法大学出版社，2013.

［90］杨小强. 税法总论［M］. 长沙：湖南人民出版社，2002.

［91］杨小强. 税收筹划——以中国内地与港澳税法为中心［M］. 北京：北京大学出版社，2008：1-10.

［92］叶姗. 税法之预约定价制度研究［M］. 北京：人民出版社，2009.

［93］俞敏. 税收规避法律规制研究［M］. 上海：复旦大学出版社，2012.

［94］［英］约翰·菲尼斯. 自然法与自然权利［M］. 董娇娇，杨奕，梁晓晖，译. 北京：中国政法大学出版社，2005.

［95］［美］詹姆斯·M. 布坎南. 财产与自由［M］. 韩旭，译. 北京：中国社会科学出版社，2002.

［96］［美］詹姆斯·M. 布坎南，戈登·塔洛克. 同意的计算：立宪民主的逻辑基础［M］. 陈光金，译. 北京：中国社会科学出版社，2000.

［97］［美］詹姆斯·M. 布坎南. 自由、市场与国家［M］. 平新乔，译. 上海：三联书店，1989.

［98］张进德. 诚实信用原则应用于租税法［M］. 台北：元照出版有限公司，2008.

［99］张劲心. 租税法概论［M］. 台北：三民书局，1979.

［100］张中秀. 税收筹划［M］. 北京：机械工业出版社，2000.

［101］钟典晏. 扣缴义务问题研析［M］. 北京：北京大学出版社，2005.

［102］周全林. 税收公平研究［M］. 南昌：江西出版集团、江西人民出版社，2007.

［103］周永坤. 规范权力——权力的法理研究［M］. 北京：法律出版社，2006.

［104］朱孔武. 征税权、纳税人权利与代议政治［M］. 北京：中国政法大学出版社，2017.

［105］朱一飞. 税收调控权研究［M］. 北京：法律出版社，2012.

（二）论文类

［106］白小平. 税收筹划与避税的法律分析［J］. 河西学院学报，2007，23（6）：59-61.

［107］鲍灵光. 反避税过程中举证责任问题探析［J］. 税务经济研究，2012（4）.

［108］［日］北野弘久. 实质课税原则［J］. 许志雄，译. 财税研究，1985（5）.

［109］邴志刚. 纳税人权利保障与税收法治［J］. 涉外税务，2003（2）.

［110］陈必福. 财政立宪：我国宪政建设之路径选择［J］. 亚太经济，2005（6）.

［111］陈敏绢. 日本纳税者基本权利之初探［J］. 财税研究，2004（7）.

［112］陈敏. 宪法之租税概念及其课征限制［J］. 政大法学评论，1981（24）.

［113］陈敏. 租税稽征程序之协力义务［J］. 政大法学评论，1988（37）.

［114］陈敏. 租税课征与经济事实之掌握——经济考察法［J］. 政大法学评论，1982（26）.

［115］陈清秀. 纳税人权利保障之法理——兼评纳税人权利保护法草案［J］. 法令月刊，58（6）.

［116］陈仕远. 基于税收陷阱规避的纳税筹划权行使方式分析［J］. 重庆理

工大学学报（社会科学），2017，31（2）.

[117] 邓力平. 落实税收法定原则与坚持依法治税的中国道路 [J]. 东南学术，2015（5）.

[118] 董茂云. 法典法、判例法与中国法典化道路 [J]. 比较法研究，1997（4）.

[119] 盖地. 避税的法理分析 [J]. 会计之友，2013（9）.

[120] 高军，杜学文. 构建我国纳税人诉讼制度初探 [J]. 经济问题，2009（4）.

[121] 高军. 纳税人基本权利研究 [D]. 苏州大学博士学位论文，2010.

[122] 葛克昌. 脱法避税与法律补充 [J]. 财税法论丛，2009，10.

[123] 葛克昌. 租税国家之婚姻家庭保障任务 [J]. 月旦法学杂志，2007（142）.

[124] 郭道晖. 论权利推定 [J]. 中国社会科学，1991（4）.

[125] 韩大元，冯家亮. 中国宪法文本中纳税义务条款的规范分析 [J]. 兰州大学学报，2008（6）.

[126] 韩卫. 英国发布反避税指南，滥用税收筹划或将受阻 [N]. 中国税务报，2013-05-08（007）.

[127] 黄凯. 法哲学视野中的权利滥用 [J]. 湖北社会科学，2007（7）.

[128] 黄黎明. 税收筹划及其法律问题研究 [J]. 江西财经大学学报，2003（4）.

[129] 黄黎明. 税收筹划理论的最新发展——有效税收筹划理论 [J]. 涉外税务，2004（2）：69-72.

[130] 黄士洲. 税法对私法的承接与调整 [D]. 台湾大学法律研究所博士学位论文，2007.

[131] 蒋传光，郑小兵. 法律在应有权利向实有权利转化中的作用 [J]. 江苏警官学院学报，2006（4）.

[132] 李爱红，梁云凤. 税务筹划的合法性思考 [J]. 税务研究，2001（8）：63-64.

[133] 李刚. 契约精神与中国税法的现代化 [J]. 法学评论，2004（4）.

[134] 李刚，周俊琪. 从法解释的角度看我国《宪法》第五十六条与税收法定主义——与刘剑文，熊伟二学者商榷 [J]. 税务研究，2006（9）.

[135] 李蕾. 信托课税的法律问题研究 [J]. 扬州大学税务学院学报，2004（4）.

［136］梁云凤，逄振悦. 税收筹划权分析［J］. 财政研究，2006（9）：21-23.

［137］廖钦福. 租税国理念与纳税者基本权保障［J］. 税务旬刊，2002（1824）.

［138］凌志. 浅谈税收筹划权利［J］. 科技资讯，2006（5）.

［139］刘剑文. 论国家治理的财税法基石［J］. 中国高校社会科学，2014（3）.

［140］刘剑文. 落实税收法定原则的现实路径［J］. 政法论坛，2015（3）.

［141］刘剑文. 纳税人权利保护：机遇与挑战［J］. 涉外税务，2010（5）.

［142］刘淼. 契约精神与税收筹划的合理界限［J］. 河北法学，2008，26（12）：33-37.

［143］刘培俊，郭小凤. 论企业税收筹划的异化及其理性复归［J］. 重庆大学学报（社会科学版），2006，12（6）：88-96.

［144］刘培俊. 企业税收筹划正当性的税法学简析［J］. 法学评论，2007（3）：41-44.

［145］刘学峰，冯绍伍. 国外保护纳税人权利的基本做法及借鉴［J］. 涉外税务，1999（8）.

［146］马新福. 社会主义法治必须宏扬契约精神［J］. 中国法学，1995（1）.

［147］庞凤喜. 论"公共财政"与纳税人权利［J］. 财贸经济，1999（10）.

［148］钱俊文. 国家征税权的合宪性控制［D］. 苏州大学博士学位论文，2006.

［149］杉海. 绳结与利剑——实质课税原则的事实解释功能论［J］. 法学家，2008（3）.

［150］沈洁. 中国社会福利政策建构的理论诠释［J］. 社会保障研究，2005（1）.

［151］施正文. 论征纳权利——兼论税收问题［J］. 中国法学，2002（6）.

［152］汤洁茵. 民法概念与税法的关系探析［J］. 山东财政学院，2008（4）.

［153］汤洁茵. 税收筹划行为的法理分析［A］//财税法论丛（第8卷）［M］. 北京：法律出版社，2006，81-88.

［154］童春林. 财政立宪问题探析［J］. 法学杂志，2008（2）.

［155］汪渊智. 论禁止权利滥用原则［J］. 法学研究，1995（5）.

［156］王鸿貌. 税收合法性研究［J］. 当代法学，2004（4）.

［157］王威海. 西方现代国家建构的理论逻辑与历史经验：从契约国家理论到国家建构理论［J］. 人文杂志，2012（5）.

［158］王相. 论税收法定原则——立法法修改后的思考［D］. 兰州大学硕士学位论文，2016.

［159］王晓琨. 完善税收自由裁量权控制制度研究［D］. 云南财经大学硕士学位论文，2015.

［160］王秀丰. 论纳税人依法请求救济的权利［D］. 华南理工大学硕士学位论文，2012.

［161］王怡. 立宪政体中的赋税问题［J］. 法学研究，2004（5）.

［162］王宗涛. 反避税法律规制研究［D］. 武汉大学博士学位论文，2013.

［163］文正邦. 有关权利问题的法哲学思考［J］. 中国法学，1991（2）.

［164］熊伟. 税收的法律特征及其宪法界限［J］. 武汉理工大学学报，2004（5）.

［165］熊伟. 中国大陆有必要建立税务法院吗［J］. 月旦财经法杂志，2006（5）.

［166］杨焕玲. 税收筹划的法理分析［J］. 财会研究，2011（6）：26-28.

［167］杨小强. 税收债务关系及其变动研究［A］//刘剑文. 财税法论丛（卷一）［M］. 北京：法律出版社，2002.

［168］杨志强. 依法治税是做好税收工作的根本保障［J］. 中国税务，2015（1）.

［169］叶棚. 应税事实依据经济实质认定之稽征规则——基于台湾地区"税捐稽征法"第12条之1的研究［J］. 法学家，2010（1）.

［170］叶姗. 实质课税主义的理论价值确证——基于征税权与纳税人权利之平衡［J］. 学术论坛，2006（2）.

［171］易有禄，李婷. 税收法定原则视野下的税收立法权回归［J］. 江西财经大学学报，2014（1）.

［172］应飞虎，赵东济. 税收筹划的法律认定［J］. 法学，2005（8）：113-117.

［173］翟继光. 试论税务法庭在我国的设立［J］. 黑龙江省政法管理干部学院学报，2003（4）.

［174］翟继光. 税收法定原则比较研究——截股立宪的角度［J］. 杭州师范学院学报，2005（2）.

［175］湛中乐. 论政治社会中个体权利与国家权力的平衡关系［J］. 政治与法律，2010（8）.

［176］张驰，韩强. 民事权利类型及其保护［J］. 法学，2001（12）.

［177］张国清. 法律人如何看待税务法令——从税捐稽征实务谈税法解释之相关问题［J］. 月旦法学杂志，1997（20）.

［178］张弘. 欧盟宪法公民社会权司法救济及借鉴［J］. 北方法学，2009（6）.

［179］张守文. 论税收法定主义［J］. 法学研究，1996，18（6）：57-65.

［180］张守文. 税收法治当以"法定"为先［J］. 环球法律评论，2014（1）.

［181］张文娟. 社会权的法理刍议 ［D］. 苏州大学硕士学位论文，2009.

［182］张晓婷. 一般反避税条款与实质正义：兼评《企业所得税法》［J］. 经济问题，2009（2）.

［183］张修林. 税收法定与私法自治——税收筹划的法理分析 ［J］. 扬州大学税务学院学报，2004，9（2）：26-28.

［184］赵岩：美国发布新《纳税人权利法案》［J］. 国际税收，2014（8）.

［185］周俊芝. 税收行政执法中的自由裁量权研究 ［D］. 安徽财经大学硕士学位论文，2015.

［186］朱大旗，何遐祥. 论我国税务法院的设立 ［J］. 当代法学，2007（3）.

［187］朱大旗，何遐样. 中国大陆应该设立税务法院——对熊伟博士观点的回应 ［J］. 月旦财经法杂志，2006（7）.

二、外文文献

（一）著作类

［188］IBFD. International Tax Glossary ［M］. Amsterdam：Clarendon Press，1988.

［189］Meigs W B, Meigs R F. Accounting ［M］. Princeton：Princeton University Press，1984.

［190］Janes S, Brows C. Tax Economic Theory ［M］. Oxford：Clarendon Press，1990.

［191］Hart. Essay in Jurisprudence and Philosophy ［M］. New York：Oxford University Press，1983.

［192］Victor Thuronyi. Comparative Tax Law ［M］. London Kuwer Law International，2003.

［193］UK, Tax Executives Institute, A General Anti-avoidance Rule for Direct Taxes：Consultative Document，1999.

［194］Alan J Auerbach, Martin Feldstein. Handbook of Public Economics（Volume 3）［M］. Amsterdam：North Holland，2002.

［195］Donald P Racheter, Richard E Wagner, Gary Wolfram. Taxpayers Rights and the Fiscal Constitution：Politics, Taxation and the Rule of Law ［M］. Boston：Kluwer Academic Publishers，2002.

(二) 论文类

[196] Avoidance Adjudication, Forthcoming [J]. Cardozo Law Review, 2004 (25).

[197] Judith Freedman. Interpreting Tax Statute: Tax Avoidance and the Intention of Parliament [J]. Law Quarterly Review, 2007 (123).

[198] Rebecca Prebble, John Prebble. Does the Use of General Anti-Avoidance Rules to Combat Tax Avoidance Breach Principles of the Rule of Law? A Comparative Study [J]. Saint Louis University Law Journal, 2010-2011 (55).

[199] Arnold B J. The Long, Slow, Steady Demise of the General Anti-Avoidance Rule [J]. Canadian Tax Journal/ Revue Fiscale Canadienne, 2004 (52).

[200] John Avery Jones. Tax Law: Rules or Principles? [J]. Fiscal Studies, 1996 (17).

后 记

本书是在本人博士学位论文的基础上修改完成的。将税收筹划权作为研究内容，很大程度上是由自己长期从事的税法教学工作而引发的思考。但选定研究方向之后，才发现国内关于这一问题的研究文献资料并不多，从权利视角研究税收筹划自感困难较大。不过，当进行了大量而辛苦的资料收集和消化、对疑惑不清的问题一一研究分析后，我终于用这一篇长文给出了自己的答案。

感谢我的导师卢代富教授，每一次向导师请教，我都会有巨大的收获。恩师对经济法学问题意识，以及对论文选题价值和研究方向的独到判断，使学生得以对税收筹划权这一具有挑战性的命题立论研思。恩师为人至诚、待人宽厚、治学至精的精神让学生今生受用，在审阅我的博士论文时非常周到，从文章逻辑结构、标题到文字、标点符号都亲笔修改，对我为人为学的教诲影响至深。

感谢岳彩申教授、张怡教授、许明月教授、盛学军教授、江帆教授、王煜宇教授、唐烈英教授、杨惠教授在我博士学习中的授业解惑，他们对学术研究严肃认真，在论文开题、预答辩和写作中提出了宝贵的意见，本书正是在这些意见中得以完善的，在此深深致谢。尤其感谢叶明教授、吴太轩教授，自相识以来，学习、生活上对我诸多照顾、关心，在我写作迷茫、困虑重重之际，幸得他们的热切鼓励和鞭策，在研究进路和学术方法上指点迷津，从论文结构到标题修改上倾力帮助，使我又能鼓起勇气，继续前行。没有他们的无私帮助，我的论文恐难以如期完成。

感谢邵海博士、雷云博士对我的论文提出了宝贵而中肯的意见，使本书从论证到表述显得更为严谨。感谢同窗好友，一起共度的求学时光令人难以忘怀。

最后，感谢我的家人，他们的支持与关爱是我无畏前行的不绝动力。

陈仕远

2023 年 3 月